KB205398

한국구약해설주석 8

룻기·에스더

황선우 지음

KECOT/KECNT 김상훈 총괄 편집

KECOT 황선우 책임 편집

한국구약해설주석 8
룻기·에스더

지음 황선우
총괄편집 김상훈
책임편집 황선우
교정교열 김덕원, 이찬혁

발행처 감은사
발행인 이영욱
전화 070-8614-2206
팩스 050-7091-2206
주소 서울시 강동구 암사동 아리수로 66, 401호
이메일 editor@gameun.co.kr

종이책
초판1쇄 2023.10.31.
ISBN 9791193155158
정가 24,800원

전자책
전자책1판 2023.10.31.
ISBN 9791193155189
정가 18,600원

Korean Exegetical Commentary on the Old Testament 8

Ruth, Esther

Sunwoo Hwang

KECOT/KECNT General Editor, Sang-Hoon Kim

KECOT Editor, Sunwoo Hwang

사랑하는 부모님, 故 황규종 장로님과 이우숙 권사님께 헌정합니다.

| 목차 |

KECOT/KECNT 총괄 편집자 서문

많은 주석서들이 나와 있지만 여러모로 신뢰할 만한 주석을 만나는 일은 쉽지 않습니다. 이 시대에 필요한 한국 교회를 위한 주석 편찬을 위해 다음의 다섯 가지를 생각해 왔습니다.

첫째, 건실한 개혁신학과 성경적 복음주의의 입장에 바로 서 있는 좋은 주석이 필요합니다. 하나님의 말씀인 성경에 대한 권위(authority)와 진정성(authenticity)을 학문(신학)이라는 이름으로 훼손할 수 없습니다. 성경의 권위(*sola scriptura*, "오직 성경으로")를 중시한 종교개혁의 건실한 개혁신학과 성경의 영감적 특성을 존중하는 복음주의 관점에서 쓴 주석이 필요합니다. 하나님의 말씀인 성경에 대한 존중과 바른 해석에 기반한 주석은 주님의 교회를 새롭게 하고 생명력 있는 말씀 사역을 하도록 지원할 수 있습니다. 독자는 바른 신학과 성경에 대한 신뢰를 가지고 본문을 깊이 연구할 수 있습니다.

둘째, 국내 저자에 의한 국제적 수준의 주석 집필이 요구되고 있습니다. 성경적 복음주의에 기초한다고 해서 학문적 특성이 배제되면 신뢰할 만한 주석이라 할 수 없을 것입니다. 주석의 학문성은 저자의 학문적 자질과 능력에서 비롯됩니다. KECOT(한국구약해설주석)의 집필진은 학문적으로 국제적인 수준의 연구를 해온 학자들이 중심이 되고 있습니다. 해외 신학계와 구약 해석학계에 학문적 목소리를 낼 수 있는(내어온) 학자들이 주석 집필진이 된 것입니다. 주석의 학문적 수준을 신뢰할 수 있을 것입니다. 본문의 논쟁적 문제를 다룰 때도, 개혁신학과 복음주의에 뿌리를 두되, 진지한 학문적 태도로 연구되고 있는 것을 볼 수 있을 것입니다. 또한 신앙과 학문의 조화를 발견할 수 있습니다.

각 주석은 독자적인 연구를 바탕으로 된 것입니다. 신학적으로나, 학문적으로 신뢰할 만한 저자들의 단권 주석은 해당 분야에 대한 철저한 연구 성과를 토대로 집필된 것입니다. 대표되는 주석들과 학자들의 견해들이 주석 안에 섭렵되면서도, 집필자 자신의 깊은 본문 연구를 토대로 주석된다는 특징이 있습니다. 각자의 영역에서 뚜렷한 학문적인 논의를 개진할 수 있는 저자들이기 때문입니다.

셋째, 단권 주석의 강점은 각 권의 전문성이 인정된다는 것입니다. 저자 한 사람이 성경 전권을 주석하는 방식은 학문적인 한계를 가질 수밖에 없습니다. 점차 전문화되어가는 학문적 흐름에는 맞지 않습니다. 해당 분야의 전문적 식견을 갖춘 저자에 의한 단권 주석 집필은 그런 점에서 의미가 큽니다. 각 권은 전문적인 식견을 가진 각 저자의 적지 않은 시간과 노력을 담은 주석서입니다. 개혁신학과 복음주의 신앙을 가진 각 저자의 학문적 노력이 담긴 주석입니다. 신학적으로, 학문적으로 검증된 저자들이 함께 어울려 성경 전체의 주석을 쓰고 있습니다. 함께 힘을 모아, 사랑하는 한국 교회와 이 땅의 하나님 나라를 위해 노력하고 있습니다.

넷째, 성경 주석은 본문 중심의 주석일 필요가 있습니다. 개혁신학과 복음주의 전통의 문법적-신학적-역사적 해석은 하나님의 말씀인 성경 본문을, 역사적 맥락과 문법적 특징에 따라 세밀히 살펴, 본문의 계시적-신학적 의미를 밝히려는 해석입니다. 따라서 원어를 기초로 한, 각 절과 각 단원의 치밀한 주해에 집중합니다. 본문을 중시하는 문법적-신학적-역사적 해석의 전통은 최근 언어적, 문학적, 구조적, 수사적 연구 등에 의해 더욱 발전되어 왔습니다. 하나님의 말씀 중심인 문법적-역사적 전제에 기초하는 한, 이들 연구는 본문 해석에 유익한 면이 있습니다. 문법적-역사적 해석이 여러 갈래로 발전되고 있는 것입니다. KECOT 주석에서, 각 권의 저자가 어떤 특징과 강점을 가지고 성경 본문을 세밀히 해석하고 있는지 볼 수 있을 것입니다.

다섯째, 교회와 목회자의 필요에 맞는 주석이어야 할 것입니다. 교회가 신뢰할 만한 신학적 토대를 가지고 있다는 점과 함께, 이 주석은 철저한 본문 중심 해석이라는 특징 때문에 우리 한국 교회와 교회 사역자(설교자), 그리고 성경을 깊이 연구하고자 하는 분들에게 실제적인 도움이 될 것입니다. 특히 설교를 준비할 때, 본문에 대해 깊이 있고 정확한 해석의 기반이 가장 중요하다는 점에서 KECOT 주석은 설교자의 좋은 동반자가 될 수 있을 것입니다. 하나님의 말씀이 제대로 전해지면, 교회는 회복됩니다. 교회의 진정한 개혁은 하나님의 말씀으로 이루어집니다. 한국 교회에 말씀의 뿌리가 깊이 내려지고 그 위에 갱신과 부흥의 나무가 서야 합니다.

룻기·에스더 주석을 집필하신 황선우 교수님은 국제적인 연구 업적이 뛰어난 구약 학자로 구약 역사서 연구에 주력하고 있는 귀한 학자입니다. 세계적으로 인정받는 학술지에 그의 논문들을 게재하고 있는 것은 그만큼 수월성 있는 연구 능력이 인정된다는 것이고 또한 지속적으로 연구하는 근면한 구약 학자라는 것을 뜻합니다. 이번에 출간되는 룻기·에스더 주석은 복음주의적 개혁신학과 해석학에 근거한 문법적-신학적-역사적 해석을 본문 주해에 적절히 활용하고 있는 좋은 주석이라 하겠습니다.

KECOT 주석 편찬에 관계된 저희 모두는 이 일을 영예로 생각합니다. 좋은 주석서들이 활용되면 주의 교회가 힘을 얻게 될 것이기 때문입니다. 오직 하나님만이 영광을 얻으시기에 합당하십니다(*soli Deo gloria*, "오직 하나님께만 영광이").

2023년 9월 25일

김상훈

KECOT/KECNT 총괄 편집자

KECOT
책임 편집자 서문

한국구약해설주석(Korean Exegetical Commentary on the Old Testament, 이하 KECOT)의 서문을 쓰며 떠오른 키워드는 "안심"입니다. 구체적으로 두 가지 안심을 말할 수 있겠습니다. 첫째, KECOT는 성경을 하나님의 온전한 계시의 말씀으로 받아들이는 독자들이 안심하고 볼 수 있는 주석입니다. 성경을 단순히 인간에 의해 기록된 책으로 생각하고 성경을 풀이한 주석과 성경을 "하나님의 영감을 받은"(inspired by God) 인간이 기록한 책으로 전제하고 성경을 풀이한 주석의 차이는 결코 적지 않습니다. 전자는 전적으로 인간의 이성을 활용하여 성경을 해석한 주석이라면 후자는 성경을 해석함에 있어 인간의 이성을 활용하되 인간의 이성이 다 채워주지 못하는 부분을 신앙으로 메꾸고 신앙의 관점으로 이성을 활용하여 성경을 해석하는 주석입니다. 신앙 공동체에 속한 독자들에겐 후자의 주석이 유익합니다. 이들은 성경의 역사성을 신뢰하고 성경이 다양한 저자에 의해 기록됐지만 한 성령의 영감을 받았음을 믿기 때문에 성경의 내용이 책별, 본문별 상호 간에 모순되지 않고 일관됨을 믿습니다. KECOT는 후자의 주석으로 성경을 단순히 고대 이스라엘 민족의 문학이나 인문학의 보고로 보는 견해를 넘어 신적 계시의 말씀으로 공부하는 이들이 안심하고 볼 수 있는 주석입니다.

둘째, KECOT는 학문성에 있어서 독자들이 안심하고 볼 수 있는 주석입니다. 이 주석 시리즈의 모든 저자는 성경이 하나님의 온전한 계시의 말씀임을 고백할 뿐만 아니라 한국 학자로서 각자의 구약 전공 영역에서 국제적 기여가 있는 분들입니다. 이 시리즈의 모든 저자들은 국내 저서와 논문은 물론이고 해외에서 저서 혹은 소논문을 권위 있는 출판사나 저널에 출판하여 학문적 역량을 인정받은 학자들입니다. 이 부분이 KECOT가 국내의 다른 주석시리즈들과 선명한 차별성을 갖는 부분입니다. 개혁주의/복음주의 성경관과 국제적인 학문성을 동시에 갖춘 학자의 수가 많지 않고 주석할 구약 책의 수는 많았지만 KECOT 편집위원회에서는 저자를 선정함에 있어 성경관과 학문성의 두 기준을 엄격히 지켜왔습니다.

구체적인 내용과 구성에 있어 KECOT는 다음과 같은 특징이 있습니다. 본문 주석은 번역과 주해, 해설의 세 부분으로 구성되어 있습니다. 번역은 문자적 번역이므로 한글로 번역된 문장이 부자연스러운 부분도 있지만 최대한 원문을 그대로 전달하기 위해 직역했습니다. 물론 이 직역 중 의미를 파악하는 데 어려움이 있는 경우는 그 의미를 주해에서 풀이했습니다. 주해는 원문을 분석한 원문 주해이고 주해 내용은 최대한 선명하게 간추려 기술했습니다. 주해에서 본문과 관련한 학문적인 주요 이슈도 소개하고 다루었으나 모든 이슈마다 학자들의 다양한 의견을 총망라하여 기술하지는 않았고 본문의 의미를 선명하게 밝히는 데 주안점을 두었습니다. 해설 부분에서는 각 단락의 흐름을 기술하고 본문을 관통하는 교훈과 본문을 우리 삶과 시대에 어떻게 적용할 것인가에 관하여 논의했습니다.

끝으로 한절 한절 심혈을 기울여 구약성경을 주해하는 데 헌신하신 KECOT의 모든 저자들과 KECOT/KECNT의 신실한 동역자이신 총괄 편집자 김상훈 교수님 그리고 KECNT의 책임 편집자 신현우 교수님께 깊이 감사드립니다. 또한 KECOT의 출판에 수고를 아끼지 않으시는 감은사 이영욱 대표님께도 심심한 감사를 드립니다. 앞으로 KECOT가 말씀의 광장에 서 있는 많은 이들을 바른길로 인도하는 유용한 이정표로 자리매김하길 기도하며 이 일을 시작하셔서 여기까지 오게 하신, 그리고 앞으로도 인도하실 우리 주 여호와 하나님께 감사와 찬송과 영광을 돌립니다.

2023년 9월 21일

황선우

KECOT 책임 편집자

저자 서문

신학대학원 시절, 필자가 히브리어 문법 수업을 마친 후 히브리어로 읽은 구약의 첫 번째 책이 룻기였다. 룻기 전체를 원문으로 읽는 수업이었는데 그때의 설렘과 희열은 지금도 잊혀지지 않는 기억으로 남아있다. 그 후 가르치는 자가 되어 학부와 대학원에서 많은 구약 원문강독 수업을 했는데 원문강독 수업에서 가장 많이 읽은 책이 룻기였다. 수업을 하며 언젠가는 룻기 주석을 써야겠다고 생각했었는데 이번에 KECOT 시리즈에서 룻기, 에스더 주석을 내게 되어 숙제 하나를 마친 기분이다.

룻기와 에스더는 두 책의 주인공 룻과 에스더가 여성이라는 공통점 이외에 하나님의 주권과 섭리가 강조된 책이라는 공통점이 있다. 룻기의 총 85절 중 23개 절에서 하나님이 언급되는데 특히 등장인물들이 우리의 삶은 하나님의 주권 아래 있음을 거듭하여 고백한다. 한편 에스더서에는 하나님의 이름이 단 한 번도 나타나지 않는다. 그러나 하나님의 보이지 않는 손이 역사를 운행해 가심이 나타난다. 수많은 궁녀 중에 에스더가 왕비로 뽑힌 것은 유대인을 멸절시키려는 하만의 계략으로부터 유대인을 구원하기 위한 하나님의 역사였고, 하만이 모르드개를 목매달아 죽이려고 계획한 날의 전날 밤에 아하수에로 왕이 실록을 읽다가 모르드개의 제보로 자신이 암살의 위협으로부터 벗어난 것을 알고 모르드개를 죽음의 위협에서 건지고 그를 높인 것도 보이지 않는 하나님의 손의 도우심이었다. 이러한 의미에서 룻기와 에스더는 무신론이 팽배한 이 시대에 하나님의 역사하심을 환기시킨다.

또한 두 책은 각각 이 시대에 하나님의 자녀로서 어떻게 살아야 할까에 대한 중요한 교훈을 준다. 룻기는 이 시대의 하나님의 자녀들이 룻과 나오미와 보아스가 그랬듯이 각자의 자리에서 자신들이 할 수 있는 **헤세드**, 즉 인애를 행해야 함을 가르친다. 에스더서는 이 시대의 하나님의 자녀들이 에스더와 같이 자신이 서 있는 자리에서 하나님이 맡기신 사명이 무엇인지 분별하고 담대히 그 사명을 감당해야 함을 일깨워준다.

이 주석에서 필자는 원문의 의미를 파악하는 데 가장 큰 주안점을 두었다. 룻기와 에스더 본문은 KECOT/KECNT의 집필 가이드에 따른, 필자의 문자적 번역이다. 원문에서 직역을 했기 때문에 우리말 번역에 다소 부자연스러운 부분과 의미가 선명하지 않은 부분이 있다. 이러한 부분은 각 절의 주해에서 그 의미를 밝혀 놓았다. 필자의 해석의 많은 부분은 번역에 담겨있고 주해 부분에서 필자의 번역을 설명해 놓았다. 필자는 원문으로 룻기와 에스더를 읽는 독자들이 가질 수 있는 질문을 헤아리며 원문의 단어나 숙어의 의미, 구문의 특징을 해설했기 때문에 이 주석은 룻기, 에스더 원문강독 학생들에게 유용한 핸드북이 될 수 있으리라 생각한다. 물론 이 주석이 원문 분석에만 머무른 것은 아니다. 원문 분석을 통하여 각 절의 의미와 더 나아가 본문의 현대적 적용에 대하여 논했다.

필자는 성경을 온전한 하나님의 계시의 말씀으로 믿는 복음주의, 더 구체적으로 개혁주의 성경해석의 관점에서 본문을 주해했으며 무엇보다도 본문의 의미를 최대한 선명히 밝히는 데 집중했다. 필요에 따라서 매우 세부적인 학문적 논의를 상세히 다룬 부분도 있지만 여러 갈래의 다양한 해석의 나열보다 본문의 중심적인 의미를 간추려 기술하려고 노력했다. 일반적으로 주석은 다른 책들과 달리 처음부터 끝까지 읽기보다는 필요한 부분만 참고할 때가 많은데 이러한 주석의 특징을 고려하여 어떤 내용은 주석의 앞부분에 언급된 내용이 그 이후에 반복적으로 언급된 부분도 있다.

룻기, 에스더 주석을 쓰는 동안 한 구절, 한 구절 꼼꼼하게 본문을 살펴 최선의 해석을 정리하여 내어놓는 작업은 행복과 보람이었다. 이 주석을 쓰는 동안 저녁과 방학에도 연구실에 아빠를 빼앗긴 하나님의 선물, 소은, 자은, 명은이에게 미안한 마음을 표하며 늘 기도로 집필을 지원한 사랑하는 아내 박해진에게 감사의 마음을 전한다. 원고를 세밀하게 읽고 필자가 미처 생각하지 못한 부분까지 짚어 주시며 이 책이 내용과 형식에 있어 일관성을 가질 수 있도록 귀한 제언을 해 주신 KECOT/KECNT 총괄 편집자 총신대 김상훈 교수님과 구약학의 좋은 길동무이신 백석대 유선명 교수님께 감사드린다. 또한 원고를 꼼꼼히 살피고 늘 최선으로 출판을 도와주신 감은사 이영욱 대표님께도 감사드린다. 구약의 길에 들어설 때 마음에 품었던 소망 중 하나는 좋은 주석가가 되는 것이었다. 이제 부족하지만 그 첫걸음을 내딛게 하신 여호와께 감사와 찬송과 영광을 돌린다.

2023년 9월 19일

사당동 연구실에서

황선우

| 약어표 |

AB　Anchor Bible

AYB　Anchor Yale Bible

ABD　*Anchor Bible Dictionary*

AJSL　*Amerian Journal of Semitic Languages and Literature*

AOTC　Abingdon Old Testament Commentaries

BA　*Biblical Archaeologist*

Bib　*Biblica*

BBR　*Bulletin for Biblical Research*

BDB　Brown, F., Driver, S. R., and Briggs, C. A., *The Brown-Driver-Briggs, Hebrew and English Lexicon*, Peabody: Hendrickson, 1996.

BHS　Elliger, K., and Rudolph, W., *Biblia Hebraica Stuttgartensia*, Stuttgart: Deutsche Bibelstiftung, 1967-1977.

CB　Coniectanea Biblica

DCH　Clines, David J. A., *The Dictionary of Classical Hebrew*, Sheffield: Sheffield Academic Press, 1993-2011.

ESV　English Standard Version

GKC　Kautzsch, E., and Cowley, A. E., *Gesenius' Hebrew Grammar* 2nd ed., New York: Oxford University Press, 1910.

HALOT　*The Hebrew and Aramaic Lexicon of the Old Testament*

HAT　Handbuch zum Alten Testament

HUCA　*Hebrew Union College Annual*

ICC　International Critical Commentary

IECOT　International Exegetical Commentary on the Old Testament

JBL　*Journal of Biblical Literature*

JSOTSup　Journal for the Study of the Old Testament Supplement Series

KAT　Kommentar zum Alten Testament

NAC　New American Commentary

NASB	New American Standard Bible
NCBC	New Century Bible Commentary
NIBC	New International Bible Commentary
NICOT	New International Commentary on the Old Testament
NIDOTTE	VanGemeren, W. A., *New International Dictionary of Old Testament Theology and Exegesis*, Grand Rapids: Zondervan, 1997.
NIV	New International Version
NIVAC	New International Version Application Commentary
NLT	New Living Translation
NRSV	New Revised Standard Version
REF	Reformed Expository Commentary
TNK	Jewish Publication Society Tanakh
TOTC	Tyndale Old Testament Commentaries
TynBul	*Tyndale Bulletin*
VT	*Vetus Testamentum*
WBC	Word Biblical Commentary
ZAW	*Zeitschrift für die alttestamentliche Wissenshaft*
ZECOT	Zondervan Exegetical Commentary on the Old Testament

I. 룻기 서론

룻기 서론

1. 저자와 저작 연대

1) 저자

룻기 본문은 룻기의 저자가 누구인지 밝히지 않는다. 룻기의 저자를 밝히기 위한 여러 제안들이 있지만 그 어떤 제안도 추정일 뿐 사실로 확인된 제안은 없다(Bush, 17). 바벨론 탈무드 바바 바트라 15.1에서는 룻기의 저자를 사무엘로 기록한다(Neusner, 55). 이에 반하여 라우(Peter H. W. Lau)는 다윗이 왕이 됐을 때 사무엘은 이미 죽었기 때문에 사무엘을 룻기의 저자로 보기 어렵다고 말한다. 룻기에 나타난 가장 후대의 역사적 인물은 다윗이고(룻 4:17, 22) 룻기는 유다 왕 다윗의 조상에 관한 글이기 때문에 룻기가 다윗 왕조가 시작된 이후에 기록됐을 가능성이 크다. 그러나 이러한 가능성이 룻기의 저자를 다윗 왕조 출현 이전에 죽은 사무엘로 보는 견해를 반박할 충분한 근거는 되지 못한다. 비록 사무엘이 다윗 왕조 출현 이전에 죽었지만(삼상 25:1) 그는 사울을 이을 이스라엘의 왕으로 이새의 아들 다윗에게 기름을 부은 선지자였기 때문이다(삼상 16:13).

고우(Murray D. Gow)는 룻기의 저자로 다윗 시대의 왕실 선지자이며 다윗의 가족사에 대한 접근이 용이했을 나단 선지자를 제안한다(Gow, 208). 특히 고우는 사무엘하 12:1-4에서 나단 선지자가 다윗을 책망하기 위해 든 가난한 사람의 암양 한 마리의 예화와 룻기가 동사, “먹다”(אָכַל), “마시다”(שָׁתָה), “눕다”(שָׁכַב)의 조합과 동사, “사다/결혼하다”(קָנָה)를 통해 일상과 성적 관련성 사이의 모호성(ambiguity)을 창출하는 것에 주목했다(Gow, 208-209).

룻기의 이야기가 여성을 중심으로 진행되기 때문에 룻기의 저자를 여성으로 보는 견해도 있다. 블레드슈타인(Adrien J. Bledstein)은 룻기의 저자로 다윗의 딸이자 룻의 4대손인 다말을 제안했고(Bledstein, 116-35) 캠벨(Edward F. Campbell)은 “지혜로운 여인” 전승과 관련이 있을 것으로 보았다(Campbell, 22-23). 사무엘하 14:1-20에서는 요압이 드고아의 “지혜로운 여인”을 통하여 다윗 왕에게 압살롬을 예루살렘으로 데려올 것을 설득하고 사무엘하 20:14-22에서는 벧마아가 아벨 성읍의 “지혜로운 여인”이 그 성읍에 있는 다윗의 대적자 세바의 머리를 베어 성읍 밖으로 던지는데 캠벨은 룻기의 이야기가 이러한 “지혜로운 여인”으로부터 비롯됐을 가능성을 제안한다(Campbell, 22-23).

이와 같이 룻기의 저자를 사무엘, 나단, 다말, 지혜로운 여인 등으로 추정한 여러 제안이 있으나 그 어떤 제안도 확정적인 근거는 제시하지는 못했고 가능성으로만 남아있다.

2) 저작 연대

룻기의 저자가 알려지지 않은 것과 마찬가지로 룻기의 저작 연대도 알려지지 않았다. 룻기 4:17과 22에서 다윗이 룻과 보아스의 후손으로 기록된 인물 중 가장 마지막 세대의 인물이기 때문에 룻기 저작 연대의 가장 이른 시기는 다윗 시대로 상정할 수 있다.

룻기 4:7에서는 구속(redemption)이나 교환을 위해 신을 벗어 이웃에게 주는 것을 "이전"(לְפָנִים, former times)의 관습으로 기록하고 있으므로 룻기가 기록된 시기는 이 관습이 더 이상 시행되지 않는 때라고 볼 수 있다. 그러나 이 관습이 사라진 때가 언제인지는 알려지지 않았다.

추정된 룻기의 저작 연대는 크게 왕정 시대와 포로기 이후 시대로 구분할 수 있다. 왕정 시대로 추정한 학자로 고우는 다윗을 지원하기 위해 룻기가 다윗 시대에 기록됐다고 제안했고(Gow, 205-6), 허바드(Robert Hubbard)는 솔로몬 시대(Hubbard, 34), 캠벨은 솔로몬 시대에 룻기가 구두로 회자되다가 주전 9세기 여호사밧 시대에 기록됐다고 추정했다(Campbell, 23-24). 바인펠드(Moshe Weinfeld)는 엘리사 시대(Weinfeld, 521-522), 블록과 새슨은 요시야 시대(Block, 2015: 34; Sasson, 251)로 룻기의 저작 연대를 추정했다.

한편 룻기의 저작 연대를 포로기 이후로 추정한 학자로는 부쉬(Frederic W. Bush), 쉬퍼(Jeremy Schipper), 에스케나지와 프리머-켄스키(Tamara Cohn Eskenazi and Tikva Frymer-Kensky), 호크(L. Daniel Hawk) 등이 있다(Bush, 30; Shipper, 20-22; Eskenazi and Frymer-Kensky, xviii; Hawk, 36). 룻기의 저작 연대를 포로기 이후 페르시아 시대 혹은 더 나아가 헬라 시대로 잡는 주요 이유는 룻기에 후기성경히브

리어(LBH)와 아람어의 영향이 보인다는 것이다(Bush, 30; Schipper, 20-22).[1] 룻기에 아람어의 영향이 보이는 것이 룻기의 저작 연대를 포로기 이후로 보는 근거가 되는 것은 구약성경에서 아람어가 에스라-느헤미야와 같은 포로기 이후 문서에 많이 나타나기 때문이다(Eskenazi and Frymer-Kensky, xvii).

그러나 최근의 연구에서 후기성경히브리어의 특징의 대부분이 포로기 이전 히브리어인 표준성경히브리어(SBH)에서 나타남이 밝혀졌기 때문에 룻기에 나타난 몇 가지의 후기 성경히브리어의 특징을 가지고 룻기의 저작 연대를 포로기 이후로 잡는 것의 설득력이 현저하게 약화됐다(Lau, 18; Young, Rezetko, Ehrensvard, 111-9). 오히려 소위 후기성경히브리어와 표준성경히브리어의 차이는 다른 시대의 언어적 차이라기보다는 같은 시대의 지역별 방언에서 오는 차이일 가능성이 많다(Young, Rezetko, Ehrensvard, 111-9). 또한 룻기 히브리어에 아람어의 영향이 있다는 것이 룻기가 포로기 이후에 기록됐다는 충분한 근거가 될 수 없다. 왜냐하면 아람어가 이스라엘에서 페르시아 시대에 널리 퍼지긴 했지만 이스라엘에 아람어의 영향이 언제부터 시작됐는지는 알 수 없기 때문이다(McKeown, 3). 또한 아람어의 흔적으로 여겨지는 것들을 아람어의 흔적이 아니라 예루살렘과 유다와 거리가 먼 지역의 방언으로 볼 수도 있다(Block, 1999: 596).

위에서 살펴본 바와 같이 룻기의 저작 연대는 다양하게 제안됐을 뿐 확정된 시점은 없고 미상으로 남아있다.

1. 후기성경히브리어(Late Biblical Hebrew)는 포로기 이후의(post-exilic) 히브리어를 말하고 이에 대비하여 표준성경히브리어(Standard Biblical Hebrew)는 포로기 이전의(pre-exilic) 히브리어를 일컫는다.

2. 장르

문학의 바른 이해를 위해서 문학의 장르를 파악하는 것은 중요하다(Lau, 8). 일찍이 궁켈(Hermann Gunkel)은 룻기의 장르를 설화(folk-tale)와 영웅담(saga)에서 발달된 중편 소설(novella)이라고 제안했다(Gunkel, 85). 비슷한 입장에서 최근에 새슨도 룻기의 장르를 설화(folk-tale)로 보았다(Sasson, 214-5). 설화(tale)나 중편 소설(novella)뿐만 아니라 룻기의 장르를 짧은 이야기(short story)로 보는 견해도 있는데 허바드, 블록, 라우의 견해가 이에 속한다(Hubbard, 47; Block, 2015: 38; Lau, 9).

커돈(J. A. Cuddon)의 정의에 따르면 설화(tale)는 기록되거나 구두로 전달된 짧은 내러티브로 그 플롯이 문제에서 해결로 빨리 진행하며 섬세함이나 하위 플롯을 갖고 있지 않으며 인물 묘사보다는 사건에 집중하는 장르이고, 중편 소설(novella)은 허구적 내러티브로 보통 하나의 사건이나 상황 혹은 갈등을 다루고 긴장을 자아내며 예상하지 못했던 전환점이나 놀라운 결론에 이르는 장르다(Cuddon, 710, 480). 한편 짧은 이야기(short story)는 중편 소설(novella)과 같이 하나의 상황에 집중하지만 중편 소설보다 짧고 일반적으로 더 적은 수의 인물이 등장한다(Cuddon, 653). 설화(tale)나 중편 소설(novella)과 달리 짧은 이야기(short story)는 역사성을 지닐 수 있는 차별성이 있다(Lau, 10). 이런 차별성을 강조하여 블록은 룻기의 장르를 "역사적인 짧은 이야기"(historiographic short story)라고 칭했다(Block, 2015: 38).

이렇게 룻기의 장르로 제안된 대표적인 세 개의 장르 중 룻기의 장르로 가장 적합한 것은 짧은 이야기(short story)이다. 왜냐하면 룻기는 그 시작과 끝에서 이 글이 역사적인 실제의 사건을 기록함을 말하기 때문이다(Lau, 11). 룻기 1:1은 룻기가 "사사들이 치리하던 때에" 일어난 일을 기록한 것임을 알려주고, 룻기 4:17-22의 족보는 룻과 보아스, 그리고 그 사이에서 낳은 아들 오벳이 역사적 인물 다윗의 조상임을 밝히고 있기 때문이다. 허바드는 다윗이 실제로 모압 여인 룻의 후손이 아니었다면 룻기의 저자가 허구로 이방 여인 룻을 다윗의 조상으로 설정했을 리 없다고 말하여 룻기의 역사성에 힘을 실었다(Hubbard, 48). 신약 마태복음 1장의 예수 그리스도의 족보에 룻이 기록된 것도(마 1:5) 룻기가 허구가 아닌 실제적 이야기임을 지지한다(Block, 2015: 37).

장르상 짧은 이야기에 속하는 룻기에 주목할 만한 두 가지 특징이 있다. 하나는 룻기 전체 85절 가운데 49개의 절이 인물의 말로 이루어져 있다는 것이고 다른 하나는 룻기가 족보로 마무리된다는 점이다(Lau, 10). 룻기에 전지적 작가의 해설보다 인물의 대화가 많이 기록되어 있다는 것은 그만큼 룻기 해석의 폭이 넓다는 것을 의미하고, 룻기가 족보로 마무리된 것은 그 족보에 저자의 의도가 배어있음을 암시한다(Lau, 10). 다윗으로 마무리되는 룻기의 족보(4:22)는 룻기에 등장하는 주요인물인 룻과 보아스, 나오미의 이야기가 단순히 그들의 이야기가 아니라 다윗의 조상으로서 의미가 있음을 드러낸다.

3. 정경적 위치

현대어 번역본(예, 개역개정, King James Version 등)에서 룻기는 역사서의 한 권으로서 사사기와 사무엘상 사이에 위치한다. 현대어 번역본에서 룻기의 위치는 구약성경의 헬라어 번역본인 주전 3세기경의 70인역(LXX)과 주후 5세기의 라틴어 번역본인 불가타(Vulgata)의 전통을 따른 것으로 룻기의 시대적 배경을 볼 때 룻기가 사사기와 사무엘상 사이에 배치된 것은 충분히 납득할 수 있다. 룻기 1:1이 룻기의 배경을 "사사들이 다스리던 날들에"(בִּימֵי שְׁפֹט הַשֹּׁפְטִים)라고 알려주고 있고 룻기의 마지막 4:22에서는 사무엘상에 등장하는 다윗의 족보를 소개하고 있기 때문이다.

그러나 히브리어 정경으로 보면 룻기의 위치는 토라(율법서), 네비임(선지서) 이후의 케투빔(성문서)에 위치하며 케투빔, 즉 성문서 가운데에서도 축제 두루마리(festival scrolls)로 불리는 다섯 권의 책(룻기, 아가, 전도서, 예레미야애가, 에스더), 메길로트 안에 들어있다(Fentress-Williams, 19-20). 마소라 텍스트(MT)에서는 룻기가 다섯 권의 축제 두루마리, 소위 오축 가운데 첫 번째에 위치하고 그 앞에는 잠언이 위치해 있다. 잠언 다음에 룻기가 배치된 것은 잠언의 마지막 장인 31장에 나오는 '에셰트 하일'(אֵשֶׁת חַיִל, "유능한 여인", 잠 31:10)을 구현한 인물로 룻을 상정했기 때문일 것이다(Younger, 485). 실제로 룻은 룻기 3:11에서 '에셰트 하일'로 일컬어진다. 룻기 다음에는 아가가 배치되어 있는데 이는 아가의 술람미 여인(아 6:13)도 룻과 마찬가지로 적극적으로 그의 사랑하는 연인에게 구애함으로 '에셰트 하일'의 면모를 보여주고, 룻기와 아가 모두 남녀가 저녁에 만난 것과 결혼과 같은 주제의 연관성이 있기 때문인 것으로 보인다(룻 3:6-4:13; 아 3:6-5:1; Lau, 32).

한편 주후 6세기 히브리어 정경인 벤 하임 텍스트에서는 룻기를 성문서의 두 번째 자리에 위치해 놓았는데, 이 순서는 오축이 읽혀진 절기의 순서를 따른 것에 연유한다(Block, 2015: 46). 절기의 순서를 따라 유월절에 읽히는 아가가 가장 먼저 위치하고, 그다음에 칠칠절에 읽히는 룻기가 배치되고, 그 이후에는 예루살렘 성전이 멸망당한 아브월 9일에 읽는 예레미야애가가 배치되고, 그다음에는 초막절에 읽는 전도서, 그리고 마지막으로 부림절에 읽은 에스더가 배치됐다. 룻기가 칠칠절(Feast of Weeks)에 읽힌 것은 룻과 나오미가 보리 추수의 시작에 베들레헴으로 돌아와서(룻 1:22) 룻이 보리와 밀 추수가 끝날 때까지 이삭을 주운 것과(2:23) 추수의 절기인 칠칠절이 추수라는 주제를 공유하고 있기 때문으로 보인다(Lau, 32).

룻기의 또 다른 위치는 바벨론 탈무드에서 볼 수 있다. 바벨론 탈무드에서는 룻기를 성문서의 첫 번째 자리에 배치하고 오축을 모아 놓지 않고 룻기 다음에 시편을 배열했다(Baba Batra 14b). 이는 룻기의 마지막 부분에 나오는 다윗의 족보(룻 4:17-22)가 시편 앞에 위치함으로 자연스럽게 시편의 주 저자인 다윗을 소개하는 역할을 하게 하기 위한 것으로 보인다(Eskenazi and Frymer-Kensky, xx).

4. 주제

1) 하나님의 주권적 통치

4장으로 이루어진 짧은 책 룻기에서 반복적으로 나타나는 두드러진 주제는 하나님의 주권적 통치이다. 하나님의 주권적 통치가 가장 선명하게 나타난 곳은 전지적 시점의 저자의 해설 가운데 언급된 하나님의 통치로 룻기 4:13과 1:6이 이에 해당한다. 4:13에서는 “여호와께서 그녀에게 임신을 주셔서"라고[2] 기록하여 룻에게 태아를 잉태하게 하신 이는 여호와이심을 밝힌다. 1:6에서 룻기의 저자는 모압 지방에 있는 나오미가 여호와께서 자기 백성을 돌보셔서 그들에게 양식을 주셨다는 것을 들었음을 기록한다. 룻기 저자는 그 기록을 통해 여호와께서 이스라엘 백성을 다스리고 있음을 나타냈다. 4:13에서는 저자가 하나님의 통치하심을 직접적으로 언급한 것에 반해 1:6은 나오미가 들은 소문 가운데에 언급된 하나님의 다스림을 간접적으로 말한 것이다.

위의 두 경우에서와 같이 룻기 저자가 하나님의 주권적 통치를 해설 가운데 직간접적으로 언급하지는 않았지만 룻기의 해설 가운데 하나님의 섭리하심이 강하게 암시된 경우도 있다. 룻기 2:3에서 룻이 우연히 엘리멜렉의 친족인 보아스에게 속한 밭에 이르렀다고 말한다. 표면적으로 본다면 룻이 보아스에게 속한 밭에 이른 것을 우연이라고 말할 수 있지만 이후에 나오미의 친족 보아스가 룻과 나오미의 구속자의 역할을 하게 됨을 볼 때 룻이 보아스의 밭에 이른 것은 하나님의 섭리 가운데 일어난 일이었다. 즉, 표면적으로는 룻이 우연히 보아스의 밭에 이른 것이지만 사실은 하나님의 보이지 않는 손에 인도됐다는 것이다. 하나님의 보이지 않는 손에 인도됐다는 것은 룻이 보아스의 밭에 이른 것에 하나님의 다스림이 있었음을 말하는 것이다.

4:1에도 이와 비슷한 경우가 나온다. 보아스는 성읍 문 앞에서 나오미와 룻을 구속하는 데 있어 자신보다 우선권을 갖고 있는 친족을 만나길 원했는데 때마침 그 친족이 지나가고 있었던 것이다. 해설자는 이 놀라운 광경을 불변화사 '힌네'(הִנֵּה, "보라!")를 사용하여 표현한다. "보라! 보아스가 말했던 그 친척이 지나가고 있었다." 이 광경 역시 표면적

2. 이 책의 룻기 번역은 필자의 사역이다.

으로 보면 보아스가 만나고 싶어하던 그 사람이 때마침 성문 앞에 지나간 것처럼 보이지만 보아스가 이 사람과 협의를 하여 나오미와 룻의 구속자가 되는 이후 내용을 볼 때 보아스가 협의한 친족이 때마침 성문 앞에 지나간 것은 하나님의 섭리, 하나님의 다스림 가운데 일어난 일로 볼 수 있다. 이 경우와 비슷하게 2:4에서도 '힌네'를 사용하여 룻이 보아스의 들에 이르렀을 때 보아스가 자신의 들에 도착했음을 기록한다("보라! 보아스가 베들레헴에서 왔다.").

룻기에서 하나님의 주권적 통치는 위에서 본 바와 같이 저자의 해설뿐만 아니라 등장인물의 대화 가운데 반복하여 드러난다. 룻기 전체 85절 중 등장인물의 대화는 절반 이상인 59개 절이므로 룻기에서 인물 간의 대화는 플롯의 전개에 중요한 역할을 한다. 룻기 저자는 이러한 인물들의 고백을 통해 하나님의 주권적 통치를 강조한다. 아래는 하나님의 주권적 다스림을 기대하고 고백하는 인물들의 말이다.

- "여호와께서 너희에게 선을 행하시기를 바란다. 여인이 그녀의 남편의 집에서 안식을 찾을 것을 여호와께서 너희에게 허락하여 주시기를 바란다." (1:8-9)
- "왜냐하면 여호와의 손이 나를 거슬러 뻗으셨기 때문이다." (1:13)
- "저는 충만하게 떠났지만 여호와께서 저를 비어 돌아오게 하셨습니다. 왜 저를 나오미라고 부르십니까? 여호와께서 저를 대적하여 증언하셨고 전능자가 저를 슬프게 하셨습니다." (1:21)
- "여호와께서 너희와 함께 하시기를 바란다." 그리고 그들이 그에게 말했다. "여호와께서 당신에게 복 주시기를 바랍니다." (2:4)
- "여호와께서 네 행위에 보답하시기를 바란다. 그리고 네가 그의 날개 아

래 피난처를 찾으러 온 이스라엘의 하나님 여호와로부터 오는 너의 보상이[3] 가득하기를 바란다." (2:12)

- "너를 주목한 자가 복을 받기를 바란다. … 그가 여호와께 복받기를 바란다." (2:19-20)
- "내 딸아 여호와께 네가 복받기를 바란다." (3:10)
- "내 딸아 네가 일이 어떻게 될지 알기까지 머물러라!" (3:18)
- "여호와께서 당신의 집에 온 그 여인을 이스라엘의 집을 지은 라헬과 레아, 그들 둘과 같이 되게 하시길 바랍니다." (4:11)
- "오늘 당신에게 구속자를 끊지 않으신 여호와께서 찬양받으시길 바랍니다. 그리고 그의 이름이 이스라엘에 선포되길 바랍니다." (4:14)

위에서 보듯이 등장인물들은 "여호와"께서 자신들의 삶을 주권적으로 다스리시는 것을 고백하고 기대한다. 유일하게 3:18에는 "여호와"가 언급되지 않았지만 나오미가 룻에게 이 사건이 어떻게 될지 알기까지 앉아 있으라는 말은 여호와께서 어떻게 이 일을 인도해 가시는지 지켜보자는 말로서 여호와의 주권적 통치를 전제하는 말이다.

2) 인애(חֶסֶד, '헤세드')

구약에서 히브리어 '헤세드'(חֶסֶד)의 의미론적 범위는 상당히 넓어서 충성(loyalty), 신실(faithfulness), 선/선함(goodness), 친절(kindness), 은혜(grace), 사랑(love), 자비(mercy), 경건(godly action) 등 다양하다(*HALOT* I, 336-7; BDB, 338-9). 이러한 다양한 '헤세드'의 의미는 관계(relationship) 가운데에서 이해된다(Clark; Routledge, 179-96;

3. "너의 보상"은 "너를 위한 보상"을 의미한다.

Baer and Gordon, 211-18). 룻기에서 '헤세드'는 3회(1:8; 2:20; 3:10) 나타나며 문맥에 따라 다양하게 번역될 수 있다.

- "너희가 죽은 자들과 나에게 행한 것과 같이 여호와께서 너희에게 선(헤세드)을 행하시기를 바란다." (1:8)
- 그러자 나오미가 그녀의 며느리에게 말했다. "살아있는 자들과 죽은 자들에게 그의 인애(헤세드)를 버리지 않은 그가 여호와께 복받기를 바란다." 그리고 나오미가 그녀에게 말했다. 그 사람은 우리와 가깝다. 그는 우리의 친척 가운데 하나이다." (2:20)
- "내 딸아 여호와께 네가 복받기를 바란다. 네가 가난하든지 부하든지 젊은 자들을 따라 가지 않음으로 너의 나중 인애(헤세드)를 이전 것보다 좋게 했다." (3:10)

룻기에서 '헤세드'의 빈도수는 3회이지만 횟수에 비해 그 중요성은 훨씬 크다. 왜냐하면 룻기의 플롯은 여호와와 등장인물의 '헤세드', 즉 인애로 엮여져 나가기 때문이다. 룻기 1:8에서 나오미는 두 명의 며느리 오르바와 룻이 자신과 자신의 두 아들, 말론과 기룐에게 인애를 베푼 것처럼 여호와께서 두 며느리에게 인애 베풀기를 기원한다. 오르바와 룻이 그들의 남편이 죽었음에도 불구하고 자신들의 시어머니 나오미를 따라 유다 땅으로 가려고 한 것도 그들이 시어머니에게 베푼 인애의 한 단면이다. 나오미는 그녀의 며느리들에게 자신들의 친정으로 돌아가라고 말하지만 룻은 끝까지 나오미를 따르겠다고 말함으로써 그녀의 인애를 굽히지 않는다. 룻이 여기서 그녀의 인애를 굽혔다면 룻기의 플롯은 더 이상 진행되지 못했을 것이다. 그러나 룻이 그녀의 인애를 끝까지 굽히지 않고 나오미를 따라 베들레헴에 감으로 룻기의 이야기는 계속 될 수 있었다.

시어머니를 향한 인애를 굽히지 않아 베들레헴에 온 룻은 베들레헴의 유력한 자 보아스의 인애를 받는다. 인애를 베푼 자가 인애를 받는 복을 받은 것이다. 룻기 2:20에서 나오미는 살아 있는 자들과 죽은 자들에게 은혜를 베푼 보아스가 여호와께 복받기를 기원한다. 여기서 "살아 있는 자들"(הַחַיִּים)은 나오미와 룻을 말하고 "죽은 자들"(הַמֵּתִים)은 보아스의 친족인 엘리멜렉과 그의 두 아들 말론과 기룐을 말한다. 나오미는 보아스가 죽은 친족들인 엘리멜렉, 말론, 기룐을 기억하고 가난한 처지에 있는 자신과 룻을 긍휼히 여겨 자신의 밭에서 룻이 이삭을 줍게 하고 룻에게 인애를 베풀었다고 말한다. 그리고 나오미는 자신에게 인애를 베푼 룻에게 인애를 베푼 보아스가 여호와께 복 받기를 기원한다. 룻이 보아스의 호의, 인애를 받았다는 것을 들은 것이 동인이 되어 나오미는 룻에게 보아스의 타작마당에서 보아스에게 접근할 것을 지시하고 그 저녁에 보아스는 자신을 구속하여 달라는 룻의 요청, 즉 청혼을 받아들인다. 즉, 보아스의 인애로 인해 룻과 보아스가 새 가정을 이루기 위한 약속에 이르게 된 것이다.

룻의 구속 요청, 즉 청혼을 받은 보아스는 룻기 3:10에서 나이가 많은 자신에게 청혼한 것은 룻이 자신에게 베푼 인애라고 말하며 여호와께서 룻에게 복 주시기를 기원한다. 보아스는 룻의 처음 인애보다 나중이 더 크다고 말하는데 여기서 룻의 처음 인애는 룻이 말론의 죽음 이후 나오미에게 한 선행과 나오미를 따라 자신의 부모와 고국을 떠나 베들레헴에 온 일을 말하고(룻 2:11), 나중 인애는 나이 많은 자신에게 룻이 청혼한 것을 말한다. 보아스의 인애를 받은 룻이(2:20), 보아스에게 인애를 베푼 것이다(3:10). 이렇게 하여 새 가정을 이룬 보아스와 룻은 다윗의 증조부가 된다(룻 4:17).

정리하면 나오미에게 인애를 베푼 룻이 베들레헴에 와서 보아스의 인애를 받고, 보아스의 인애를 받은 룻이 보아스에게 인애를 베풀어 새 가정을 이루고 다윗의 조상이 된 것이다. 이렇듯 룻기의 플롯 전개는 '헤세드'를 매개로 엮여져 있다. 위에서 봤듯이 룻기에서 '헤세드', 즉 인애는 선순환을 이루고 있다. 나오미에게 인애를 베푼 룻이 보아스에게 인애를 받고, 룻에게 인애를 베푼 보아스가 룻에게 인애를 받는다. 하나님의 마음에 맞는 사람(삼상 13:14), 다윗은 이 아름다운 '헤세드'의 선순환의 열매인 것이다.

3) 구속자(גֹּאֵל, '고엘')

룻기에서 구속(redemption)의 의미를 갖는 히브리어 어근, '가알'(גאל)이 사용된 단어는 23회 나타난다(Lau, 57). 명사형 '고엘'(גֹּאֵל, "구속자", "redeemer")은 남자 친족으로, 주로 재산과 사람과 혈통의 회복을 통해 족속 가운데 어려움에 처한 사람을 구원함으로 족속의 행복과 평화를 증진하는 사람을 의미한다(Hubbard, 1991: 3-19). 룻기에서는 나오미와 룻이 보아스를 '고엘'이라 일컫고(2:20; 3:9), 보아스가 룻에게 자신과 또 다른 친족을 '고엘'이라 말하며(3:13), 베들레헴의 여인들은 오벳을 나오미의 '고엘'이라고 말한다(4:14). 룻기 4장에서는 나오미가 엘리멜렉의 소유지를 팔려고 할 때 보아스가 '고엘'로서 값을 지불하고 다른 족속에게 넘어갈 뻔했던 기업을 구속한다(redeem).

룻기에서 보아스의 중요성은 구속자 예수 그리스도를 예표하는 데에 있다. '고엘'로서의 보아스는 십자가에 죽으심으로 죄인들의 죗값을 치르시고 죄인들을 구속하신 예수 그리스도를 미리 보여 주는 그림자이다. 메시야가 값을 치르고 죄인들을 구속하는 것은 이사야의 네 번째 종의 노래(사 52:13-53:12)에 예고됐고(사 53:5-6, "… 그가 징계를 받으므로 우리는 평화를 누리고 그가 채찍에 맞으므로 우리는 나음을 받았도다. … 여호와께서는 우리 모두의 죄악을 그에게 담당시키셨도다"),[4] 예수 그리스도를 통하여 성취됐다(롬 3:24, "그리스도 예수 안에 있는 속량으로 말미암아 하나님의 은혜로 값없이 의롭다 하심을 얻은 자 됐느니라").

4) 다윗

룻기의 독자가 놓치지 말아야 할 것 중 하나는 룻기가 족보로 끝난다는 것이다(4:18-22). 그 족보의 마지막 세대의 인물이 다윗임을 볼 때 룻기의 주요 인물인 룻과 보아스, 나오미, 오벳 등이 이스라엘 역사에서 갖는 의의는 다윗왕의 조상이라는 것이다. 다윗의 삶과 왕으로서의 통치를 기록한 사무엘서에는 다윗이 이새의 아들이라고 소개할 뿐이어서 다윗의 조상에 대해서 알 수 없는데 룻기가 다윗의 조상 족보를 제공하는 역할을 하는 것이다(Keil and Delitzsch, 469; Cundall and Morris, 230).

룻기 4:18에서 시작하는 다윗의 족보의 첫 번째 인물은 베레스로 유다와 그의 며느리 다말 사이에서 태어난 쌍둥이 중 동생이다(창 38:29). 베레스의 아버지 유다는 아버지 야곱을 통해 유다가 형제의 찬송이 되며 규가 유다를 떠나지 않고 통치자의 지팡이가 그의 발 사이에서 떠나

4. 룻기 주석에서 특별한 언급이 없는 경우 룻기가 아닌 구약 본문의 번역은 개역개정판을 따른 것이다.

지 않을 것이라는 예언을 듣는데(창 49:8-10), 이 예언은 유다의 아들, 베레스의 후손인 다윗에 이르러 성취된다.

5. 구조

룻기는 아래와 같은 구조로 이루어져 있다.

I. 서언

1:1-5 모압에 홀로 남겨진 나오미

II. 나오미의 베들레헴 귀환

1:6-18 나오미의 귀환에 동참한 룻

1:19-22 베들레헴에 도착한 나오미와 룻

III. 보아스의 호의를 받은 룻

2:1-17 보아스의 호의로 이삭을 주운 룻

2:18-23 룻의 보고와 나오미의 조언

IV. 타작마당에서 만난 룻과 보아스

3:1-5 나오미의 지시와 룻의 수용

3:6-15 룻과 보아스의 약속

3:16-18 룻의 보고와 나오미의 조언

V. 보아스와 룻의 결혼과 오벳의 출생

4:1-12 보아스와 다른 친척과의 협의

4:13-17 보아스와 룻의 결혼과 오벳의 출생

VI. 다윗에 이르는 족보

4:18-22 베레스에서 다윗까지의 족보

II. 룻기 본문 주석

제1장
룻기 1:1-5
서언: 모압에 홀로 남겨진 나오미

룻기의 서언에서는 사사 시대 한 가정의 암울한 이야기를 소개한다. 베들레헴 출신의 엘리멜렉 가정이 기근으로 이방 땅으로 이주하여 10년이 넘게 거주했는데(4절) 안타깝게도 그 집안의 남자들인 엘리멜렉과 그의 두 아들, 말론과 기룐은 죽고 만다. 그 집안의 남겨진 사람은 엘리멜렉의 아내 나오미와 그녀의 두 아들이 아내로 얻은 모압 여인 오르바와 룻이었다. 이방 땅에서 남편을 잃었을 뿐만 아니라 자신의 두 아들도 먼저 세상을 떠났을 때 나오미의 상실감은 이루 말할 수 없었을 것이다. 자신의 처지를 보면 하나님께 그 이유를 묻지 않을 수 없었을 것이다. 물론 그녀에게 두 며느리가 있었지만 며느리가 자신과 함께 있다는 위로와 더불어 남편을 일찍 여읜 두 며느리의 여생을 위해 그들을 그 가문에서 놓아주어야 한다는 부담도 있었을 것이다.

번역

1:1 사사들이 다스리던 날들에 있었던 일이다. 그 땅에 기근이 있었다. 그래서 한 사람이 모압 땅에 체류하기 위해서 유다 베들레헴으로부터 그와 그의 아내와 그의 두 아들이 갔다. 2 그 사람의 이름은 엘리멜렉이고 그의 아내의 이름은 나오미이고 그의 두 아들의 이름은 말론과 기룐으로 유다 베들레헴 출신의 에브라다 사람들이었다. 그들은 모압 땅에 와서 거기에 머물렀다. 3 그런데 나오미의 남편 엘리멜렉이 죽었고 그녀는 그녀의 두 아들과 함께 남겨졌다. 4 그리고 그들은 그들을 위하여 모압 여인 아내들을 얻었다. 그 첫째의 이름은 오르바이고 그 둘째의 이름은 룻이었다. 그리고 그들은 거기에서 약 십 년간 거주했다. 5 그러나 그들 둘, 말론과 기룐 또한 죽었다. 그래서 그 여인은 그녀의 남편과 그녀의 두 아이들 없이 남겨졌다.

주해

1절 룻기는 사사 시대를 배경으로 한다. “사사들”로 번역된 ‘쇼페팀’(שֹׁפְטִים)은 분사 ‘쇼페트’(שֹׁפֵט, “사사”)의 복수형으로 ‘쇼페트’의 1차적 의미는 “재판관”이다(*DCH* VIII, 530). 그러나 많은 “사사”(‘쇼페트’)에 대하여 기록한 사사기에 나타난 사사의 모습은 재판관으로서가 아니라 군사 지도자로서의 역할에 방점이 찍혀 있다. 드보라와 같은 사사가 에브라임 산지에서 이스라엘 백성을 재판한 기록이 있지만(삿 4:5), 나머지 사사들은 군사 지도자로서 이방 민족의 노략과 압제 가운데 있던 이스라엘을 구원하는 역할을 수행했다. 그런 의미에서 ‘비메 셰

포트 하쇼페팀'(בִּימֵי שְׁפֹט הַשֹּׁפְטִים)은 군사 지도자의 역할을 많이 수행했던 "사사들이 다스리던(대조, "재판하던") 날에"로 이해할 수 있다.

룻기의 시대가 사사기와 같은 사사 시대이지만 사사기의 사사 시대가 많은 우상숭배와 전쟁으로 혼란스러웠던 것과 달리 한 가정의 이야기를 중심으로 전개되는 룻기에는 사사 시대의 전쟁과 혼란이 기록되어 있지 않다. 사사 시대를 여호수아의 죽음 이후 이스라엘의 초대 왕인 사울 왕정이 시작되기까지 약 330여 년(주전 1380-1050년)으로 볼 때 룻기의 사사 시대는 사사 시대 말기이다. 이는 룻기의 마지막 부분에 기록된 족보에서 룻의 남편 보아스가 다윗의 증조부로 기록된 것(룻 4:17-22)에 기초하여 가늠할 수 있다. 다윗이 40년간 왕으로 통치한 기간을 주전 1010-970년으로 볼 때 다윗의 증조부였던 보아스의 시대를 다윗보다 약 100년 앞선 주전 12세기로 상정할 수 있고 이는 사사 시대의 말기에 해당한다.

사사 시대 말기를 배경으로 하는 룻기에는 사사기에 기록된 전쟁은 없지만 기근의 어려움이 기록되어 있다. 기근의 원인은 아마도 가뭄이었을 것이다(참조, 룻 1:6; Lau, 66). 기근으로 인해 유다 지파의 베들레헴에 살았던 한 남자가 그의 아내와 두 아들과 함께 모압 땅으로 이주한다. 이 가정이 모압 땅에 체류하기 위해 베들레헴을 떠났는데 여기서 "체류하다"에 해당하는 동사 '구르'(גּוּר)는 "외지인으로 머무는 것"(to sojourn)을 의미한다(BDB, 158). 베들레헴은 히브리어로 '베트 레헴'(בֵּית לֶחֶם)으로 그 의미는 "빵의 집"인데 아이러니컬하게도 "빵의 집"에 기근이 든 것이다.

베들레헴은 사사 시대에 여부스라 불렸던 지금의 예루살렘에서 남서쪽으로 약 7킬로미터 떨어진 지역으로 요단강 서쪽, 더 정확하게는 사해 서쪽에 위치한 지역이다. 모압은 요단강 동편 지역으로 사해 동편 지역에 위치해 있었고 북쪽에 위치한 암몬, 남쪽에 위치한 에돔 사이의 지역이었다. 베들레헴과 모압 지역 사이에 사해가 위치하고 있기 때문에 아마도 베들레헴 출신의 엘리멜렉 가족은 사해를 끼고 북쪽으로 가서 요단강을 건넌 후 아래로 향하여 아르논강을 건너 모압 땅의 어느 한 지역에 이르렀을 것으로 추정된다.

가족을 이끌고 모압 땅으로 이주한 사람은 바로 다음 절에서 알려주듯이 엘리멜렉이다. 엘리멜렉이 모압 땅에 가기 위해 유다 베들레헴에서 출발했다는 것은 엘리멜렉이 유다 베들레헴 출신이라는 것(룻 1:2)을 말한다. 룻기 저자가 룻기의 첫 절에서 엘리멜렉이 유다 베들레헴 출신임을 말한 것은 룻기의 마지막 절인 4:22의 족보에 나오는 다윗을 염두에 둔 것이다. 엘리멜렉이 유다 베들레헴 출신이라는 것은 그가 후에 다윗의 조상이 될 것이라는 암시를 주며 사무엘이 사울의 뒤를 이을 이스라엘의 왕이 될 자에게 기름을 붓기 위해 베들레헴에 가서 다윗에게 기름을 부은 사무엘상 16장을 상기시킨다.

엘리멜렉 가족이 베들레헴에서 이방 땅 모압으로 이주한 것에 관하여 부정적으로 바라보는 견해가 있다. 예컨대 탈굼에서는 엘리멜렉이 모압 땅으로 이주한 것이 죄이며, 그가 모압 땅에서 죽은 것은 그 죄에 대한 심판이라고 말한다(Levine, 20). 그러나 룻기 본문은 엘리멜렉의 가족이 모압 땅으로 이주한 것에 대한 어떤 평가도 내리지 않고 엘리멜렉과 그의 두 아들의 죽음이 이들의 모압 이주와 연관됐다는 단서를 제공하지 않는다. 창세기 26장에서 이삭이 흉년이 들어 그랄 땅에 이르렀을 때 여호와께서 이삭에게 나타나 애굽으로 내려가지 말 것을 지시했고 이삭은 하나님의 지시를 따라 애굽으로 내려가지 않았다. 창세기 26장의 이삭의 경우에는 흉년으로 인한 기근이 있다고 해도 애굽으로 이주하지 않는 것이 옳았다. 왜냐하면 여호와의 명령이 있었기 때문이다. 그러나 엘리멜렉 가족의 모압 이주는 이를 금지한 여호와의 명령이 없었으며 룻기 저자가 모압 이주에 대해 부정적으로 평가를 내리지 않기 때문에 엘리멜렉 가족의 모압 이주를 여호와 앞에서의 불순종이나 불신앙으로 볼 수 없다.

2절 기근으로 인해 유다 베들레헴에서 모압 땅으로 이주한 가족 네 명의 이름이 소개된다. 엘리멜렉(אֱלִימֶלֶךְ)은 "나의 하나님"을 의미하는 '엘리'(אֱלִי)와 "왕"을 의미하는 '멜레크'(מֶלֶךְ)가 합쳐진 말로 "나의 하나님은 왕이시다"를 의미한다. 나오미(נָעֳמִי)는 1:20-21에서 암시하듯 괴로움이나 슬픔과 반대되는 의미로 이 이름은 즐거움을 의미하는 어근 '나암'(נעם)에서 유래했을 것이다(Block, 2015: 67). 두 아들의 이름 말론과 기룐의 의미는 알려지지 않았다.

엘리멜렉 가족이 유다 베들레헴 에브라다 사람들로 소개되는데 에브라다는 베들레헴의 또 다른 이름이다. 창세기 35:19("라헬이 죽으매 '에브랏[에브라다] 곧 베들레헴'[אֶפְרָתָה הִוא בֵּית לָחֶם] 길에서 장사되었고")은 이를 잘 보여주며 룻기 4:11에서도 에브라다와 베들레헴이 같은 지역으로 평행을 이룬다("그리고 당신은 에브라다에서 부를 이루십시오. 그리고 베들레헴에서 이름을 선포하십시오."). 에브라다와 베들레헴은 구약에서 인명으로도 나란히 기록됐다. 역대상 4:4에서 에브라다는 베들레헴의 아버지로 기록됐다("… '베들레헴의 아버지 에브라다'[אֶפְרָתָה אֲבִי בֵּית לָחֶם]의 맏아들 훌의 소생이며"). 엘리멜렉 가족이 유다 베들레헴 에브라다 사람들이라고 소개하는 것은 미가 5:2[1][1] 의 메시야 예언("베들레헴 에브라다야 너는 유다 족속 중에 작을지라도 이스라엘을 다스릴 자가 네게서 내게로 나올 것이라 …")을 상기시킨다.

3절 엘리멜렉의 가족이 베들레헴의 기근을 피해 모압 땅에 왔지만 이 가족은 모압 땅에서 더 큰 시련을 맞이한다. 가장인 엘리멜렉의 죽음을 맞이한 것이다. 1절과 2절에서는 엘리멜렉을 기준으로 그의 가족이 소개된 반면 3절에서는 엘리멜렉이 "나오미의 남편"(אִישׁ נָעֳמִי)으로 소개됨으로 저자가 가족의 기준을 엘리멜렉에서 나오미로 옮겼음을 알 수 있다. 즉, 룻기 저자가 엘리멜렉이 죽고 그의 아내 나오미가 남겨졌다고 기록하지 않고 나오미의 남편, 엘리멜렉이 죽고 나오미가 남겨졌다고 기록하고 있다는 것이다. 엘리멜렉의 죽음의 이유와 시기는 알려지지 않았다. 1절에서 언급했듯이 탈굼에서는 엘리멜렉의 죽음을 엘리멜렉이 이스라엘 땅을 떠나 이방 땅으로 이주한 것에 대한 하나님의 징계로 보지만(Levine, 20), 본문에서는 그 이유에 대해 함구하고 있기 때문에 엘리멜렉의 죽음을 하나님의 징계로 볼 이유는 없다.

4절 기근으로 인해 베들레헴을 떠난 엘리멜렉의 가족은 엘리멜렉이 죽은 이후에 베들레헴으로 돌아오지 않고 모압 땅에 정착한다. 엘리멜렉과 나오미의 두 아들, 말론과 기룐은 모압 여인을 그들의 아내로 맞았다. 이 절의 번역에서 "그들"은 말론과 기룐을 말한다. 앞서 2절에서 두 아들 중 말론이 기룐보다 먼저 소개됐고 여기서는 두 며느리가 오르바와 룻의 순서로 소개되어 말론의 아내를 오르바, 기룐의 아내를 룻으로 생각할 수 있지만, 4:10에서 룻을 말론의 아내로 언급하고 있기 때문에

---

1. 대괄호 안의 절은 히브리어 본문인 마소라 텍스트(*BHS*)의 절이다.

("말론의 아내 모압 여인 룻") 두 부부의 구성은 두 아들과 그들의 아내가 소개된 순서와 관련이 없음을 알 수 있다.

오르바(עָרְפָּה)와 룻(רוּת)의 정확한 어원과 의미는 알려지지 않았다. 말론과 기룐은 유다 지파에 속한 이스라엘 백성이었는데 이방 지역인 모압의 여인들을 아내로 얻은 것은 출애굽기 34:16과 신명기 7:3-4에서 가나안 족속들과 결혼을 금지한 율법에 비추어 볼 때 바람직하지 않다.

> 또 네가 그들의 딸들을 네 아들들의 아내로 삼음으로 그들의 딸들이 그들의 신들을 음란하게 섬기며 네 아들에게 그들의 신들을 음란하게 섬기게 할까 함이니라. (출 34:16)

> 또 그들과 혼인하지도 말지니 네 딸을 그들의 아들에게 주지 말 것이요 그들의 딸도 네 며느리로 삼지 말 것은 그가 네 아들을 유혹하여 그가 여호와를 떠나고 다른 신들을 섬기게 하므로 여호와께서 너희에게 진노하사 갑자기 너희를 멸하실 것임이니라. (신 7:3-4)

물론 모압 족속은 출애굽기 34:11과 신 7:1에 언급된 가나안 지역의 아모리 족속, 가나안 족속, 헷 족속, 브리스 족속, 히위 족속, 여부스 족속, 기르가스 족속에 속하지는 않지만 그모스 신을 섬기는 이방 족속이다(민 21:29). 비록 룻기의 저자가 말론과 기룐이 모압 여인과 결혼한 것에 관하여 평가하고 있지 않지만, 이스라엘 백성에게 가나안 지역의 이방 족속들과 결혼하지 말라고 한 이유가 결혼을 통해 이방 족속들이 섬기는 이방신들을 섬기게 되는 악한 영향을 차단하기 위한 것이라면 이스라엘인인 말론과 기룐이 모압 여인인 오르바와 룻과 결혼하는 것은 부정적인 모습이다(Block, 2015: 72).

"그들", 즉 말론과 기룐이 "거기에"(שָׁם), 즉 모압 땅에 약 10년을 살았다고 했는데 이 10년이 말론과 기룐이 결혼한 이후의 10년인지(Shipper, 84; Hubbard, 91) 아니면 모압 땅에 이주하여 산 전체 기간인지(Joüon, 34; Würthwein, 9-10) 정확히 알 수 없다.

5절 엘리멜렉의 죽음과 같이 말론과 기룐의 죽음에 대해서도 룻기 저자는 그 원인에 관해 함구한다. 저자에게 그 원인을 밝히는 것은 룻기의 전개에 있어서 중요한 것이 아니었다. 중요한 것은 나오미가 남편과 두 아들을 잃고 홀로 남겨졌다는 것이다. 물론 그녀의 며느리들이 옆에 있었지만 베들레헴에서 모압으로 이주한 네 명 중 세 명이 죽고 나오미 홀로 남겨졌다.

이 절에서 눈에 띄는 부분은 나오미가 "그녀의 두 아이들 없이"(מִשְּׁנֵי יְלָדֶיהָ) 남겨졌다는 것이다. 말론과 기룐은 아이가 아니라 아내를 얻어 결혼까지 한 성인인데 아이를 의미하는 '옐레드'(יֶלֶד)를 사용한 것은 이후에 4:16에서 나오미가 룻과 보아스 사이에서 얻은 "아이"(יֶלֶד, '옐레드')를 품에 안은 것과 선명한 대조를 이루기 위해서이다. 1:5만 보면 아이를 의미하는 '옐레드' 대신에 아들을 의미하는 '벤'(בֵּן)을 사용하는 것이 문맥에 자연스럽다. 앞서 3절에서도 나오미의 두 아들을 '바네하'(בָנֶיהָ, "그녀의 아들들")로 기록했다. 그러나 섬세한 저자는 후에 나오미가 룻이 낳은 "아이"를 품은 기쁨을 강조하기 위해, 두 "아들"을 잃을 나오미의 슬픔을 두 "아이"를 잃은 것으로 표현한 것이다.

해설

룻기의 서언인 이 단락은 유다 베들레헴 출신 한 남자의 가정 소개로 시작하여 남편과 두 아들을 잃은 한 여인의 불행한 처지로 마무리된다. 서언에 나오는 나오미의 인생은 시간이 지나면 지날수록 나아지는 것이 아니라 더 깊은 불행과 절망으로 떨어지는 인생이었다. 누구든지 자신이 살았던 고향을 떠나 낯선 이방 땅으로 이주하는 것에는 낯섦과 두려움이 있다. 나오미가 정들었던 고향을 떠나 모압 땅으로 갈 수밖에 없었던 것은 기근이라는 시련이 찾아왔기 때문이다. 나오미는 모압 땅에서 그 시련을 벗어나 안정과 행복을 꿈꿨을 것이다. 그러나 얼마 되지 않아 기근보다 더 큰 시련인 남편의 죽음이 그녀의 삶을 덮친다. 하루아침에 이방 땅에서 과부가 된 것이다. 그럼에도 불구하고 그녀는 그녀의 두 아들을 바라보며 그들을 의지하며 힘을 내서 살아갔을 것이다. 그런데 그녀에게 또 다른 시련이 찾아왔다. 그것은 그녀의 두 아들이 모두 죽은 것이다. 사랑하는 두 아들을 모두 잃은 것은 믿기 어려운 일이었고, 그녀가 겪은 그 어떤 시련보다 큰 시련이었을 것이다.

인생의 여정에는 여러 가지 크고 작은 시련이 찾아온다. 어느 때는 그 시련이 너무 커서 낙담하여 그 자리에 주저앉을 때도 있다. 그러나 하나님의 백성은 그 어떤 시련 가운데에서도 하나님이 시련 가운데 있는 자신을 돌보시고 사랑하고 계심을 믿는 믿음 가운데 소망을 품고 다시 일어나 걸을 수 있다. 앞으로 펼쳐질 나오미의 인생이 그 좋은 예이다. 룻기 1:1-5에서 나오미는 인생의 바닥에 이르렀다. 더 이상 내려갈 곳이 없어 보인다. 이렇게 더 이상 내려갈 곳이 없어 보이는 바닥에 이른 나오미의 인생은 하나님의 '헤세드'(חֶסֶד, "인애")가 얼마나 크고 위대한지를 더 선명히 보여줄 수 있는 밑그림이 된다. 이제 룻기 1:6부터는 하나님의 인애 가운데 나오미의 인생에 반등이 펼쳐진다.

제2장
룻기 1:6-22
나오미의 베들레헴 귀환

1. 나오미의 귀환에 동참한 룻(1:6-18)

나오미가 모압 땅에서 남편과 두 아들을 잃고 홀로 남겨졌지만(5절) 엄밀히 말하면 그녀 홀로 남겨진 것이 아니라 나오미의 집안으로 시집온 두 며느리와 함께 있었다. 이 두 며느리는 나오미의 삶에 별 영향을 주지 못한 작은 존재가 아니었다. 이방 땅에서 남편과 두 아들을 잃고 밑바닥까지 떨어진 것과 같은 나오미는 두 며느리로부터 큰 위로를 받았고, 나오미의 인생이 두 며느리 중 한 명인 룻을 통해 재기와 회복을 이루기 때문이다. 나오미는 두 며느리의 새로운 미래를 위해서 그들을 놓아주려고 했지만 룻은 나오미에게 매임을 택한다. 그 매임이 의미를 지닐 수 있었던 것은 "당신의 하나님이 저의 하나님이십니다"(1:16)라는 룻의 신앙 고백이 있었기 때문이다. 나오미는 이제 더 이상 혼자가 아니라 자신과 같은 신앙 고백을 한 며느리 룻과 함께하게 됐고 하나님은 나오미와 함께 베들레헴으로 향하는 룻을 통하여 나오미의 회복을 이루어 가신다.

번역

1:6 그리고 그녀와 그녀의 며느리들이 일어났다. 그리고 그녀는 모압
땅에서 돌아섰다. 왜냐하면 그녀가 모압 땅에서 여호와께서 그들에게
양식을 줌으로 그의 백성을 돌보셨다는 것을 들었기 때문이다. 7 그리
고 그녀가 있었던 그곳에서 나왔고 그녀의 두 며느리도 그녀와 함께했
다. 그리고 그녀들은 유다 땅으로 돌아가기 위해 길을 걸었다. 8 그러나
나오미가 그녀의 두 며느리에게 말했다. "가라! 돌아가라! 여인은 그녀
의 어머니의 집으로[1], 너희가 죽은 자들과 나에게 행한 것과 같이 여호
와께서 너희에게 선을 행하시기를 바란다. 9 여인이 그녀의 남편의 집
에서 안식을 찾을 것을 여호와께서 너희에게 허락하여 주시기를 바란
다." 그리고 그녀가 그녀들에게 입맞추고 그녀들은 그녀들의 소리를 높
여 울었다. 10 그러나 그녀들이 그녀에게 말했다. "우리는 반드시 당신
과 함께 당신의 백성에게 돌아갈 것입니다." 11 그러나 나오미가 말했
다. "내 딸들아 돌아가라! 왜 너희는 나와 함께 가려느냐? 나에게, 나의
배에 아들들이 다시 있을 수 있겠느냐? 그래서 그들이 너희에게 남편
들이 되겠느냐? 12 돌아가라 내 딸들아! 가라! 왜냐하면 나는 남자에게
(아내가) 되기에는 늙었고, 설령 내가 소망이 있다고 말한다 할지라도,
또한 내가 오늘 밤에 남자에게 (아내가) 된다 할지라도, 또한 내가 아들
들을 낳는다 할지라도, 13 그러면[2] 너희들이 그들이 자랄 때까지 기다

1. "여인은 그녀의 어머니의 집으로"의 의미는 "각자 각자의 어머니의 집으로"이다.
2. '라헨'(לָהֵן)을 접속사, "그러면" 혹은 "그러므로"가 아닌 "그들을 위하여"(for them)로 번역한 경우도 있으나(TNK; Hubbard, 107), 이 경우에 "그들"은 남성인 "아들들"이기 때문에 '라헨'이 아니라 '라헴'(לָהֵם)으로 표기되었어야 한다. 룻기에서 구어의 영향으로 성별의 구분이 약화된 경우, 여성들이 더 흔한 남성형으로 표

리겠느냐? 그러면 너희가 남자에게 (아내가) 되지 않고 너희를 가두어 두겠느냐? 안 된다, 내 딸들아! 왜냐하면 그것은 너희보다 나에게 더 많이 고통스럽기 때문이다. 왜냐하면 여호와의 손이 나를 거슬러 뻗으셨기 때문이다."[3] 14 그리고 그녀들은 다시 그녀들의 소리를 높여 울었다. 그리고 오르바는 그녀의 시어머니에게 입맞추었다. 그러나 룻은 그녀를 꼭 붙잡았다. 15 그리고 그녀가 말했다. "보라 너의 동서는 그녀의 백성과 그녀의 신들에게 돌아섰다. 너도 너의 동서를 따라 돌아서라!" 16 그러나 룻이 말했다. "저에게 당신을 떠나는 것, 당신을 따르는 것에서 돌아서는 것을 강권하지 마십시오. 왜냐하면 당신이 가는 곳에 제가 가고 당신이 머무는 곳에 제가 머물 것이기 때문입니다. 당신의 백성이 저의 백성이고 당신의 하나님이 저의 하나님이십니다. 17 당신이 죽는 곳에 제가 죽을 것이고 거기에 제가 묻힐 것입니다. 만약 죽음이 당신과 제 사이를 가르지 않으면 여호와께서 제게 그렇게 행하시고 더 그렇게 행하시길 원합니다." 18 그리고 그녀는 그녀가 그녀와 함께 가기로 결심한 것을 보았고 그녀에게 말하는 것을 그쳤다.

주해

6절 5절에 기록된 큰 절망의 분위기와 달리 6절은 반전을 기록한다. 그 반전을 보여주는 첫 번째 단어는 6절의 첫 단어, '바타콤'(וַתָּקָם, "그리고 그녀가 일어났다")이다. '바타콤'의 어근, '쿰'(קום)은 "일어나다"

기된 경우는 있으나(예, '임마켐'[עִמָּכֶם, 8절], '라켐'[לָכֶם, 9절, 11절]) 남성들이 여성으로 표기된 경우는 없다.

3. "나를 거슬러 뻗으셨기 때문이다"는 "나를 치셨기 때문이다"를 의미한다.

를 의미하는 단어로 '바타콤'은 단순히 나오미가 베들레헴으로 돌아가기 위하여 일어난 것을 넘어 절망의 상황에서 포기하거나 주저하지 않고 용기를 내어 일어났음을 암시한다. 이 나오미의 일어섬에 그녀의 며느리들이 힘을 보태 주었다. 그래서 저자는 나오미뿐만 아니라 "그녀의 며느리들도"(וְכַלֹּתֶיהָ) 함께 일어섰음을 기록한다. 반전을 보여주는 두 번째 단어는 '바타쇼브'(וַתָּשָׁב, "그리고 그녀가 돌아섰다")이다. 여기서 그녀가 돌아선 것도 단순히 물리적으로 모압 땅에서 돌아선 것을 넘어 절망의 상황 가운데에서 돌아선 것을 암시한다. 그녀가 이렇게 과감하게 돌아설 수 있었던 이유는 여호와께서 그의 백성, 즉 이스라엘을 돌보셨다는 것을 들었기 때문이다.

여호와께서 그의 백성을 돌보셨다는 것은 구체적으로 바로 다음에 이어지는 "그들에게 양식을 준 것"(לָתֵת לָהֶם לָחֶם)이다. 여호와께서 베들레헴(בֵּית לֶחֶם), 즉 "빵의 집"에 "빵"(לָחֶם)을[4] 주신 것이다. 나오미가 들은 것은 단순히 베들레헴에 기근이 끝나고 풍년이 들었다는 것이 아니라 여호와께서 양식을 줌으로 그의 백성을 돌보셨다는 것인데 이 말을 통해 이스라엘 백성이 하나님의 주권을 인정함을 알 수 있다. 특별히 '라테트 라헴 라헴'(לָתֵת לָהֶם לָחֶם, "그들에게 양식을 준 것")은 룻기가 내러티브임에도 저자가 운율의 효과까지 염두에 두고 세심하게 룻기를 기록했음을 보여준다. 이 절엔 접속사 '키'(כִּי)가 두 번 나타나는데 첫 번째 '키'는 "왜냐하면"(because)을 의미하고 두 번째 '키'는 "~라는 것"(that)을 의미한다.

---

4. '레헴'(לֶחֶם)이 '라헴'(לָחֶם)으로 발음된 것은 '라헴'이 6절의 마지막 단어로 휴지형(pausal form) 악센트 씰룩(ֽ)이 위치하게 되어 모음 '에'가 '아'로 강하게 변했기 때문이다.

7절 나오미가 나온 “그곳”(הַמָּקוֹם)은 나오미가 거했던 모압 땅의 한 지역을 말한다. “그리고 그녀가 나왔다”로 번역된 ‘바테쩨’(וַתֵּצֵא)는 단순히 물리적으로 그녀가 살았던 지역에서 나온 것을 넘어 그녀를 둘러싼 절망스러운 상황 가운데에서(5절) 나온 것을 암시한다. 마치 6절의 “그녀가 일어났다”(וַתָּקָם)와 “그녀가 돌아섰다”(וַתָּשָׁב)와 마찬가지로 “그녀가 나왔다”(וַתֵּצֵא)도 중의적 의미를 지닌다.

나오미와 함께 일어섰던(6절) 그녀의 두 며느리들도 나오미와 함께 나와 유다 땅으로 향했다. 남편을 잃은 후에 자신들의 고향을 떠나 낯선 남편의 고향으로 향하는 두 며느리, 오르바와 룻의 마음은 가볍지 않았을 것이다. 그러나 두 여인은 유다 땅으로 발걸음을 옮김으로 남편과의 신의를 지키고 시어머니를 공경하는 모습을 보여주었다. “그리고 그녀들이 걸었다”를 의미하는 ‘바텔라크나’(וַתֵּלַכְנָה)는 3인칭 여성 복수형으로 “그녀”들은 나오미와 두 며느리들을 말한다. 그녀들은 유다 땅으로 “돌아가기 위해”(לָשׁוּב) 걸었는데 엄밀히 말하면 유다 땅으로 돌아가는 인물은 나오미 혼자이다(Eskenazi and Frymer-Kensky, 9).

8절 나오미가 두 며느리에게 말한 시점은 그녀들이 모압 땅에서 유다로 출발한 지 얼마 되지 않아서일 것이다. 두 며느리에게 긴 여행의 고생을 시키려는 의도가 있지 않다면 나오미가 유다 땅에 가까이 와서 말할 이유가 없기 때문이다. 나오미는 “가라!(לֵכְנָה), 돌아가라!(שֹׁבְנָה)”와 같은 명령형 동사를 반복함으로써 오르바와 룻에게 그녀들의 고향으로 돌아갈 것을 강하게 권유한다. 그녀는 과부로 사는 것은 자신 하나로 충분하다고 생각했을 것이다. 더욱이 오르바와 룻은 그녀보다 한창 젊고 자녀들도 없었기 때문에 새 가정을 이룰 수 있을 것이라고 생각했을 것이다. 나오미는 그것이 시어머니로서 며느리들에게 할 수 있는 마지막 도리라고 여겼을 것이다. “여인은 그녀의 어머니의 집으로”는 ‘이샤 레베트 임마흐’(אִשָּׁה לְבֵית אִמָּהּ)를 문자적으로 번역한 것으로 두 며느리 각자 자신의 친정집으로 돌아갈 것을 권유한 것이다.

나오미는 두 며느리에게 친정으로 돌아갈 것을 권유한 후 그녀들을 축복한다. 그것은 여호와께서 그녀들에게 ‘헤세드’(חֶסֶד)를 행하실 것을 구한 것이다. ‘헤세드’는 충성(loyalty), 신실(faithfulness), 선/선함(goodness), 친절(kindness), 은혜(grace), 사랑(love), 자비(mercy), 경건(godly action) 등 다양한 의미를 지닐 수 있는데(*HALOT* I, 336-7; BDB, 338-9) 여기서는 ‘헤세드’를 포괄적으로 좋은 것을 의미하는 “선”으로 번역했다. 나오미는 두 며느리를 위해 여호와의 좋은 것을 구하면서 “너희가 죽은 자들과 나에게 행한 것과 같이”라고 말함으로 오르바와 룻이 죽은 자들, 즉 그녀들의 남편인 말론과 기룐과 나오미 자신에게 행한 ‘헤세드’, 즉 선을 치하한다. 두 며느리가 나오미에게 한 “선”에는 과거에 자신의 두 아들이 살아있을 때 자신에게 행한 선뿐만 아니라 현재 두 아들이 죽은 후에 유다 땅으로 돌아가는 자신과 함께 있을 때 한 선도 포함된다.

나오미가 두 며느리를 축복할 때 “너희에게”로 번역된 ‘임마켐’(עִמָּכֶם)의 어미는 2인칭 여성복수형 어미인 ‘켄’(כֶן)이 아닌 2인칭 남성복수형 어미 ‘켐’(כֶם)인데 이는 성별의 구별이 약해진 구어(colloquial language)의 영향으로 인한 것으로 보인다(GKC § 135o).

9절 첫 단어 ‘이텐’(יִתֵּן)은 문맥에서 지시형(jussive)으로 이해되는데(“그가 주기를 바란다”) 흥미로운 것은 그 이후에 접속사를 동반한 2인칭 여성 복수명령형, ‘우메쩨나’(וּמְצֶאןָ, “너희는 찾으라!”)가 나온다는 것이다. 지시형과 접속사를 동반한 명령형이 나오는 구문은 흔하지 않은 구문인데 여기서 접속사를 동반한 명령형, '우메쩨나'는 지시형 동사, '이텐'의 목적어로 이해된다(Joüon and Muraoka § 177h; Sasson, 23-24).

'라켐'(לָכֶם, "너희에게")의 "너희"는 두 며느리를 말하는데 형태상으로는 2인칭 여성복수형인 '켄'(כֶן) 대신에 2인칭 남성복수형인 '켐'(כֶם)이 사용됐다. 이는 앞서 8절의 '임마켐'(עִמָּכֶם)과 같은 경우로 성별의 구별이 약해진 구어의 영향으로 인한 것이다(GKC § 135o). 여성형 어미를 기대한 곳에 남성형 어미가 반복적으로 나타나는 것은 이것이 필사상의 오류가 아닌 구어의 영향으로 인한 것임을 말해준다.

"여인이 그녀의 남편의 집에서"(אִשָּׁה בֵּית אִישָׁהּ)는 오르바와 룻이 각자 새로운 남편을 만나 시집가는 것을 의미한다. 여기서 '베트'(בֵּית, "집")가 전치사를 동반하지는 않지만 '베트'는 문맥에서 단순히 "집"이 아니라 "집에서"로 이해된다. 나오미는 여호와께서 두 여인이 새 남편을 만나 시집감으로 안식을 찾는 것을 허락해 주시기를 기원했는데 이것은 8절 하반절에서 나오미가 두 며느리를 위해 기원한 선('헤세드')의 구체적인 모습이다.

나오미가 두 며느리에게 입맞춘 것(וַתִּשַּׁק לָהֶן)은 작별을 의미하는 것으로 이 입맞춤 후에 그녀들은 소리를 높여 울었다. 여기서 소리를 높여 울었다는 것이 3인칭 여성 복수형인 '바티세나'(וַתִּשֶּׂאנָה)와 '바티브케나'(וַתִּבְכֶּינָה)로 표현됐는데 소리를 높여 울은 주체를 오르바와 룻만으로 볼 수도 있지만 그것보다는 나오미까지 포함하여 보는 것이 자연스럽다. 오르바와 룻이 소리를 높여 울 때 나오미가 감정 없이 가만히 있었을 것을 상정하기는 어렵기 때문이다.

10절 각자 고향으로 돌아가 새 남편을 만나 안식을 찾으라는 나오미의 애정 어린 권고를 두 며느리는 완강하게 거절한다. 그 완강함을 단적으로 보여주는 단어가 불변화사(particle) '키'(כִּי)인데, 여기서는 "반드시"(surely, indeed)를 의미한다(*DCH* IV, 388). 이는 오르바와 룻이 나오미를 따라 유다 땅을 향하여 출발한 것이 형식적인 제스처(gesture)가 아니라 진심이 담긴 행동이었음을 보여준다. 오르바와 룻은 "우리는 당신과 함께 당신의 백성에게 돌아갈 것입니다"(אִתָּךְ נָשׁוּב לְעַמֵּךְ)라고 말하는데, 사실 모압 출신인 오르바와 룻의 입장에서는 유다 땅으로 가는 것이 "돌아가는" 것은 아니다. 그럼에도 불구하고 돌아가겠다고 말한 것은 오르바와 룻이 자신들의 관점이 아닌 나오미의 관점에서 말한 것이고 이는 두 며느리와 나오미의 강한 유대관계를 보여준다(Block, 2015: 88).

11절 나오미가 두 며느리들에게 각자의 친정으로 돌아가라고 한 말도(8-9절) 형식적인 제스처가 아니라 진심에서 우러나온 말이었다. 그래서 두 며느리가 나오미의 권고를 거절했을 때 두 며느리와 함께 유다에 돌아가고자 하지 않고 다시 한번 두 며느리에게 돌아가라고 말한다. 나오미는 두 며느리에게 8절에서 말한 '쇼베나'(שֹׁבְנָה, "돌아가라!")를 반복하며 돌아가라고 권고한다. 나오미는 "내 며느리들아"라고 부르지 않고 "내 딸들아"(בְּנֹתַי)라고 부르며 오르바와 룻을 딸처럼 생각하며 아끼고 있음을 나타낸다. "배"(belly)로 번역된 '메에'(מֵעֶה)의 원의미는 내장(internal organs)으로 여기서는 아이를 배는 배(belly), 또는 자궁(womb)을 의미한다(BDB, 588). '라켐'(לָכֶם, "너희에게")의 "너희"는 두 며느리를 지칭하는데 여기서도 8절의 '임마켐'(עִמָּכֶם)과 9절의 '라켐'(לָכֶם)과 같이 성별의 구분이 약화된 구어적(colloquial) 영향으로 남성형 어미가 사용됐다. '아나쉼'(אֲנָשִׁים)은 문맥에서 단순히 "남자들"

이 아닌 "남편들"을 의미한다.

나오미는 여기서 자신이 두 며느리에게 새 남편을 제공할 수 없음을 말한다. 자신에겐 남편이 없을 뿐더러 새 남편을 맞이한다 해도 임신하기가 어려울 것이며, 설령 임신한다 할지라도 그 아이들을 낳아 성장시켜 두 며느리의 남편을 삼는다는 것은 소요되는 시간을 고려하면 난센스(nonsense)이기 때문이다. 나오미는 자신이 임신하여 낳을 아들들이 두 며느리의 남편들이 될 가능성을 물으며 이스라엘의 계대결혼 제도(신 25:5-10), 즉 형이 죽었을 때 동생이 형수를 아내로 맞이하는 제도를 생각했을 수 있다. 그러나 현실적으로 나오미가 처한 상황에서 그러한 가정(hypothesis)이 이루어질 가능성은 거의 없기 때문에 두 며느리를 향한 나오미의 질문은 불가능성을 표현한 것으로 볼 수 있다(Nielsen, 47-48).

12절 나오미는 다시 한번 며느리들에게 "돌아가라"(שֹׁבְנָה, '쇼베나')고 말한다. 8절과 11절에 이어 나오미가 '쇼베나'("돌아가라")를 사용하여 두 며느리에게 그녀들의 친정으로 돌아갈 것을 권한 것이다. 여기서는 '쇼베나' 이후에 '레케나'(לֵכְןָ, "가라!")라고 권함으로써 며느리들에게 돌아갈 것을 강조하여 말한다. 8절에서도 나오미가 "가라!"(לֵכְנָה, '레케나')라고 권했는데, 8절에서는 12절의 순서와 달리 "가라!"를 말한 후에 "돌아가라!"고 권했었다. 12절에 기록된 '레케나'(לֵכְןָ)는 형태상 8절에 기록된 '레케나'(לֵכְנָה)의 축약형(shortened form)으로 두 단어의 의미는 같다(Shipper, 95).

나오미는 두 며느리에게 돌아갈 것을 권한 후에 그 이유를 말한다. 11절에서도 나오미는 자신이 임신할 가능성이 없고 설령 있다 해도 며느리들이 자신이 임신한 아이가 낳아서 성장할 때까지 기다릴 수 없음을 말했는데, 12절에서는 11절보다 더 구체적으로 자신이 그녀들에게 남편을 제공할 수 없는 이유를 말한다. 자신이 임신을 하려면 우선 남편을 새로 만나 결혼을 해야 하는데 자신은 새로 결혼을 하기에는 너무 늙었고 설령 재혼을 해서 아들을 낳는다 할지라도 13절에서 말하듯이 두 며느리들이 그 아들들이 자랄 때까지 기다릴 수 없다는 것이다.

13절 11절에서 나오미는 자신이 아들들을 임신한다 해도 그들이 오르바와 룻에게 남편이 되겠느냐고 질문했다. 13절에서는 그렇게 질문한 구체적인 이유를 말하는데 그것은 설령 나오미가 다시 아들들을 임신한다 할지라도 그 아들들이 태어나 성인으로 자랄 때까지 두 며느리가 기다릴 수 없다는 것이었다. 그때까지 두 며느리가 다른 남편을 만나지 않고 자신들을 "가두어 두는 것"(תֵּעָגֵנָה), 즉 독신으로 지내는 것은 있을 수 없는 일이라고 나오미는 단호하게 말한다(אַל בְּנֹתַי, "안 된다, 내 딸들아!").

나오미는 "안 된다, 내 딸들아!"라고 말한 후에 두 개의 '키'(כִּי) 접속사가 이끄는 절로 두 가지 이유를 설명한다. 첫째는 설령 나오미가 아들들을 임신한다 할지라도 그들이 태어나 성인이 될 때까지 두 며느리가 독신을 유지하는 것을 보는 것은 나오미에게 매우 고통스러운 일이기 때문이다. 나오미가 '마르 리'(מַר־לִי), 즉 "그것이 나에게 고통스럽다"고 말한 부분에서 "그것"은 나오미 자신이 아들들을 임신할 경우, 그 아들들이 태어나 성인이 될 때까지 오르바와 룻이 독신을 유지하며 기다리는 것을 말한다. 둘째는 여호와의 손이 나오미를 거슬러 뻗으셨기 때문인데, 이는 여호와께서 나오미를 치셨기 때문에 나오미가 다시 결혼하고 임신하여 아들을 낳을 가능성이 없음을 말한 것으로 볼 수 있다. 이렇게 다시 아들을 낳을 가능성이 없는데 오르바와 룻이 오랜 시간을 독신으로 기다리는 일이 있어서는 안 된다고 나오미가 말한 것이다. "너희보다"로 번역된 '미켐'(מִכֶּם)도 구어에서 성별의 영향을 날카롭게 구분하지 않는 관습의 영향을 받아 여성형 어미 '켄'(כֶן) 대신에 남성형 어미, '켐'(כֶם)이 온 경우이다.

14절 나오미가 그녀의 두 며느리들에게 각자의 친정으로 돌아가야 할 이유를 단호하게 말한 후 세 여인들은 9절에 이어 다시 한번 소리 높여 울었다. 3인칭 여성 복수형인 '바티쎄나'(וַתִּשֶּׂנָה, "그리고 그녀들이 높였다")와 '바티브케나'(וַתִּבְכֶּינָה, "그리고 그녀들이 울었다")의 주체는 9절과 같이 나오미의 두 며느리뿐만 아니라 나오미까지 포함하는 것이 자연스럽다. 돌아가라는 나오미의 단호한 말에 두 며느리뿐만 아니라 나오미 자신도 함께 슬퍼했을 것이기 때문이다.

그 후에 오르바가 나오미에게 입을 맞추는데 이 입맞춤은 9절의 나오미의 입맞춤과 같이 작별을 고하는 입맞춤이었다. 룻은 나오미에게 입맞추지 않고 그녀를 꼭 붙잡아 안았는데 이는 나오미와 떨어지지 않겠다는 강한 의지를 보여준 것이다. 오르바의 입맞춤과 룻의 안음을 해석할 때 우리는 시어머니에 대한 오르바의 사랑이 적다고 부정적으로 보기보다는 시어머니에 대한 룻의 사랑이 예외적으로 크다고 봐야 할 것이다(Morris, 250).

15절 나오미는 오르바가 자신에게 입맞춘 것과 달리 룻이 자신을 꽉 붙잡은 것이 모압으로 돌아가지 않겠다는 것을 의미함을 알았다. 나오미는 자신의 백성과 신들에게 돌아가기로 한 오르바처럼 룻도 돌아갈 것을 다시 한번 권한다. 오르바의 신들은 모압의 대표적인 신 그모스와(민 21:29; 렘 48:46; 왕상 11:7) 그 외의 신들을 말한다.

16절 룻은 나오미가 가는 곳에 자신도 가고 나오미가 머무는 곳에 자신도 머무르며 나오미의 백성이 자신의 백성이며 나오미의 하나님이 자신의 하나님이라고 말함으로 나오미와 자신이 떨어질 수 없는 하나임을 강조한다. 특히 주목할 부분은 룻의 신앙고백이다. 오르바는 그녀의 신들에게 돌아갔지만(15절) 룻은 나오미의 하나님이 곧 자신의 하나님이라고 고백한다. 15절에서 '엘로힘'(אֱלֹהִים)이 복수, 즉 "신들"로 번역된 것과 달리 여기서 '엘로힘'은 나오미의 하나님, 즉 이스라엘의 유일신 여호와를 일컫기 때문에 단수, "하나님"을 의미한다. 룻이 모압 출신의 이방 여인이었지만 다윗의 조상, 더 나아가 예수 그리스도의 조상이 될 수 있었던 것은 이스라엘의 하나님을 자신의 하나님으로 모신 신앙고백이 있었기 때문이다. 룻은 이방 여인이었지만 말론의 아내로 엘리멜렉의 집안에 시집을 오면서 이스라엘의 하나님, 여호와를 알게 됐을 것이고 언제부터인지는 모르지만 모압의 신 그모스가 아닌 이스라엘의 신 여호와를 참 신으로 고백해 왔을 것이다.

17절 나오미와 생사고락을 같이하겠다는 결연한 의지를 표현한 룻의 말은 16절에 이어 17절에서도 계속된다. 룻은 나오미가 죽는 곳에서 자신도 죽을 것이며 거기에 묻힐 것이라고 말하며 나오미를 따르겠다는 강한 의지를 나타낸다. '코 야아쎄 베코 요씨프'(כֹּה יַעֲשֶׂה וְכֹה יֹסִיף)는 엄중한 서약 공식(oath formula)으로 "그가 그렇게 행하고 더 그렇게 행하기를 원한다"를 의미한다(Campbell, 74; 삼상 3:17; 25:22; 왕상 20:10; 왕하 6:31 등). 이 숙어에서 '야아쎄'(יַעֲשֶׂה)와 '요씨프'(יֹסִיף)는 지시형의 의미(예, "~하기를 바란다")를 지닌다. 여기서 여호와께서 행하시는 것은 징계를 말한다. 이 서약 공식 이후에 나오는 접속사 '키'(כִּי)는 문맥에서 "~하지 않는다면"(unless, BDB, 471)을 의미한다. 이러한 의미를 종합하면 여기서 룻이 말한 것은 죽음이 나오미와 자신을 나누지 않는다면 여호와께서 자신에게 징계 혹은 저주를 행하시고 더 행하시기를 바란다는 것이다. 즉, 죽음 이외에 그 어떤 것도 룻 자신과 나오미를 갈라놓을 수 없음을 강조한 표현이다.

18절 죽음 외에는 자신과 나오미 사이를 갈라놓을 것이 없다는 룻의 결연한 말에 나오미도 더 이상 룻을 설득하기 어렵다고 판단하고 룻에게 권고하는 것을 멈추었다. 룻에게 세 번에 걸쳐(8절, 11절, 15절) 친정으로 돌아갈 것을 권고한 나오미가 룻의 의지를 꺾지 못한 것이다. 룻기에는 접속사 '키'(**כִּי**)가 다양한 용도로 자주 사용되는데 여기서는 "~라는 것"(that)을 의미한다. 즉, 룻이 그녀와 함께 가기로 결심한 것을 보았음을 뜻한다. 이 절의 번역에는 3인칭 여성단수 인칭대명사 "그녀"가 반복해서 나타나는데 '보다'(**וַתֵּרֶא**)의 주체인 첫 번째 "그녀"는 나오미이고 인칭대명사 '히'(**הִיא**, "그녀")는 결심한(**מִתְאַמֶּצֶת**) 주체, 룻을 말하며 '이타흐'(**אִתָּהּ**, "그녀와 함께")에서 대명사 접미사로 나타난 "그녀"는 룻이 함께할 나오미를 지칭한다.

해설

이방 땅 모압에서 남편과 두 아들을 잃고 홀로 남겨진 나오미는 그녀의 인생 가운데 가장 큰 슬픔 속에 있었을 것이다. 그러나 그녀의 인생에 위로와 회복의 문이 열리기 시작한다. 그 문은 그녀와 함께한 두 며느리로 인해 열렸다. 룻기의 서언(1:1-5)에서는 나오미의 홀로됨에 초점이 맞추어졌지만 나오미의 두 며느리, 오르바와 룻 또한 각자의 남편을 잃고 홀로 남겨진 슬픔을 겪었다. 큰 슬픔과 절망을 겪은 나오미와 두 며느리는 서로를 향한 배려와 사랑으로 위로와 회복을 체험한다.

오르바와 룻은 쓸쓸히 고향 땅 유다를 향하는 시어머니를 홀로 보내지 않는다. 오르바와 룻은 남편이 죽었지만 자식이 없고 나오미에 비해서 상대적으로 젊었기 때문에 충분히 새 남편을 찾아 가정을 이룰 수 있었다. 그러나 자신들의 남편인 기룐과 말론에 대한 신의와 시어머니를 향한 헌신적 사랑으로 나오미를 따라 자신들에게는 이방 땅인 유다 베들레헴으로 향했던 것이다.

이러한 두 며느리를 향한 시어머니, 나오미의 배려와 사랑도 뒤지지 않는다. 나오미는 그녀를 따르는 두 며느리에게 그녀들의 친정으로 돌아가 새 남편을 만나 가정을 이루고 안정을 찾으라고 권고한다. 나오미의 권고는 겉치레의 형식적인 권고가 아니었다. 두 며느리가 나오미의 권고를 거절하자 나오미는 또다시 그녀들에게 돌아갈 것을 강권한다. 자신이 두 며느리를 위해 남편을 제공할 수 있는 처지가 되지 않으니 그녀들의 고향으로 돌아가 새 가정을 이룰 것을 명령하고, 세 여인은 소리를 높여 함께 운다. 나오미와 두 며느리는 서로를 향한 진심 어린 사랑과 배려를 잘 알고 있었을 것이다. 오르바는 결국 시어머니의 말에 순종하는 길을 택하고 룻은 시어머니의 말에 불순종하는 길을 택한다. 그러나 룻의 불순종은 나오미를 향한 깊은 사랑에서 나온 것이었기 때문에 나오미로서는 오르바의 선택도 위로가 됐을 것이고 룻의 선택도 큰 위로가 됐을 것이다. 세 과부들은 큰 슬픔 가운데 서로를 향한 배려와 사랑으로 진정한 위로와 회복을 경험했을 것이다.

이제 나오미를 따라 베들레헴으로 향하는 룻은 이 단락에서 시어머니 나오미를 향한 헌신적인 사랑뿐만 아니라 이스라엘의 하나님 여호와에 대한 신앙을 고백한다. '벨로하이크 엘로하이'(וֵאלֹהַיִךְ אֱלֹהָי, "당신의 하나님이 저의 하나님이십니다," 1:16), 이 위대한 신앙고백은 룻이 하나님의 마음에 합한 자 다윗(삼상 13:14)의 조상을 넘어 인류의 구원자 예수 그리스도의 조상이 되기 위한 초석이었다(마 1:5).

2. 베들레헴에 도착한 나오미와 룻(1:19-22)

이제 오르바는 모압의 고향으로 돌아갔고 나오미와 룻은 나오미의 고향 베들레헴에 도착했다. 10년이 넘는 시간 만에 나오미를 만난 베들레헴 사람들의 반가움에 성읍 전체가 들썩였다. 그러나 그들은 뭔가 이상하다는 것을 금방 눈치챘을 것이다. 나오미의 남편, 엘리멜렉과 두 아들 말론과 기룐은 보이지 않고 나오미가 낯선 여인 룻과 함께 왔기 때문이다. 나오미는 베들레헴 주민들에게 자신을 더 이상 즐거움을 의미하는 나오미라 부르지 말고 씀(bitterness)을 의미하는 "마라"라고 부르라고 말하며 여호와께서 자신을 비어 돌아오게 하셨다고 말한다. 그러나 이렇게 비어 돌아온 나오미는 고향 베들레헴에서 하나님의 채우심이 무엇인지 경험하게 된다.

번역

19 그리고 그녀들 둘은 베들레헴에 도착하기까지 걸었다. 그녀들이 베들레헴에 왔을 때 온 성읍은 그녀들로 인해 들썩였다. 그리고 그녀들이 말했다. "이 사람이 나오미냐?" 20 그러자 나오미가 그녀들에게 말했다. "저를 나오미라고 부르지 마십시오. 저를 마라라고 부르십시오. 왜냐하면 전능자가 저를 심히 괴롭게 하셨기 때문입니다. 21 저는 충만하게 떠났지만 여호와께서 저를 비어 돌아오게 하셨습니다. 왜 저를 나오미라고 부르십니까? 여호와께서 저를 대적하여 증언하셨고 전능자가

저를 슬프게 하셨습니다." 22. 그리고 나오미와 모압 땅에서 그녀와 함께 돌아온 그녀의 며느리 모압 여인 룻이 돌아왔다. 그들은 보리 추수의 시작에 베들레헴에 왔다.

주해

19절 이 절의 첫 단어 '바텔라크나'(וַתֵּלַכְנָה)는 "그리고 그녀들이 갔다"와 "그리고 그녀들이 걸었다"로 번역할 수 있는 동사로 그 기본형은 '할라크'(הָלַךְ)이다. 여기서는 뒤에 "오다"(בּוֹא)의 부정사 연계형, '보아나'(בֹּאָנָה)가 오기 때문에 "걸었다"가 어울린다. 즉, "그녀들이 베들레헴에 오기까지 갔다"보다 "그녀들이 베들레헴에 오기까지 걸었다"가 자연스럽다. "그녀들 둘"로 번역된 '셰테헴'(שְׁתֵּיהֶם)은 형태상 3인칭 여성 복수형 어미 '헨'(הֶן)이 아니라 3인칭 남성 복수형 어미 '헴'(הֶם)이 나타나지만 문맥에서 선명하게 3인칭 여성 복수(나오미와 룻)를 의미하기 때문에 '헴'은 앞의 절들에서 이미 많이 보아 왔듯이 구어체의 영향으로 성별 어미가 분명히 구분되지 않은 또 하나의 예로 볼 수 있다.

나오미와 룻이 베들레헴에 왔을 때 온 성읍이 들썩였다는 것(וַתֵּהֹם, '바테홈')은 베들레헴의 규모가 그리 크지 않음을 보여준다. 작은 성읍이었던 베들레헴의 주민들은 서로 잘 알고 있었기에 10년이 넘는 세월 동안 나오미를 만나지 못했지만 나오미를 기억했던 것이다. 또한 현대와 달리 고대 시대에는 지금보다 한 성읍 안의 주민들 간에 교류가 많고 공동체성이 컸기 때문에 나오미의 귀환에 성읍이 들썩일 수 있었을 것이다. 성읍 여인들의 질문, "이 사람이 나오미냐"(הֲזֹאת נָעֳמִי)는 이 사람이 진짜 나오미냐를 확인하기 위한 것이라기보다는 반가움을 표현한 질문이다(Bush, 92; McKeown, 33).

20절 베들레헴 여인들의 "이 사람이 나오미냐?"는 탄성에 나오미는 자신을 "나오미"라 부르지 말고 "마라"라 부르라고 요청한다. "나오미"는 즐거움을 의미하는 어근 '나암'(נעם)에서 유래한 반면, "마라"는 "쓴"(bitter)을 의미하는 형용사 '마르'(מַר)의 여성형으로 표기된 이름이다(Eskenazi and Frymer-Kensky 24). 일반적으로 형용사의 여성형 어미의 자음으로는 '헤'(ה)가 오는데 '마라'(מָרָא)에 '알레프'(א)가 온 것은 아람어 어미의 흔적으로 보인다(Bush, 92). '마라'는 나오미가 언어유희를 통하여 지난 과거의 자기의 삶을 단적으로 표현한 것이다.

나오미는 자신을 그렇게 쓰게(bitter) 한 이가 "전능자"(שַׁדַּי, '샤다이')라고 말한다. 이는 나오미가 이 세상을 주관하시는 하나님의 주권을 인정하고 있음을 보여준다. 구약에서 여호와는 '엘 샤다이'(אֵל שַׁדַּי, "전능자 하나님")로 불리기도 하는데(예, 창 17:1; 28:3; 35:11; 48:3; 출 6:3) 이 절과 마찬가지로 여호와가 '샤다이'로 표현된 경우도 있다(예, 창 49:25; 민 24:4, 16). '샤다이'는 일반적으로 칠십인역의 번역을 따라 "전능자"로 번역되지만 그 정확한 의미는 알려져 있지 않다(Fretheim, 401). 다만 '샤다이'의 어근이 아카드어 '샤두'(šadû[m])에서 유래됐다고 보아 그 의미를 "산"(mountain)으로 보기도 한다(Holmstedt, 97).

21절 나오미는 이 절에서 자신의 삶을 주관하시는 이는 여호와이심을 거듭 고백한다. 자신을 비어 "돌아오게"(הֱשִׁיבַנִי) 하신 이도 여호와이시고 자신을 "대적하여 증언하신"(עָנָה בִי) 이도 여호와이시라고 말하며 자신을 "슬프게 하신"(הֵרַע) 이 역시 "전능자"(שַׁדַּי), 즉 여호와이시라고 말한다. 특히 여호와의 주권은 사역을 의미하는(~하게 하다) 히필형 동사, '헤쉬바니'(הֱשִׁיבַנִי, "그가 나를 돌아오게 하였다"), '헤라'(הֵרַע, "그가 슬프게 하였다")를 통해 선명히 드러났다. "그가 나를 대적하여 증언하였다"(עָנָה בִי)는 법정 용어인데(예, 민 35:30), 이는 나오미가 여호와께서 자신의 삶에 내린 불행한 일들을 법정의 용어를 빌어 표현한 것이다(Younger, 536).

나오미는 베들레헴 성읍의 여인들에게 "왜 저를 나오미라고 부르십니까?"라고 반문함으로 자신의 삶은 "즐거움"을 의미하는 이름 "나오미"와 어울리지 않음을 말했다. 나오미가 베들레헴을 떠나 모압으로 향할 때는 남편 엘리멜렉과 두 아들, 말론과 기룐이 함께하여 충만했지만(מְלֵאָה) 모압에서 베들레헴으로 돌아온 지금은 남편과 두 아들을 모두 잃고 비어 있는(רֵיקָם) 상태이다(LaCocque, 57). 그러나 앞으로 전개될 이야기는 나오미의 삶이 채워지는 과정이다. 나오미는 그녀의 며느리 룻과 함께 돌아왔고 구체적으로 룻을 통하여 그녀의 삶은 다시 채워지기 시작한다.

22절 19절에서 나오미와 룻이 베들레헴에 도착했는데 이 절에서 다시 한번 나오미와 룻이 돌아왔다(וַתָּשָׁב)고 기록한 것을 보아 이 절은 나오미가 베들레헴에 돌아온 것을 요약하는 서술로 볼 수 있다(Block, 2015: 104). '하샤바'(הַשָּׁבָה)는 정관사에 완료형이 결합된 단어로 흔하지 않은 형태이지만 마소라 텍스트에 강세가 종음절이 아니라 전종음절(penultimate syllable)에 있는 것으로 보아 '샤바'(שָׁבָה)는 분사가 아니라 3인칭 여성 완료형 동사이며 정관사 "하"(הַ)는 관계대명사의 성격을 지닌다(Sasson, 36; GKC § 138k).

나오미와 룻이 베들레헴에 돌아온 시기는 보리 추수의 시작 기간으로 이는 나오미가 베들레헴을 떠날 때의 기근(1:1)과 대비를 이룬다

(Linafelt and Beal, 21). 이 시기는 이스라엘 백성이 애굽의 종살이로부터 하나님의 구원을 기념하는 유월절과 무교절을 기념하는 시기와 겹치며 현대력으로는 3월 중순에서 4월 중순에 해당한다(Hawk, 64; Gray, 389-390; Eskenazi and Frymer-Kensky, 26).

해설

나오미는 상실의 땅, 절망의 땅 모압에서 돌이켜 그녀의 고향 유다 베들레헴으로 돌아왔다. 나오미가 모압 땅을 나와 베들레헴에 도착했지만 그녀의 마음은 큰 상실과 슬픔을 극복하지 못했고 베들레헴 여인들에게 하나님을 향한 그녀의 서운함을 숨기지 못했다. 나오미는 여호와가 자신을 비어 돌아오게 하셨고 자신을 대적하여 증언하시고 자신의 삶을 심히 괴롭게, 슬프게 했음을 토로했다. 그러나 이러한 토로는 여전히 나오미가 자신의 삶을 향한 여호와 하나님의 주권을 인정하고 있음을 드러낸다. 나오미는 여호와가 자신의 삶을 좌지우지할 수 있는 전능자임을 고백한다. 하지만 상실과 슬픔, 불행과 낙담의 처지에 있을지라도 여전히 하나님의 주권을 인정하고 그의 전능하심을 고백할 수 있음은 복이며 그것은 그 절망의 상황을 벗어날 수 있는 소망의 싹이다. 나오미는 큰 불행 가운데 여호와께 많은 질문이 있었을 것이지만 여호와 신앙을 버리지 않았다. 그녀의 이 믿음은 이제 회복의 단초가 된다.

제3장
룻기 2:1-23
보아스의 호의를 받은 룻

1. 보아스의 호의로 이삭을 주운 룻(2:1-17)

10년이 넘게 타지 생활을 했던 나오미와 그녀의 며느리 룻은 당장 베들레헴에서 생계를 꾸리는 것조차 만만치 않았다. 양식이 필요했던 룻은 땅에 떨어진 이삭을 줍기 위해 들로 나갔는데 룻이 당도한 들은 우연히도 나오미의 구속자 보아스의 들이었다. 보아스는 이미 룻에 대해 들어 알고 있었고 룻에게 호의를 베풀어 많은 이삭을 줍게 한다. 룻의 입장에서는 일이 착착 잘 풀려가는데 이는 우연이 아니라 하나님의 선한 인도하심 가운데 일어나는 일들이었다.

번역

1 나오미에게 그녀의 남편의 친척, 엘리멜렉의 친족 중 매우 부유한 사
람이 있었다. 그의 이름은 보아스였다. 2 모압 여인 룻이 나오미에게 말

했다. "제가 제발 들에 나가서 제가 그의 눈에 호의를 찾는 이를[1] 따라 이삭을 줍게 하소서." 그러자 그녀가 그녀에게 말했다. "가라 내 딸아!" 3 그리고 그녀가 갔다. 그녀는 도착하여 들에서 추수꾼들을 따라 주웠다. 그리고 그녀가 우연히 엘리멜렉의 친족 중에 있는 보아스에게 속한 들의 한 부분에 이르렀다. 4 보라! 보아스가 베들레헴에서 왔다.[2] 그리고 그가 그 추수꾼들에게 말했다. "여호와께서 너희와 함께하시기를 바란다." 그리고 그들이 그에게 말했다. "여호와께서 당신에게 복 주시기를 바랍니다." 5 그리고 보아스가 그 추수꾼들을 감독하는 그의 젊은이에게 말했다. "이 젊은 여자는 누구에게 속하였는가?" 6 그러자 그 추수꾼들을 감독하는 그 젊은이가 대답하여 말했다. "그녀는 모압 땅에서 나오미와 함께 돌아온 젊은 모압 여자입니다. 7 그런데 그녀가 말했습니다. '그 추수꾼들을 따라 곡식단에서 제발 제가 줍고 모으게 하소서.' 그리고 그녀가 와서 아침부터 지금까지 서 있었습니다. 이것이 쉼터[3]에서 그녀가 조금 앉아 있는 것입니다." 8 그러자 보아스가 룻에게 말했다. "내 딸아 너는 듣지 않았느냐? 다른 들에서 줍기 위해 가지 말라! 또한 여기서 떠나지 말라! 이제 나의 젊은 여인들에게 붙어 있으라! 9 너의 눈이 그들이 추수하는 그 들에 있게 하라! 그리고 그녀들을 따라가라! 내가 젊은이들에게 너를 건들지 말라고 명하지 아니하였느냐? 네가 목마르면 그릇으로 가서 그 젊은이들이 길어 올린 것에서 마시라!" 10 그러자 그녀가 땅에 엎드려 절하였다. 그리고 그녀가 그에게 말했다. "제가 왜 당신이 저를 주목할 만큼 당신 눈에 호의를 찾았습니까? 저는

1. "제가 그의 눈에 호의를 찾는 이"는 "저에게 호의를 베푸는 이"를 의미한다.
2. "왔다"로 번역된 '바'(בָּא)는 분사로도 볼 수 있다. 분사로 본다면 "그가 오고 있다"로 이해할 수 있다(Schipper, 118).
3. 히브리어, '합바이트'(הַבַּיִת, "그 집")를 번역한 것이다.

이방 여인입니다." 11 그러자 보아스가 그녀에게 대답하여 말했다. "네
가 너의 남편의 죽음 후에 너의 시어머니에게 한 모든 것과 네가 너의
아버지와 너의 어머니와 너의 친척의 땅을 떠나 네가 이전에 알지 못한
백성에게 온 것이 나에게 확실히 알려졌다. 12 여호와께서 네 행위에 보
답하시기를 바란다. 그리고 네게 그의 날개 아래 피난처를 찾으러 온
이스라엘의 하나님 여호와로부터 오는 너의 보상이[4] 가득하기를 바란
다." 13 그러자 그녀가 말했다. "제가 당신의 눈에 호의를 찾기 원합니
다, 저의 주여, 왜냐하면 당신이 저를 위로하셨기 때문입니다. 왜냐하면
비록 제가 당신의 하녀들의 하나와 같지 않을지라도 당신이 당신의 하
녀의 마음에 말씀하셨기 때문입니다." 14 그리고 보아스가 식사 때에
그녀에게 말했다. "이리로 가까이 오라! 그리고 빵을 먹으라! 그리고 너
의 조각을 초에 찍으라!" 그래서 그녀는 그 추수꾼들 옆에 앉았다. 그리
고 그가 그녀에게 볶은 곡식을 건넸고 그녀가 먹고 만족하고 남겼다. 15
그리고 그녀가 주우러 일어났다. 그러자 보아스가 그의 젊은이들에게
지시했다. 말하기를 "곡식단 사이에서도 그녀가 줍게 하고 그녀를 부끄
럽게 하지 말라. 16 그리고 또한 곡식 다발들에서 그녀를 위해 반드시
꺼내라 그리고 버려라. 그러면 그녀가 주울 것이다. 그리고 그녀를 책
망하지 말라." 17 그리고 그녀가 그 들에서 그 저녁까지 주웠다. 그리고
그녀가 주운 것을 떨었다. 그것은 보리 약 한 에바였다.

주해

1절 저자는 2장을 시작하면서 새로운 인물을 소개한다. 그는 엘리멜

4. "너의 보상"은 "너를 위한 보상"을 의미한다.

렉의 친척인 보아스로 베들레헴에서 유력한 인물이었다. "친척"으로 번역된 단어의 기록된 자음(케티브)은 מידע로 '메유다'(מְיֻדָּע, "지인"), 즉 '야다'(יָדַע)의 수동 분사형이다. 그러나 많은 히브리어 사본에 מודע, 즉 '모다'(מוֹדַע, "친척")로 기록되어 있고(*BHS*, 1312) 문맥에서 엘리멜렉의 '고엘'(גֹּאֵל, "구속자", "친척", 2:20)을 단순히 "지인"보다 "친척"으로 소개하는 것이 자연스럽기 때문에 마소라 학자들의 제안에 따라 '모다'로 읽어(케레) "친척"으로 번역했다. 두 단어의 차이를 가져온 '요드'(י)와 '바브'(ו)는 필사상의 오류를 자주 일으키는 철자들이기 때문에(Tov, 246-47) 마소라 텍스트에 מודע가 מידע로 오사(誤寫)된 것으로 보인다.

보아스를 묘사하는 '이쉬 기보르 하일'(אִישׁ גִּבּוֹר חַיִל)을 있는 그대로 직역하면 "부에 강한 사람"으로 이는 "매우 부유한 사람"을 의미한다. '하일'(חַיִל)은 "힘"(strength), "부"(wealth), "군대"(army) 등을 의미할 수 있는데(BDB, 298) 큰 땅을 소유하고 여러 일꾼들을 고용한 보아스를 묘사하는 '하일'은 "부"로 번역하는 것이 가장 적절하다. 저자는 룻이 들에서 이삭을 줍는 이야기에서 보아스가 등장하기 전에 보아스를 소개함으로 보아스가 룻기에서 중요한 역할을 할 인물임을 드러낸다. '보아스'(בֹּעַז)의 정확한 의미는 알려지지 않았지만 '보'(בּוֹ, "그의 안에")와 '아즈'(עָז, "힘")의 합성어로 본다면 "그의 안의 힘"으로 생각할 수 있다. 솔로몬이 지은 성전 앞의 두 기둥 중 하나도 '보아스'(בֹּעַז)이다(왕상 7:21; 대하 3:17).

2절 모압에서 베들레헴으로 이주한 두 과부, 나오미와 룻 앞에는 당장 생계를 꾸려나가야 하는 현실이 놓여 있었다. 다행히 두 여인이 베들레헴에 들어온 때는 보리 추수를 시작할 무렵이었고 룻은 이때에 할 수 있는 일이 비록 자신의 밭이 아니더라도 땅에 떨어진 이삭을 줍는 일이라고 생각했다. 레위기 19:9-10; 23:22과 신명기 24:19은 룻이 이러한 생각을 가질 수 있었던 배경이 되는데 그 하나의 예로 레위기 19:9-10을 들 수 있다.

> 너희가 너희의 땅에서 곡식을 거둘 때에 너는 밭 모퉁이까지 다 거두지 말고 네 떨어진 이삭도 줍지 말며 네 포도원의 열매를 다 따지 말며 네 포도원에 떨어진 열매도 줍지 말고 가난한 사람과 거류민을 위하여 버려두라 나는 너희의 하나님 여호와이니라.

룻은 시어머니 나오미에게 자신이 남의 밭에서 이삭을 줍는 것을 허락해 줄 것을 두 개의 청유형(cohortative) 동사 '엘카나'(אֵלְכָה־נָּא, "제가 제발 가게 하소서")와 '바알라코타'(וַאֲלַקֳטָה, "제가 줍게 하소서")를 사용하여 요청하는데, 특히 '엘카'(אֵלְכָה)에 더해진 "제발"(please)을 의미하는 불변화사 '나'(נָּא, "제발")는 룻의 간절함을 보여준다. 룻이 나오미에게 이렇게 간절하게 요청한 것은 여자 홀로 남의 밭에서 떨어진 이삭을 줍는 것이 쉬운 일이 아니고 행여나 룻이 밭의 주인에게 수모를 겪을 수 있음을 염려한 나오미가 허락하지 않을 수도 있음을 고려했기 때문으로 보인다. 이러한 어려운 상황이 발생할 수 있음에도 룻이 들에서 이삭을 줍겠다고 말한 것은 룻의 강한 생활력을 보여준다.

'쉽볼림'(שִׁבֳּלִים)은 "이삭들"이라는 뜻인데 여기서는 룻이 줍겠다(וַאֲלַקֳטָה)고 말했기 때문에 줄기에 붙어 있는 이삭들이 아니라 땅에 떨어진 이삭들을 가리킨다. '라카트'(לָקַט)의 피엘형인 '알라코타'

(אֲלַקֳטָה)는 "거두다"(gather)로 번역할 수 있지만 룻이 남의 밭을 향하는 이 문맥에서는 구체적으로 "줍다"(glean, pick up)를 의미한다(BDB, 544). 룻은 "제가 그의 눈에 호의를 찾는 이"(אֲשֶׁר אֶמְצָא־חֵן בְּעֵינָיו)를 따라 이삭을 줍겠다고 말하는데 이는 룻이 자신에게 호의를 베푸는 자를 따라간다는 것을 의미하며 여기서 관계대명사 '아셰르'(אֲשֶׁר)는 "그의 눈에"(בְּעֵינָיו)의 "그", 즉 룻에게 호의를 베푸는 이를 지칭한다.

3절 3절은 세 개의 연속된 동사, '바텔레크 바타보 바텔라케트'(וַתֵּלֶךְ וַתָּבוֹא וַתְּלַקֵּט, "그리고 그녀가 갔다. 그리고 그녀가 도착했다. 그리고 그녀가 주웠다")로 시작함으로 나오미의 허락 후에 룻이 속도감 있게 자신의 계획을 실행에 옮겼음을 나타낸다. 마치 2절 끝에서 나오미가 룻에게 "가라 내 딸아!"라고 짧게 허락한 것에 호응하듯이 3절 시작에서 룻의 실행도 연속되는 동사 세 개를 통해서 짧게 기록됐다. 룻은 "그 추수꾼들"(הַקֹּצְרִים)의 뒤를 따라 이삭을 주웠는데 추수꾼들이 줄기에서 이삭을 거둔 것과 달리 룻은 땅에 떨어진 이삭을 주운 것이다.

'바이케르 미크레하'(וַיִּקֶר מִקְרֶהָ)를 직역하면 "그리고 그녀의 기회가 만났다"인데 그 의미는 "그리고 그녀가 우연히 왔다"이다(*HALOT* I, 629). 룻이 추수꾼들을 따라가며 땅에 떨어진 이삭을 줍다가 우연히 보아스의 밭에 이른 것이다. 저자는 룻이 우연히 이른 밭이 보아스에게 속한 것임을 말하며 1절에 이어 다시 한번 보아스가 엘리멜렉 친족 중에 있음을 말하는데(מִמִּשְׁפַּחַת אֱלִימֶלֶךְ) 이는 앞으로 보아스가 친척으로서 구속자(גֹּאֵל, '고엘')의 역할을 할 것을 염두에 둔 소개이다. 저자는 룻이 우연히 보아스에게 속한 밭에 이르렀다고 기록했지만 이것은 표면적인 서술이다. 관찰자의 입장에서 보면 룻이 의도를 가지고 계획하여 보아스의 밭에 이른 것이 아니라 우연히 보아스의 밭에 이른 것이다. 그러나 하나님의 주권과 다스림이 강조된 룻기에서 룻이 앞으로 구속자가 될 엘리멜렉의 친척, 보아스의 밭에 이른 것은 우연이 아니라 하나님의 섭리 가운데 일어난 일임을 부인하기 어렵다. 이런 의미에서 이 절은 룻기의 독자가 표면적 읽기에 그치지 않고 역설적일지라도 그 이면의 메시지를 읽어야 함을 잘 보여주는 예이다.

4절 2:1에서 보아스가 저자에 의해 소개되고 3절에서 "보아스에게 속한 들"(הַשָּׂדֶה לְבֹעַז)을 말하면서 보아스가 언급됐지만 보아스가 이야기(story) 가운데 등장하지는 않았었다. 이제 룻기의 주요 인물이자 다윗의 조상인 보아스가 등장한다. 저자는 감탄을 나타내는 불변화사 '힌네'(הִנֵּה, "보라!") 사용하여 '베힌네 보아즈'(וְהִנֵּה־בֹעַז, "보라! 보아스를")라고 말함으로 보아스의 등장에 스포트라이트를 비춘다.

보아스가 베들레헴에서 왔다는 것을 보아 룻이 이삭을 줍고 있는 보아스의 들은 베들레헴 성읍에서 약간 떨어진 외곽에 있었을 것이다. 보아스는 보리 수확기를 맞아 추수하는 일꾼들에 '아도나이 임마켐'(יְהוָה עִמָּכֶם), 즉 "여호와께서 당신들과 함께 하시기를!"이라고 말하며 일상적인 인사(greeting)를 했고(Lau, 138) 이에 일꾼들도 그들의 고용주인 보아스에게 '예바레크카 아도나이'(יְבָרֶכְךָ יְהוָה), 즉 "여호와께서 당신에게 복 주시기를!"이라는 공식의(formulaic) 인사로 축복했다(참조, 민 6:24; 렘 31:23; 시 128:5; Schipper, 118). 보아스와 추수꾼들이 서로에게 여호와의 이름으로 인사했다는 것은 이들이 이스라엘 백성으로 여호와 신앙을 갖고 있음을 보여준다.

5절 보아스가 물어본 "그의 젊은이"(נַעֲרוֹ)는 추수꾼들을 인솔하는 관리자였다. '나아르'(נַעַר)는 젊은이(young man)를 의미하지만 자주 아랫사람, 즉 하인을 의미하는데 여기서도 하인으로 이해할 수 있다

(Eskenazi and Frymer-Kensky, 31). 보아스는 자신의 밭에서 이삭을 줍는 처음 보는 젊은 여인에 대하여 궁금증을 갖고 그의 하인에게 물어본다. 베들레헴이 큰 성읍이 아니었기 때문에 낯선 여인은 금방 눈에 띄었을 것이다. 룻을 "젊은 여자"(נַעֲרָה, '나아라')라고 부른 것을 볼 때 룻이 과부였지만 아직 젊었음을 알 수 있다. 보아스는 젊은 여자가 누구냐고 묻지 않고 그 여자가 누구에게 속했느냐고 물었는데 이는 고대에 여인의 정체성을 여인 자신이 누구인가에서가 아니라 누구에게 속한 자인가에서, 즉 누구의 딸이며, 누구의 아내이며, 누구의 종인가에서 찾았던 것을 보여준다(Sakenfeld, 41).

6절 그 하인은 룻이 모압에서 온 나오미의 며느리라는 것을 알고 있었고 자신이 알고 있는 대로 보아스에게 말했다. '하샤바'(הַשָּׁבָה)는 정관사와 완료형이 결합된 흔하지 않은 형태로 1:22에 이어 두 번째 사용됐고 그 의미는 "돌아온 자"(who came back)를 의미한다(Sasson, 36; GKC § 138k). 엄밀히 말해서 룻은 베들레헴 출신이 아니라 모압 출신이기 때문에 베들레헴에 돌아온 것은 아니지만 하인은 룻을 나오미와 연결하여 "돌아온 자"(הַשָּׁבָה)라고 말했다(참조, 1:10, 22; Block, 2015: 126-27).

7절 이 절은 6절에 이어지는 하인의 말이다. 하인은 자신의 말 가운데 룻의 요청을 인용한다. 룻은 "곡식단에서"(בָעֳמָרִים) 줍고 모으게 해 달라고 요청하는데, 여기서 룻이 말하는 것은 추수한 이삭을 모아 놓은 곡식단 주변에 떨어진 이삭을 주워 모으게 해 달라는 말이다. 이 절의 끝부분인 '제 쉬브타흐 합바이트 메아트'(זֶה שִׁבְתָּהּ הַבַּיִת מְעָט)는 번역하기에 매우 까다로운 부분으로 많은 학자들은 본문이 손상된 것으로 추정한다(Campbell, 96). 본문이 손상되지 않았다는 것을 가정하여 본문 그대로의 의미를 살려 번역하면 "이것이 쉼터(그 집)에서 그녀가 약간 앉아 있는 것입니다"로 번역할 수 있다. "그녀가 앉아 있는 것"은 부정사 연계형에 3인칭 여성단수 대명사 접미사가 결합된 '쉬브타흐'(שִׁבְתָּהּ)를 번역한 것이다. 이 번역은 하인이 보아스에게 룻에 대하여 말할 때 룻이 잠시 앉아서 쉬고 있음을 전제한다. 즉, 아침부터 이때까지 계속 서서 일하다가 지금 잠시 쉼터에 앉아 있다는 것이다.

8절 7절과 8절 사이에는 약간의 시간적 간격이 있다. 왜냐하면 보아스가 룻에게 다른 들에서 줍지 말라는 말을 네가 듣지 않았느냐고 반문하고 있기 때문이다. 8절 전 본문에는 보아스가 룻에게 그러한 말을 전달했다는 내용이 없는데 보아스가 룻에게 반문한 것을 보아, 보아스가 하인으로부터 룻에 대한 소개를 들은 이후에 하인을 통하여 룻이 다른 밭에 가서 이삭을 줍지 말라고 전달했고 그 이후에 룻을 대면한 보아스가 자신이 하인을 통해 룻에게 전한 그 말을 듣지 않았느냐고 묻고 있는 것으로 보인다.

보아스가 처음 보는 룻에게 "내 딸아"(בִּתִּי, '비티')라고 부른 것은 의외이다. 나오미와 같이 오랫동안 며느리를 딸처럼 여긴 시어머니가 "내 딸아"라고 부른 것(2:2)은 이해가 쉽게 되지만 보아스가 처음 보는 여인에게 "내 딸아"라고 부른 것은 어떻게 보아야 할까? 두 가지 이유에서 보아스가 그렇게 불렀을 것이다. 첫째, 보아스가 하인을 통해서 룻이 나오미와 함께 온 며느리임을 듣고 엘리멜렉 집안의 며느리인 룻이 자신의 친척이기 때문에 딸이라고 불렀을 것이다. 둘째, 룻이 보아스보다 많이 어린 젊은 여자였기 때문에 룻에게 "내 딸아"라고 친근하게 불렀을 가능성이 있다.

"붙어 있으라"로 번역된 '티드바킨'(תִּדְבָּקִין)의 어근, '다바크'(דבק)

는 나오미가 룻에게 모압으로 돌아가라는 말에 룻이 나오미를 꼭 붙잡았다는 말(דָּבְקָה, '다베카', 1:14)에 사용된 어근이기도 하다. '티드바킨'(תִּדְבָּקִין)의 마지막 철자 '눈'(ן)은 패라고직(paragogic) 눈으로 2인칭 여성명령형인 '티드바키'(תִּדְבָּקִי)에 접미된 것인데 그 정확한 기능은 알려지지 않았다. "나의 젊은 여자들"로 번역된 '나아로타이'(נַעֲרֹתָי)의 '나아로트'(נַעֲרוֹת)는 '나아라'(נַעֲרָה)의 복수형으로 남성형 '나아르'(נַעַר)가 문맥에 따라 하인을 의미할 수 있듯이(2:5) 여기서 '나아로트'는 "하녀들"을 의미한다.

9절 처음 두 단어 '에나이크 바싸데'(עֵינַיִךְ בַּשָּׂדֶה, "그 들에 너의 눈")는 동사를 포함하고 있지 않지만 문맥에서 동사를 추가하여 번역하는 것이 자연스럽다. 여기서는 번역에 "~이 있다"를 의미하는 동사, '하야'(הָיָה)의 지시형(jussive)을 추가하는 것이 적합하다. 따라서 첫 두 단어는 "너의 눈이 그 들에 있게 하라"로 번역할 수 있고 그 의미는 다른 들을 쳐다보지 말고 그 들을 보라는 의미, 즉 그 들을 보고 그 들에서 이삭을 주우라는 것이다. '이크쪼룬'(יִקְצֹרוּן, "그들이 추수할 것이다")은 패라고직 눈(ן)이 추가된 3인칭 남성 복수형인데 문맥에서 추수하는 이들은 그 남자 일꾼들(הַקּוֹצְרִים)과 젊은 여인들(נְעָרוֹת)을 포함한다 (Schipper, 122). 첫 번째 '베할라크트'(וְהָלַכְתְּ)는 바브연속완료형으로 직역하면 "그리고 네가 갈 것이다"이지만 앞의 지시형의 의미("네 눈이 그 들에 있게 하라")를 연속적으로 적용하면 지시, 즉 명령의 의미, "그리고 네가 가라"로 이해된다. '아하레헨'(אַחֲרֵיהֶן, "그녀들을 따라서")에 붙은 대명사 접미사는 3인칭 여성 복수형(הֶן)이기 때문에 "젊은 여인들"(נְעָרוֹת), 즉 보아스의 하녀들을 따라갈 것을 말한다.

보아스는 계속하여 룻을 최대한 배려했고 룻에게 호의를 베풀었다.

그의 젊은이들, 즉 하인들에게 룻을 건들지 말라고, 곧 추근대지 말라고 명령했고 룻을 안심시키기 위하여 자신이 하인들에게 그렇게 명령한 것을 룻에게 말했다. 또한 룻이 목마르면 그의 하인들이 그릇에 길어온 물을 마시라고 친절하게 안내했다. "네가 목마르면"으로 번역된 '베짜미트'(וְצָמִת)는 바브연속완료형으로 조건절로 이해되고("그리고 네가 목마르면") 이어서 나온 '베할라크트'(וְהָלַכְתְּ)는 바브연속완료형으로 명령의 의미로 이해할 수 있다("그러면 너는 가라"). '베샤티트'(וְשָׁתִית, "그리고 너는 마시라") 역시 바브연속완료형으로 명령의 의미를 지닌다.

10절 보아스의 극진한 호의에 룻은 엎드려 절하며 감사의 표시를 했다. '바티폴 알 파네하'(וַתִּפֹּל עַל־פָּנֶיהָ)에는 "엎드리다"를 의미하는 숙어, '나팔 알 파네'(נָפַל עַל פָּנֶה, "그가 엎드렸다")가 들어있어 "그리고 그녀가 엎드렸다"로 번역됐고(BDB, 656), '바티쉬타후'(וַתִּשְׁתַּחוּ, "그리고 그녀가 절하였다")는 흔하지 않은 유형(stem), 히쉬타펠(hishtaphel)의 바브연속미완료 3인칭 여성 단수형으로 동사의 기본형은 '하바'(חָוָה, "절하다")이다(Block, 1999; 126). '아르짜'(אָרְצָה)에 접미된 '아'(הָ)는 방향접미사(directional heh)로 '바티폴 알 파네하 바티쉬타후 아르짜'(וַתִּפֹּל עַל־פָּנֶיהָ וַתִּשְׁתַּחוּ אָרְצָה)는 "그러자 그녀가 땅에 엎드려 절하였다"를 의미한다.

룻은 앞서 나오미에게 호의를 베푸는 자를 따라 이삭을 줍는 것을 허락해 달라고 말했다(2:2). 그런데 보아스가 룻에게 베푼 호의는 룻의 예상보다 훨씬 큰 것이었다. 그래서 룻은 이방 여인에 불과한 자신이 보아스의 주목을 받아 보아스의 눈에 호의를 찾은 것, 즉 보아스에게 호의를 받은 것에 대한 이유를 물었다. 룻기의 저자는 "저를 주목할 만큼"으로 번역된 '레하키레니'(לְהַכִּירֵנִי)와 "이방 여인"으로 번역된 '노크리야'(נָכְרִיָּה)가 내용상 대비를 이루지만(이방 여인임에도 불구하고 주목을 받은 것) 두 비슷한 소리의 단어를 사용하여 언어유희의 효과를 내었다(Hubbard, 162).

11절 보아스는 룻에게 자신이 룻에게 극진한 호의를 베푼 것은 룻이 그녀의 남편이 죽은 후에 시어머니에게 행한 것과 룻이 자신의 고향을 떠나 자신이 이전에 알지 못했던 곳에 왔다는 것을 들었기 때문이라고 말한다. 보아스와 룻의 대화 가운데 아직 룻의 이름이 등장하지 않았지만 보아스는 자신의 하인으로부터 룻이 나오미와 함께 모압에서 온 여인라는 말을 듣고(2:6) 자신이 익히 들어 알고 있는 여인이라는 것을 알았다. 보아스는 자신이 룻에 대하여 확실하게 들었음을 강조하기 위하여 완료형 동사 '훅가드'(הֻגַּד)와 부정사 절대형, '훅게드'(הֻגֵּד)를 나란히 사용했다. 보아스는 룻이 "이전에" 알지 못한 백성에게 온 것을 들었다고 했는데 여기서 "이전에"로 번역된 히브리어는 '테몰 쉴솜'(תְּמוֹל שִׁלְשׁוֹם)으로 그 문자적인 의미는 "어제, 그저께"인데 이는 숙어로 "이전에"(formerly)를 의미한다(BDB, 1069).

보아스의 답을 통해 보아스가 룻에게 호의를 베푼 것은 그가 나오미와 모압에서 함께 온 며느리, 룻에 대하여 듣고 룻의 행위를 높이 평가했기 때문이었음을 알 수 있다. 보아스는 룻이 그녀의 남편이 죽은 후에도 시어머니를 공경한 것을 높이 샀고 그녀의 아버지와 어머니와 친척이 있는 고향 땅을 떠나 낯선 베들레헴에 온 것도 높이 평가했다.

12절 두 개의 지시형(jussive) 동사, '예샬렘'(יְשַׁלֵּם, "그가 보답하시기를 바란다")과 '우테히'(וּתְהִי, "그것이 있기를 바란다")로 시작하는 두 절은 내용상 평행을 이루며 여호와께서 룻의 선행에 보답해 주시길 기원한다. '포올레크'(פָּעֳלֵךְ, "네 행위")는 11절에 기록된 룻의 선행, 즉 룻이 남편의 죽음 후에 시어머니에게 행한 것과 시어머니와 함께 고향을 떠나 낯선 땅, 베들레헴에 온 것을 말한다. 보아스는 룻에게 "여호와로부터"(מֵעִם יְהוָה) 오는 보상이 가득하길 기원했는데 여기에 사용된 복합전치사 '메임'(מֵעִם)은 '민'(מִן)과 '임'(עִם)이 결합된 형태로서 여호와로부터 무엇이 공급되는 문맥에서는 자주 "~로부터"(from)를 의미한다(Schipper, 124).

보아스는 룻이 "그의 날개 아래"(תַּחַת־כְּנָפָיו, '타하트 케나파브'), 즉 여호와의 날개 아래 피난처를 찾아왔다고 말함으로 룻이 이스라엘의 하나님을 의지하고 있음을 보여준다. 여호와의 날개 아래 피하는 것은 어미 새가 자기 새끼를 자기 날개 아래에 보호함을 나타내는 이미지로 구약뿐만 아니라 신약에서도 익숙한 이미지이다(예, 시 91:4; 마 23:37; Block, 2015: 134).

> 그가 너를 그의 깃으로 덮으시리니 네가 그의 날개 아래에 피하리로다 그의 진실함은 방패와 손 방패가 되시나니 (시 91:4)

> 예루살렘아 예루살렘아 선지자들을 죽이고 네게 파송된 자들을 돌로 치는 자여 암탉이 그 새끼를 날개 아래에 모음 같이 내가 네 자녀를 모으려 한 일이 몇 번이더냐 그러나 너희가 원하지 아니하였도다 (마 23:37)

13절 룻은 보아스에게 "제가 당신의 눈에 호의를 찾기 원합니다"(אֶמְצָא־חֵן בְּעֵינֶיךָ)라고 말하는데, 앞서 2:10에서 룻은 보아스에게 당신의 눈의 호의를 찾았다고 말했다. 그렇다면 2:13의 미완료 청유형인 '엠짜'(אֶמְצָא)는 단순히 "제가 찾기를 원합니다"가 아니라 "제가 계속 찾기를 원합니다"로 이해하는 게 적절하다(Campbell, 100; Hubbard, 168). 즉, '엠짜 헨 베에네카'(אֶמְצָא־חֵן בְּעֵינֶיךָ)의 의미는 "제가 계속하여 당신의 눈에 호의를 찾기 원합니다"이다(NIV, NRSV, NLT).

룻은 보아스를 "저의 주"(אֲדֹנִי, '아도니')라고 부르며 자신이 보아스를 "주"라고 부르는 이유를 두 개의 '키'(כִּי) 접속사가 이끄는 두 개의 절을 통하여 말한다. 그 하나는 보아스가 자신을 위로했다는 것이고 다른 하나는 자신이 보아스의 하녀들과 같지 않음에도 불구하고 보아스가 자신의 마음에 말했다는 것이다. 룻을 위로한 보아스의 말과 룻의 마음에 한 보아스의 말을 구체적으로 구분하기는 어렵다. 이 두 말은 룻기 2:8-9에서 보아스가 룻에게 호의를 베푼 것과 2:11-12에서 보아스가 룻의 선행을 치하하며 하나님의 보답을 기원한 것을 포괄하여 지칭한 것으로 보인다. 보아스의 호의와 치하와 축복은 이방 여인으로 타인의 밭에서 이삭을 줍는 룻에게 큰 위로가 됐을 것이다. 룻이 보아스에게 "당신이 당신의 하녀의 마음에 말하였다"(דִבַּרְתָּ עַל־לֵב שִׁפְחָתֶךָ)고 말한 것은 숙어인 '디베르 알 레브'(דִּבֵּר עַל־לֵב)의 의미가 "위로하다"이므로 보아스가 룻을 위로했음을 의미한다(Fischer, 244-50).

룻은 보아스에게 자신을 "하녀"(שִׁפְחָה, '쉬프하')라고 말하는데 이 말은 앞서 나왔던 '나아라'(נַעֲרָה, "젊은 여인", 2:8)와 자주 교차적으로 사용된다(Block, 2015: 135). 그래서 룻은 이전에 '네아로트'(נְעָרוֹת, "젊은 여인들")로 불렸던 하녀들을(2:8) 여기서 '쉬프호트'(שְׁפְחֹת, "하녀들")라고 부른다. 물론 '나아라'는 나이의 요소가 들어가기 때문에 젊은 하녀를 지칭한다. 한편 '쉬프하'는 하녀들 가운데에서도 낮은 계급의 하녀를 일컫는 말로 룻이 자신을 최대한 낮춰서 말함을 알 수 있다(Block, 2015: 135).

마지막 절, "비록 제가 당신의 하녀와 같지 않을지라도"(וְאָנֹכִי לֹא אֶהְיֶה כְּאַחַת שִׁפְחֹתֶיךָ)에서 '베'(וְ)는 문맥에서 양보절을 이끄는 접속사로 "~할지라도"(although)의 의미를 가지며 미완료형 '에흐예'(אֶהְיֶה)는 문맥에서 미래시제("내가 ~일 것이다")가 아닌 현재시제("내가 ~이다")를 의미한다.

14절 8절부터 13절까지 이어진 보아스와 룻의 대화가 끝나고 시간이 흘러 점심 식사 때가 됐다. 보아스와 추수꾼들이 식사를 하기 위해 함께 모였을 때 보아스의 하녀들의 뒤를 따라가며 이삭을 주웠던 룻은 외인인 자신이 그 식사의 자리에 함께 해야 할지 고민했을 것이다. 그때 보아스는 친절하게 룻을 식사에 초대한다. 보아스가 룻에게 이리로 가까이 오라고 한 것은 밭의 주인인 보아스에게 가까이 오라는 것으로 룻을 상석으로 안내한 것이다. 그리고 빵을 먹으라(וְאָכַלְתְּ מִן־הַלֶּחֶם)고 권하는데 여기서 전치사 '민'(מִן)은 부분을 의미하는 것으로(partitive) 쌓여 있는 빵의 일부(some)를 먹을 것을 권한 것이다(BDB, 577; Lau, 161). 보아스는 룻을 상석으로 초대했을 뿐만 아니라 빵 조각을 초에 찍어 먹을 것을 친절하게 권한다. 여기서 "너의 조각"(פִּתֵּךְ, '피테크')은 룻의 빵 조각을 말한다(Bush, 125). 보아스는 또한 룻에게 직접 볶은 곡식을 건네주는 친절을 베푼다. "그리고 그가 건넸다"로 번역된 '바이쯔바트'(וַיִּצְבָּט)는 구약에 한 번 나오는 단어(*hapax legomenon*)로 "잡아서 다른 사람에게 제공하는 것"(to pick up and offer to someone)을 의미한다(*HALOT* II, 997). 룻에게 제공된 음식은 풍성하여서 룻이 만족할 만큼 먹고도 남겨진 분량이었는데 이는 룻을 향한 보아스의 호의가

켰음을 단적으로 보여주는 것이다.

15절 점심 식사 후 룻이 다시 이삭을 주우러 갔을 때 보아스는 그의 하인들에게 룻이 곡식단 사이에서도 줍게 하라고(תְּלַקֵּט, '텔라케트') 지시한다. 이는 앞서 룻이 추수꾼들에 부탁한 바이기도 하다(2:7; Eskenazi and Frymer-Kensky, 41). 여기서 "줍게 하라고"로 번역된 '텔라케트'는 문맥에서 지시형으로 번역하는 것이 자연스럽다. 곡식을 쌓아놓은 곡식단 사이에는 다른 곳보다 바닥에 이삭이 많이 떨어져 있었을 것이다. 룻에게는 외지인인 자신이 다른 지역보다 이삭이 많이 떨어져 있는 곡식단에서 이삭을 줍는 것이 눈치가 보이는 일이었을 것이다. 그런데 보아스는 룻이 곡식단 사이에서 주울 수 있도록 그의 하인들, 즉 젊은이들(נְעָרָיו)에게 지시하고 룻이 곡식단 사이에서 주울 때 룻을 부끄럽게 하지 말라고, 다시 말하면 룻에게 굴욕감이나 모욕감을 주지 말라고 말했다. 룻을 위한 보아스의 호의는 매우 구체적이고 세심했음을 알 수 있다.

16절 보아스는 룻이 곡식단 사이에서 이삭을 줍게 할 뿐만 아니라 심지어 룻을 위하여 추수한 곡식 다발들 사이에서 이삭을 뽑아서 버릴 것을 그의 하인들에게 지시한다. 본문에는 뽑아서 버릴 것이 무엇인지 기록되어 있지 않으나 문맥에서 그것은 룻이 줍고 있는 이삭임을 알 수 있다(Lau, 164). 보아스의 이러한 지시는 룻이 곡식단 사이에서 이삭을 줍게 하는 것보다 훨씬 더 적극적인 배려이다. 보아스는 곡식을 반드시 뽑을 것을 강조하기 위하여 부정사 절대형, '숄'(שֹׁל)과 같은 어근의 동사, '타숄루'(תָּשֹׁלּוּ)를 병치시켜 '숄 타숄루'(שֹׁל־תָּשֹׁלּוּ), 즉 "너희는 반드시 뽑으라!"고 명령했다. 물론 이렇게 곡식 다발들에서 이삭을 뽑아 버리는 것은 룻이 모르게 행해져야 했을 것이다. 룻은 이삭이 바닥에 많이 떨어져 있는 영문을 모른 채 이삭을 주웠을 것이다. 보아스는 그렇게 이삭을 줍는 룻을 책망하지 말 것을 그의 하인들에게 명령했다. 룻이 미안한 마음을 갖지 않도록 하기 위한 보아스의 배려가 돋보이는 부분이다.

17절 룻은 아침부터 저녁까지 하루 종일 이삭을 주웠고 그 주운 이삭을 떨었는데 그것은 약 한 에바쯤 됐다. 이는 환산하면 22리터 정도다. 이삭을 떨었다는 것은 탈곡을 의미하며 아마도 보아스의 타작마당에서 이루어졌을 것이다(Schipper, 127; Block, 2015: 142). "그 저녁"(הָעָרֶב, '하아레브')은 당일 저녁을 가리키고 '케에파'(כְּאֵיפָה, "약 한 에바")의 비분리 전치사 '케'(כְּ)는 "약"(approximately)을 의미한다.

해설

텅 비어서 베들레헴에 돌아온 나오미의 인생에(1:21) 다시 채워짐이 시작된다. 그 시작은 그녀의 며느리 룻으로부터 시작되는데 구체적으로는 룻과 베들레헴의 지주였던 보아스와의 만남을 통해 시작된다. 그래서 룻이 밭에서 이삭을 줍는 이야기를 시작하기 전에 2:1에서 먼저 보아스를 소개한다. 룻이 이삭을 줍기 위해 이른 밭은 보아스의 밭이었다. 룻이 보아스가 누구인지 알아서 그의 밭으로 찾아간 것이 아니라 이삭을 줍기 위해 나갔는데 그 밭이 보아스의 밭인 것이었다. 그래서 룻기의 저자는 룻이 우연히 보아스의 밭에 이르렀다고 기록하지만(2:3) 이것은 표면적인 관찰이고 룻이 보아스의 밭에 이른 것은 하나님의 섭리 가운데 일어난 일이었다. 텅 비어 있는 나오미를 채우는 일을 하나님이 시작하신 것이었다.

보아스는 자신의 밭에서 이삭을 줍고 있는 모압 여인 룻에 대하여 보고 받았는데 보아스는 이미 그 전에 베들레헴에 돌아온 나오미에게 그녀를 공경하여 남편은 죽었지만 시어머니를 따라 베들레헴에 온 룻이라는 며느리가 있다는 것을 알고 있었다. 베들레헴이 작은 성읍이었을 뿐만 아니라 나오미가 보아스의 친척 엘리멜렉의 부인이었기 때문에 보아스는 나오미의 귀환과 그녀와 함께 온 룻에 대해 들어 알고 있었던 것이다. 시어머니를 정성껏 봉양하는 룻에 대해 좋은 소문을 들었던 보아스는 룻에게 친절과 호의를 베풀었다. 다른 밭에 가지 말고 이 밭에서 자신의 추수꾼들을 따라 이삭을 줍고 목마르면 자신의 일꾼들이 떠 놓은 물을 마시라고 했고 자신의 하인들에게는 과부인 룻에게 추근대지 말라고 지시했다. 점심 식사 때에도 룻을 초대하여 자신과 가까이 상석에 앉히고 자신이 직접 룻에게 볶은 곡식을 건네기도 했다. 식사 후에는 자신의 일꾼들에게 룻이 이삭을 많이 주울 수 있는 곡식단 사이에서 줍게 하라고 지시할 뿐만 아니라 곡식 다발에서 이삭이나 줄기를 뽑아 버려서 룻이 많이 주울 수 있게 하라고 명령했다.

룻은 이방 여인에 불과한 자신에게 예상하지 못한 큰 호의를 베푼 보아스에게 절하여 감사를 표하며 이렇게 큰 호의를 베푸는 이유에 대하여 물었다. 이에 보아스는 자신이 룻의 선행에 대해 들어 알고 있다고 말하며 이스라엘의 하나님 여호와의 날개 아래 피난처를 찾으러 온 룻에게 하나님의 보상을 기원한다고 말했다. 보아스의 축복에는 룻이 모압 땅에서 유다 베들레헴으로 옮겨 왔을 뿐만 아니라 이제 모압의 신이 아닌 이스라엘의 하나님, 여호와를 섬기고 있음이 드러난다. 보아스는 룻에 대한 좋은 소문을 듣고 룻에게 호의를 갖게 됐고 룻은 보아스가 베푼 친절로 인하여 보아스에게 감사한 마음을 갖게 됐다. 비록 룻이 모압 출신이지만 이제 여호와 신앙을 고백했고(1:16) 그것이 보아스와 같은 베들레헴 사람들에게도 알려졌으므로(2:12) 보아스와 룻 사이의 영적 걸림돌도 제거됐다. 나오미의 텅 빔을 채울 통로가 되는 보아스와 룻의 결혼을 위한 준비가 하나님의 섭리 아래 차곡차곡 진행됐던 것이다.

2. 룻의 보고와 나오미의 조언(2:18-23)

나오미의 허락을 받아 이삭을 주우러 간 룻은 기대 이상으로 이삭을 주워 보람과 기쁨으로 시어머니에게 돌아왔을 것이다. 에스케나지와 프리머-켄스키는 룻이 주운 이삭 한 에바는 하루에 주울 수 있는 이삭의 다섯 배로 추정했다(Eskenazi and Frymer-Kensky, 42). 룻이 나오미에게 오늘 자신이 일한 곳이 보아스의 밭이라는 것을 말하자 나오미는 보아스가 자신과 가까운 친척임을 밝힌다. 룻은 그때 보아스가 자신에게 호의를 베푼 또 하나의 이유를 알게 됐을 것이다. 나오미는 룻에게 호의를 베푼 보아스의 말을 따라 룻에게 다른 밭에 가지 말고 계속하여 보아스의 밭에서 일하라고 권한다. 나오미는 자신의 친척인 보아스가 룻에게 베푼 호의를 듣고 보아스와 룻이 더 친밀한 관계로 나아갈 가능성이 있음을 생각했을 것이다.

번역

18 그리고 그녀가 들고 그 성읍에 갔다. 그리고 그녀의 시어머니가 그
녀가 주운 것을 보았다. 그리고 그녀가 그녀의 배부름에서 남긴 것을
꺼내서 그녀에게 주었다. 19 그러자 그녀의 시어머니가 그녀에게 말했
다. "너는 오늘 어디서 주웠느냐? 그리고 어디서 일했느냐? 너를 주목

한 자가 복을 받기를 바란다." 그러자 그녀가 그녀의 시어머니에게 누구와 함께 일했는지 말하였다. 그리고 그녀가 말하였다. "오늘 제가 그와 함께 일한 사람의 이름은 보아스입니다." 20 그러자 나오미가 그녀의 며느리에게 말하였다. "살아있는 자들과 죽은 자들에게 그의 인애를 버리지 않은 그가 여호와께 복받기를 바란다." 그리고 나오미가 그녀에게 말했다. "그 사람은 우리와 가깝다. 그는 우리의 친척 가운데 하나이다." 21 그리고 모압 여인 룻이 말했다. "또한 그가 심지어 저에게 말했습니다. '너는 그들이 나에게 속한 모든 추수를 끝낼 때까지 나에게 속한 젊은이들에게 붙어 있으라.'" 22 그러자 나오미가 그녀의 며느리 룻에게 말했다. "내 딸아 네가 그의 젊은 여인들과 함께 나가는 것이 좋다. 그러면 그들이 다른 들에서 너를 건들지 못할 것이다." 23 그리고 그녀는 보리 추수와 밀 추수의 끝까지 줍기 위해 보아스의 젊은 여인들과 붙어 있었다. 그리고 그녀는 그녀의 시어머니와 함께 거주했다.

주해

18절 보아스의 밭이 베들레헴 성읍 외곽에 있었기 때문에(2:4 주해 참조) 룻은 이삭을 주워 저녁에 보아스의 밭에서 "그 성읍"(הָעִיר, '하이르'), 베들레헴으로 돌아왔다. 첫 동사, '바티싸'(וַתִּשָּׂא, "그리고 그녀가 들었다")의 목적어가 생략됐지만 그것은 다름 아닌 룻이 하루 종일 주운 이삭임을 문맥에서 어렵지 않게 알 수 있다(Hubbard, 180). 나오미는 룻이 한 에바나 되는 이삭을 주워온 것을 보고 놀랐을 것이다. 룻은 우선 자신이 점심에 마음껏 먹고 남은 볶은 곡식을 꺼내서 시어머니가 드실 수 있도록 드렸다. 이 볶은 곡식은 친절한 보아스가 룻에게 직접 건네준 것이었다(14절).

19절 나오미는 예상보다 훨씬 많은 양의 이삭을 주운 룻에게 어디서 주웠는지, 어디서 일했는지 물었다. 나오미가 “너는 오늘 어디서 주웠느냐?”(אֵיפֹה לִקַּטְתְּ הַיּוֹם)고 물은 후에 곧이어 “그리고 어디서 일했느냐?”(וְאָנָה עָשִׂית)고 묻는데 두 의문사, ‘에포’(אֵיפֹה, “어디”)와 ‘아나’(אָנָה, “어디”)를 사용하여 반복하여 물은 것은 나오미가 룻이 일한 장소를 빨리 알고 싶어 했음을 보여준다.

나오미는 룻에게 “너를 주목한 자”(מַכִּירֵךְ, ‘마키레크’)가 복받기를 기원했는데 여기서 룻을 주목한 자는 룻이 이삭을 많이 주울 수 있도록 허락한 자를 말한다. 2:10에서 룻은 보아스에게 같은 동사 “주목하다”(נָכַר, ‘나카르’)를 사용하여 “제가 왜 당신이 ‘저를 주목할 만큼’(לְהַכִּירֵנִי) 당신 눈에 호의(חֵן)를 찾았습니까?”라고 질문했었다. 이 질문을 통해 주목을 받는 것이 호의(חֵן)로 이어짐을 알 수 있는데, 나오미가 룻에게 말한 “너를 주목한 자”도 룻을 주목하여 호의를 베푼 자를 말한다. 룻은 자신을 주목한 자가 누구인지 말하는데 여기서 룻기의 저자는 보다 일반적인 동사 ‘아마르’(אָמַר, “말하다”) 대신 ‘나가드’(נָגַד, “말하다”)의 히필형을 사용하여 그가 누구인지 밝히고(reveal) 있다는 뉘앙스를 추가했다(Sasson, 59). 룻의 답변에서 룻이 함께 일한 사람(אֲשֶׁר־עָשְׂתָה עִמּוֹ)은 추수꾼 가운데 한 사람이 아니라 보아스를 말한다. 마지막 문장에서 룻은 그의 이름이 보아스라고 밝힌다.

20절 룻에게 호의를 베푼 이가 보아스라는 말을 들은 나오미는 19절에 이어 다시 한번 축복한다. 19절에서는 이름을 모른 채 룻을 주목한 이를 축복했었는데 20절에서는 그 사람이 보아스였다는 것을 알고 보다 구체적으로 축복한다. 나오미는 보아스를 “살아있는 자들과 죽은 자들에게 그의 인애를 버리지 않은 자"(חַסְדּוֹ אֶת־הַחַיִּים וְאֶת־הַמֵּתִים אֲשֶׁר לֹא־עָזַב)라고 일컫는다. 여기서 살아있는 자들은 나오미와 룻을 말한다. 나오미는 친척 보아스가 룻에게 호의를 베푼 것은 남편과 두 아들을 다 잃고 돌아온 자신과 자신의 며느리에 대해 인애를 베푼 것이라고 보았다. 또한 보아스가 룻에게 호의를 베푼 것은 이미 죽은 자신의 친척 엘리멜렉과 그의 두 아들인 말론과 기룐을 생각하여 인애를 베푼 것이기도 하다(Block, 2015: 146). 그래서 나오미는 보아스를 "살아있는 자들과 죽은 자들에게 그의 인애를 버리지 않은 자"라고 칭한 것이다. 나오미는 보아스가 베푼 호의를 '헤세드'(חֶסֶד)를 사용하여 '하스도'(חַסְדּוֹ, "그의 인애")로 표현했다. 여기서 "헤세드"는 보아스의 친절과 사랑과 은혜를 포괄하여 우리말의 "인애"(仁愛, 어진 사랑, kind love)로 이해할 수 있다.

나오미는 보아스를 축복한 후에 룻에게 보아스가 자신들의 친척 가운데 한 명이라고 소개한다. '미고알레누'(מִגֹּאֲלֵנוּ)의 전치사 '민'(מִן)은 "~ 가운데 하나", 즉 부분(partitive)의 용법으로 사용되어 '미고알레누'는 "우리 친척 중의 하나"를 의미한다(Campbell, 106-7). 여기서 주목할 것은 보아스가 친척뿐만 아니라 구속자를 의미하는 용어인 '고엘'(גֹּאֵל)로 소개됐다는 것이다. 보아스는 이후 단순한 친척의 호의를 넘어 '고엘'로서 구속자의 역할을 이행하는 인물로 드러난다. 나오미는 룻에게 보아스를 '고엘' 가운데 한 명이라고 소개하며 어쩌면 보아스가 자신들의 구속자가 될 수 있음을 생각했을 것이다.

21절 룻은 앞서 나오미에게 자신을 주목하여 호의를 베푼 이가 보아스임을 말했는데(2:19) 이 절에서는 조금 더 구체적으로 보아스가 자신에게 한 말을 전한다. 문맥에서 불변화사 '키'(כִּי)는 강조를 나타내는

"심지어"(even)로 번역할 수 있다(Bush, 138). 보아스가 룻에게 분명하게 말한 것은 오늘 하루만이 아니라 앞으로 추수가 끝날 때까지 자신에게 속한 젊은이들에게 붙어 있으라는 것이었다. 즉, 다른 밭에 가서 이삭을 줍지 말고 보아스의 밭에서 불편함 없이 이삭을 주울 수 있도록 배려한 것이다.

실제로 앞서 2:8에서 보아스는 룻에게 자신의 젊은 여인들(נַעֲרֹתָי), 즉 하녀들에게 "붙어 있으라"(תִדְבָּקִין)고 말했다. 룻이 나오미에게 한 말에서도 같은 패라고직(paragogic) '눈'(ן)이 붙은 '티드바킨'(תִדְבָּקִין)이 사용됐다. 동사 '다바크'(דָּבַק)는 "꼭 붙잡다"(cling)는 뜻으로 보아스가 룻에게 단순히 자신의 밭에 머물라고 말하지 않고 자신의 일꾼들에게 꼭 붙어 있으라고 표현한 것은 다른 밭에 가지 말고 자신의 밭에서 이삭을 주울 것을 강조한 것이다. 2:8에서 보아스는 룻에게 자신의 젊은 여인들(נַעֲרֹתָי)에게 붙어 있으라고 말했는데, 여기서 룻이 나오미에게 보아스가 자신의 "젊은이들"(הַנְּעָרִים)에게 붙어 있을 것을 권했다고 말한다. 여기서 중요한 것은 룻이 보아스의 일꾼들에게 붙어 있어 다른 밭에 가지 않는 것이다. 보아스의 일꾼들은 남자들과 여자들로 구성되어 있었기 때문에 보아스가 때로는 남자 젊은이에게 붙어 있을 것을 말하고 때로는 젊은 여인들에게 붙어 있으라고 말한 것이다.

22절 보아스가 룻을 배려하여 다른 밭에 가지 말고 자신의 밭에서 자신의 일꾼들과 함께 있으라고 한 말을 듣고 나오미는 보아스의 친절한 제안을 좋게 생각했다. 그리하여 딸과 같은 자신의 며느리 룻에게 "나의 딸"(בִּתִּי, '비티')이라고 부르며 보아스의 젊은 여인들과 함께 나가는 것이 좋다고 말한다. 여기에 사용된 접속사 '키'(כִּי)는 "~하는 것"(that), 즉 '키' 이하의 내용인 룻이 보아스의 젊은 여인들과 함께 나가는 것을 의미한다(Eskenazi and Frymer-Kensky, 46).

나오미가 보아스의 제안을 좋게 생각한 이유 중 하나는 안전이었다(Younger, 565). 나오미는 룻이 다른 밭에서 이삭을 주울 때 남자들이 과부인 룻을 건드리는 것, 즉 룻에게 추근댈 가능성이 있음을 생각했다. 보아스도 자신의 하인들에게 룻을 건들지 말라고 명령한 것을 볼 때(2:9) 여자 홀로 이삭을 주울 때 남자들이 추근댈 가능성이 있음을 알 수 있다. 나오미가 "그러면 그들이 다른 들에서 너를 건들지 못할 것이다"(וְלֹא יִפְגְּעוּ־בָךְ בְּשָׂדֶה אַחֵר)라고 말할 때 '이프게우'(יִפְגְּעוּ)의 주어, 3인칭 남성 복수인 "그들"은 특정되지 않았다. 즉, 여기서는 특정되지 않은 남자들을 상정한 것이다.

23절 이 절은 2장을 마무리하는 절로서 룻이 보아스의 제안을 따르는 것이 좋다는 나오미의 권면대로 룻이 보리와 밀 추수를 마칠 때까지 보아스의 밭에서 이삭을 주웠음을 기록한다. 보리 추수와 밀 추수는 21절에서 보아스가 말한 "모든 추수"(כָּל־הַקָּצִיר, '콜 하카찌르')를 말하는 것으로 보리 추수보다 늦은 밀 추수가 마치는 시점은 현대력으로 6월 초순이다(Lau, 180). 룻은 보아스의 제안대로 그의 "젊은 여인들"(נַעֲרוֹת)에게 "붙어 있었다"(וַתִּדְבַּק). 마지막에 룻이 그녀의 시어머니 나오미와 거주했다는 서술은 룻이 베들레헴에 오기 전에 나오미에게 한 약속, "당신이 머무는 곳에 제가 머물 것입니다"(תָּלִינִי אָלִין וּבַאֲשֶׁר, 1:16)를 신실히 지키고 있음을 보여준다(Block, 2015: 150).

해설

룻은 보아스가 자신에게 베푼 극진한 호의에 감사함과 동시에 왜

이 사람이 내게 이런 친절을 베풀까에 대한 궁금증도 가졌을 것이다. 그 궁금증은 나오미를 통해서 어느 정도 해소됐다. 보아스는 룻이 나오미에게 속한 모압 여인이라는 말을 듣고 자신과 친족 관계에 있는 룻에게 호의를 베풀었을 것이다. 그러나 보아스는 모압 여인 룻이 시어머니를 공경하는 마음으로 낯선 땅 유다 베들레헴에 온 것을 들었다는 얘기만 했을 뿐 룻과 자신이 친족 관계에 있음은 말하지 않았다. 룻은 나오미를 통해서 보아스가 그녀들의 친척(גֹּאֵל, '고엘')임을 알게 됐고, 보아스가 자신에게 극진한 친절을 베푼 배경에 관해서도 한층 더 이해했을 것이다.

룻에 대한 보아스의 호의는 일회적인 것이 아니라 보리 추수와 밀 추수가 끝나는 6월 초까지 계속됐고 이 기간 동안 보아스와 룻은 서로에 대해 알아갈 수 있는 기회를 가졌을 것이다. 이러한 만남은 앞으로 보아스가 단순히 나오미와 룻의 친척(גֹּאֵל, '고엘', relative)이 아니라 구속자(גֹּאֵל, '고엘', redeemer)의 역할을 감당할 수 있는 밑거름이 됐다.

제4장
룻기 3:1-18
타작마당에서 만난 룻과 보아스

1. 나오미의 지시와 룻의 수용(3:1-5)

보아스는 룻이 베들레헴에 왔을 때부터 시어머니를 공경하던 룻에 대한 소문을 듣고 룻을 좋게 생각했다. 그는 보리와 밀 추수가 끝날 때까지 룻에게 자신의 밭에서 이삭을 줍는 것을 허락할 뿐만 아니라 강권함으로 자신이 룻에 대하여 좋게 생각하고 있음을 간접적으로 드러내었다. 룻 또한 보아스의 일회성이 아닌 지속적인 호의에 감사한 마음을 갖고 있었을 것이다. 나오미는 다시 결혼할 수 있는 나이의 룻이 자신을 돌보느라 계속 자신과 함께 거주하는 것에 부담이 있었을 것이다. 물론 룻이 "당신이 가는 곳에 제가 가고 당신이 머무는 곳에 제가 머물 것입니다"(1:16)라고 말했지만 나오미는 시어머니로서 자신과 계속 함께 머무는 룻을 바라보며 룻을 위한 새 남편을 찾았을 것이다. 그때 나오미가 생각한 남자는 룻에게 지속적인 호의를 보이고 나오미와 룻의 친척이자 구속자(גֹּאֵל, '고엘')가 될 수 있는 보아스였다. 나오미는 그 둘을 연결 시키기 위한 계획을 세우고 그 계획대로 룻에게 지시한다. 시어머니를 공경하던 룻은 나오미의 지시에 토를 달지 않고 나오미의 말대로 행하겠다고 대답한다.

번역

1 그녀의 시어머니 나오미가 그녀에게 말했다. "내 딸아 내가 너를 위하여 너에게 좋은 안식처를 찾지 않겠느냐? 2 지금 보아스가 네가 그의 젊은 여인들과 함께 있었던 우리의 친척이 아니냐? 보라 그가 오늘 밤에 타작마당에서 보리를 키질할 것이다. 3 그러니 너는 목욕하고 기름을 바르고 네 위에 네 망토를 걸치고 타작마당으로 내려가라! 너는 그가 먹는 것과 마시는 것을 마칠 때까지 그 사람에게 알려지지 않게 하라! 4 그리고 그가 누울 때 그가 거기에 눕는 장소를 알아라! 그리고 가서 그의 발들을 들고 누우라! 그러면 그가 네가 행할 것을 너에게 말할 것이다." 5 그리고 그녀가 그녀에게 말했다. "당신이 (제게)[1] 말씀하신 모든 것을 제가 행하겠습니다."

주해

1절 1절은 연극으로 하면 새로운 막이 시작되는 부분이다. 나오미가 룻에게 말한다. 1절에 이름 "룻"이 나오지는 않지만 나오미가 말한 "그녀"(לָהּ)는 문맥에서 다름 아닌 룻이다. 이전처럼(2:2, 22) 나오미는 룻

---

1. 마소라 텍스트에는 자음이 손상되고 모음, '쩨레'(ֵ)와 '파타흐'(ַ)만 기록되어 있지만 다른 많은 히브리어 사본과 케레를 따라 '엘라이'(אֵלַי)로 추정하여 번역했다 (*BHS*, 1323).

을 "내 딸아"(בִּתִּי, '비티')라고 친근하게 부르며 자신이 룻을 위하여 "안식처"(מָנוֹחַ, '마노아흐')를 찾아야 하지 않겠냐고 반문한다. 여기서 "안식처"는 남편을 말한다. 1:9에서도 나오미는 그녀의 며느리들에게 "여인이 그녀의 남편의 집에서 안식을 찾을 것"(וּמְצֶאןָ מְנוּחָה אִשָּׁה בֵּית אִישָׁהּ)을 말함으로써 과부가 된 자신의 며느리들이 새로 남편을 만나 결혼함으로 안식을 찾을 것을 말했다. 1:9의 "안식"으로 번역된 '메누하'(מְנוּחָה)는 3:1의 '마노아흐'와 약간 다른 형태지만 두 단어는 같은 어근을 갖는 단어로 그 의미도 "안식"(rest), "안식처"(resting place) 등을 의미하는 동의어이다(BDB, 584). 나오미는 룻이 자신과 같은 과부이지만 자신과 달리 젊기 때문에 새로 결혼하여 새 남편과 함께 안식을 누릴 수 있고 누려야 한다고 생각한 것이다.

2절 1절에서 룻을 위한 안식처를 찾아야 한다고 했던 나오미가 2절에서 바로 보아스를 언급하는 것은 나오미가 보아스를 룻의 안식처, 즉 새 남편으로 생각하고 있다는 것이다. "우리의 친척"으로 번역된 '모다으타누'(מֹדַעְתָּנוּ)는 '모다아트'(מוֹדַעַת, "친척")와 1인칭 복수 대명사 접미사 '누'(נוּ, "우리의")가 결합된 단어로, '모다아트'는 형태상 여성형이지만 친척을 의미하는 단어로서 대상이 여성 친척에만 한정되는 단어는 아니다. 이와 유사한 형태의 동의어로는 2:1의 '모다'(מוֹדַע-케레, "친척")가 있다.

나오미는 룻에게 보아스는 "네가 그의 젊은 여인들과 함께 있었던 우리의 친척이 아니냐?"고 말한다. 여기서 나오미가 룻이 보아스의 젊은 여인들, 즉 하녀들과 함께 있었다는 것을 언급한 것은 보아스가 룻에게 다른 밭에 가지 말고 자신의 밭에서 이 젊은 여인들과 함께 이삭을 주울 수 있도록 배려한 것(2:8)을 상기시키기 위해서였을 것이다(Block,

2015: 168). 또한 나오미는 보아스가 나오미와 룻의 "친척"(מוֹדַעַת, '모다아트')이라고 말하는데 이는 보아스가 그녀들의 구속자(גֹּאֵל, '고엘')가 될 수 있음을 상기시키기 위해서였을 것이다. 왜냐하면 '고엘'은 '모다아트'와 같은 친척의 의미를 갖고 있고 더 나아가 구속자의 의미도 갖고 있기 때문이다.

나오미는 룻을 그녀가 계획한 상황에 집중시키기 위해 "보라!"(הִנֵּה, '힌네')라는 감탄사를 사용하여 주위를 환기시킨다. "키질할 것이다"로 번역된 '조레'(זֹרֶה)는 분사형으로 여기서는 근접한 미래의 행위를 나타낸다. '고렌'(גֹּרֶן, "타작마당") 앞의 전치사 '에트'(אֶת)는 여기서 "~에서"의 의미로 사용됐다. 보아스가 키질한다는 것은 그가 지주로서 키질을 총감독한다는 것을 의미할 것이다.

3절 나오미는 룻에게 목욕하고 몸에 기름을 바를 것을 지시하는데 4절에서 나오미가 룻에게 보아스가 눕는 장소에 들어가 누우라고 한 지시를 고려한다면 이는 룻과 보아스의 성관계를 염두에 두고 한 지시로 볼 수 있다. 기름을 바르는 것은 좋은 향을 내서 매력적으로 보이기 위한 것이다(Eskenazi and Frymer-Kensky, 51). 나오미는 룻에게 목욕하고 기름을 바른 후에 망토를 걸치라고 지시하는데 여기서 "네 망토"로 번역한 것은 케티브, '씨믈로테크'(שִׂמְלֹתֵךְ, "네 망토")를 따른 것인데 그 이유는 특별히 망토의 복수형을 기록한 케레, '씨믈로타이크'(שִׂמְלֹתַיִךְ, "네 망토들")를 따를 이유가 없기 때문이다(Bush, 145). 반면 "내려가라!"는 번역은 1인칭 단수 완료형인 케티브, '베야라드티'(וְיָרַדְתִּי, "그리고 내가 내려갈 것이다")를 따르지 않고 문맥에 어울리는 2인칭 여성 단수 완료형인 케레, '베야라드트'(וְיָרַדְתְּ, "그리고 네가 내려가라!")를 따라 번역했다.

나오미는 룻에게 보아스가 먹고 마시는 것을 끝마칠 때까지 그에게 알려지지 않게 하라고 지시하는데, 이것은 4절에서 나오미가 지시하듯이 보아스가 잠을 자기 위해 자리에 누운 후에 보아스에게 접근하게 하기 위해서였을 것이다. 보아스가 먹고 마실 때 룻이 보아스의 눈에 띈다는 것은 보아스와 함께 있는 다른 사람들에게도 알려진다는 것인데, 그것은 나오미가 계획하고 있는 보아스와 룻의 은밀한 만남을 저해하는 것일 것이다. 여기서 보아스가 마시는 것은 일반 음료가 아닌 술일 가능성이 높다. 룻에게 보아스가 먹고 마신 후에 접근하라고 한 것은 보아스의 기분이 좋을 때에 룻의 요청이 수용될 가능성이 높기 때문이다(Lau, 190-91; Eskenazi and Frymer-Kensky, 52).

보아스가 타작마당에서 잠을 자는 것은 일상적인 일은 아니다. 2:4에서 보아스가 베들레헴 성읍에서 자신의 추수밭에 온 것을 통해 그가 낮에는 추수밭에 오지만 저녁에는 성읍에 있는 집에서 잠을 잤음을 알 수 있다. 보아스가 지금 타작마당에서 잠을 자는 것은 곡식을 추수한 후 타작할 시기에 쌓아놓은 곡식을 도둑이나 짐승들로부터 지키기 위한 것일 것이다(Block, 2015: 170).

4절 나오미의 지시, “그가 거기에 눕는 장소를 알아라!”(וְיָדַעַתְּ אֶת־הַמָּקוֹם אֲשֶׁר יִשְׁכַּב־שָׁם)를 우리말 어법에 맞게 부드럽게 번역하면 “그가 눕는 장소를 알아라!”로 번역할 수 있다. 즉, “거기에”를 의미하는 ‘샴’(שָׁם)을 “장소”(הַמָּקוֹם)에 포함시켜 번역하는 것이다. 나오미가 룻에게 한 보아스의 발들을 들고 누우라는 지시는 매우 도발적인 지시이다. “누우라!”는 번역은 “나는 누울 것이다”를 의미하는 케티브, ‘베샤카브티’(וְשָׁכָבְתִּי)가 아닌 “너는 누우라”를 의미하는 케레, ‘베샤카브트’(וְשָׁכָבְתְּ)를 따른 것이다.

한 여인에게 잠자리에 든 남자의 발들을 들고 그 아래에 누우라는 것은 남자를 유혹하여 그와 동침하라는 것으로 볼 수 있다. 호세아 9:1에서는 타작마당에서 매춘이 일어났음을 암시한다(Block, 2015: 171).

> 이스라엘아 너는 이방 사람처럼 기뻐 뛰놀지 말라 네가 음행하여 네 하나님을 떠나고 각 타작마당에서 음행의 값을 좋아하였느니라. (호 9:1)

잠이 들었지만 자신의 발 아래 누군가가 누워 있다면 잠이 들었다 할지라도 이리저리 뒤척이다가 발아래 누군가가 있는 것을 발견할 확률이 높다. 실제로 9절에서 보아스는 자신의 발아래 누워있는 룻을 발견한다. 나오미가 의도한 것은 보아스가 자신의 잠자리에 들어온 룻을 발견하는 것이고 룻이 보아스로부터 동침을 요청받게 하는 것이었다. 나오미는 룻에게 "그가 네게 행할 것을 너에게 말할 것이다"라고 말했는데 나오미는 보아스가 자신의 잠자리에 들어온 룻에게 동침을 요청할 것이라고 예상했을 것이다. 그리고 이 동침은 자연스레 보아스와 룻의 결혼의 촉매제 역할을 할 것이라고 기대됐을 것이다.

5절 나오미의 일상적이지 않은 도발적인 지시에 룻은 그 모든 지시를 따르겠다고 말한다. 나오미가 지시한 내용도 놀랍지만 하나의 토도 달지 않고 모든 지시대로 이행하겠다는 룻의 대답도 놀랍다. 3:1에서 나오미가 룻에게 안식처, 즉 남편을 찾을 것을 말한 후에 2절부터 보아스를 언급하고 있기 때문에 룻은 나오미가 지시하는 것이 보아스를 남편으로 맞이하기 위한 행위라는 것을 알았을 것이다. 룻이 보아스에 대해서 호감을 갖고 있다고 가정할지라도 여자가 잠든 남자의 발을 들고 그 아래 눕는다는 것은 자존심이 상하는 일이었을 것이다. 남자가 먼저 여자에게 접근하는 것이 아니라 여자가 남자에게 접근하는 것이고 또 그 접근이 마치 매춘부의 접근과 비슷하게 보이기 때문에 룻의 입장에서는 이러한 행위를 하는 것이 결코 쉬운 일이 아니었을 것이다. 그럼에도 불구하고 룻이 아무런 토를 달지 않고 나오미의 지시대로 행하겠다고 한 것에서 나오미에 대한 룻의 공경과 헌신, 신뢰와 순종이 매우 큼을 알 수 있다(Younger, 579). 나오미를 향한 룻의 대답은 "당신이 보아스를 새 남편으로 맞이하라 하시니 그 말씀을 따르겠습니다"라고 말한 것에 진배없는 것이었다.

해설

나오미는 유다 베들레헴에 돌아오기 전 모압 땅에서부터 자신의 두 며느리, 오르바와 룻이 새 남편을 만나 안식을 찾기를 원했다(1:9). 나오미는 룻과 베들레헴에 돌아와 몇 달이 지난 시점에 룻의 안식처, 즉 새 남편으로 보아스를 생각했다. 룻기에서는 룻이 추수기간이 끝날 때까지 추수하면서 보아스와 어떻게 지냈는지 기록하고 있지 않지만, 보아스와 룻의 첫 만남을 기록한 2장에 나타난 룻에 대한 보아스의 칭찬과 호의는 보아스가 룻에 대하여 좋은 인상을 갖고 있음을 보여준다. 아마도 추수를 마칠 때까지 보아스는 룻에게 호의를 베풀었을 것이며, 3장이 시작되는 시점에서 나오미는 보아스를 자신의 딸과 같은 룻을 맡길 수 있는 남자로 확신하게 된 것이다.

나오미는 이제 보아스와 룻의 결혼을 위해 룻에게 보아스에 접근할 것을 지시하는데 그 지시는 매우 도발적이다. 목욕을 하고 향수를 바르고 깜깜한 밤에 아무도 모르게 보아스가 잠든 곳에 가서 그의 발아래 누우라는 지시는 다분히 성적인 유혹의 성격을 지닌다. 물론 나오미가 룻에게 보아스를 유혹해서 그와 동침할 것을 직접적으로 말하지는 않았다. 그러나 정황상으로 볼 때 나오미가 룻에게 지시한 것은 동침을 목적으로 그를 유혹하라는 것으로 보인다. 룻이 보아스에게 할 말이 있다면 2장에 나타난 룻에 대한 보아스의 호의를 고려할 때 얼마든지 낮에 접근하여 말할 수 있었을 것이다. 그러나 나오미는 몸을 정결하게 한 후 밤에 보아스의 침소에 들어가서 보아스의 발을 들어 보아스를 깨우도록 한 것이다. 그리고 그 밤에 보아스와 룻이 동침한다면 보아스는 룻에 대한 책임감을 가지게 될 것이고 보아스와 룻의 결혼 가능성은 한층 높아질 것을 예상했을 것이다. 룻은 나오미의 이 도발적인 지시에 토를 달지 않고 지시한 대로 행하겠다고 말함으로써 시어머니에게 전적으로 순종하는 모습을 보여준다.

여기서 우리가 생각해 보아야 할 것은 나오미의 지시가 올바른 것이냐는 것이다. 물론 나오미가 명시적으로 룻에게 보아스를 유혹하여 동침하라고 지시하지는 않았지만 위에서 언급했듯이 나오미의 지시는 다분히 보아스를 유혹하여 동침에까지 이르게 하려는 의도가 짙어 보인다. 아무리 나오미가 홀로 남겨진 며느리에게 새 남편을 찾아주어야 한다는 의무감이 강했다 할지라도 두 남녀가 결혼하기 전에 동침의 자리로 나아가게 한 지시는 십계명의 제7계명, "간음하지 말라"(출 20:14)를 거스르는 것이다. 나오미가 룻을 위하여 룻과 보아스의 결혼이라는 목표를 세운 것에는 문제가 없지만 그 목표에 이르기 위해서 불법적인 과정을 계획한 것은 잘못이다.

나오미의 이러한 도발적인 지시에, 어쩌면 결혼 전에 불의한 동침이 이루어질 수 있는 가능성이 있음에도 불구하고 이에 대한 아무런 문제

제기 없이 룻이 나오미의 지시를 전적으로 따르겠다고 대답한 것도 바람직한 것은 아니다. 룻은 나오미의 지시에 순종함 뿐만 아니라 나오미의 지시가 하나님의 계명에 불순종함에 이를 수 있음을 생각했어야 했다. 하나님의 마음에 합한 다윗도(삼상 13:14) 완전하지 못했던 것처럼(예, 삼하 11장) 룻기에서 높이 평가받는 나오미와 룻도 불완전한 모습을 보여주었다.

2. 룻과 보아스의 약속(3:6-15)

시어머니 나오미가 지시한 모든 것을 행하겠다고 대답한 룻은(5절) 그날 저녁 타작마당에 내려가서 시어머니의 지시를 하나하나 이행한다. 나오미의 지시에는 다분히 동침을 목적으로 그를 유혹하는 요소가 있었으나 한밤중에 보아스의 침소에서 만난 룻과 보아스는 동침하지 않는다. 그러나 나오미의 최종 목표였던 결혼에 한층 다가서게 된다. 룻의 청혼과 보아스의 승낙이 있었기 때문이다. 나오미는 동침을 통해서 보아스와 룻의 결혼이 성사될 가능성이 높다고 생각하여 동침으로 유인하는 계획을 세웠지만 그 둘 간의 동침 없이 결혼의 약속이 성사됐으니 더할 나위 없이 좋은 일이었다. 다윗의 조상으로서 또한 이후에 예수 그리스도의 육신의 조상으로서 십계명 중 제7계명을 어기지 않고 룻은 그녀의 안식처를 찾게 된 것이었다.

번역

6 그리고 그녀가 타작마당에 내려가서 그녀의 시어머니가 명령한 모든 것대로 행하였다. 7 그리고 보아스가 먹고 마셔 그의 마음이 즐거웠다.

그리고 그가 곡식 더미의 끝에 눕기 위하여 갔다. 그리고 그녀가 몰래
가서 그의 발들을 들고 누웠다. 8 그리고 한밤중에 그 남자가 소스라쳐
서 돌아보았다. 보라! 그의 발에 한 여인이 누워있었다. 9 그리고 그가
말했다. "너는 누구냐?" 그러자 그녀가 말했다. "저는 당신의 여종 룻입
니다. 당신의 여종 위에 당신의 옷자락을 펴소서! 왜냐하면 당신은 구
속자이시기 때문입니다." 10 그리고 그가 말했다. "내 딸아 여호와께 네
가 복받기를 바란다. 네가 가난하든지 부하든지 젊은 자들을 따라 가지
않음으로 너의 나중 인애를 이전 것보다 좋게 하였다. 11 내 딸아, 이제
두려워하지 말라! 네가 말한 모든 것을 내가 너에게 행할 것이다. 왜냐
하면 나의 백성의 모든 문이 네가 유능한 여인임을 알기 때문이다. 12
지금 내가 사실 친척이지만 또한 나보다 더 가까운 친척이 있다. 13 오
늘 밤엔 머무르라! 그리고 아침에 그가 너를 구속한다면 좋다! 그가 구
속하게 하라! 그러나 그가 너를 구속하는 것을 기뻐하지 않는다면 그러
면 여호와의 살아계심으로 내가 너를 구속할 것이다. 아침까지 누우
라!" 14 그리고 그녀가 그의 발들에 아침까지 누웠다. 그리고 사람이 그
의 친구를 알아보기 전에 그녀가 일어났다. 그리고 그가 말했다. "여인
이 타작마당에 왔다는 것이 알려지지 않게 하라!" 15 그리고 그가 말했
다. "네 위에 걸친 네 겉옷을 주어라! 그리고 그것을 붙잡아라!" 그리고
그녀가 그것을 붙잡았다. 그리고 그가 보리 여섯을 재었다. 그리고 그
가 그녀에게 지웠다. 그리고 그는 성읍으로 들어갔다.

주해

6절 룻은 3절에서 나오미가 지시한 대로 타작마당에 내려갔다(הַגֹּרֶן

וַתֵּרֶד). 타작마당에 내려가기 전에는 3절에서 나오미가 지시했듯이 목욕을 하고 기름을 바른 후에 망토를 걸쳤을 것이다. 타작마당에 내려가서 룻은 시어머니가 지시한 모든 것대로 행했다고 기록됐는데(וַתַּעַשׂ כְּכֹל אֲשֶׁר־צִוַּתָּה חֲמוֹתָהּ) 6절 이하 단락의 서술이 시간적 순서에 따라 이루어졌다고 가정한다면 룻이 행한 것은 3절 하반부와 4절 상반부에서 나오미가 룻에게 지시한 것이다(Lau, 201). 그것은 보아스가 일을 마친 후 먹고 마시는 것을 마칠 때까지 자신이 알려지지 않게 하고 보아스의 침소가 어디인지 알아 놓는 것을 말한다.

7절 보아스는 나오미가 예상한 대로 하루 일을 마친 후에 먹고 마셨다. 여기서 마신 것은 단순한 음료가 아닌 술로 볼 수 있다. 왜냐하면 그의 마음이 즐거웠다고(וַיִּיטַב לִבּוֹ) 기록하고 있는데 이는 술을 마셔서 취기가 약간 오른 것을 말하는 것으로 보이기 때문이다(Block, 2015: 178). 보아스가 곡식단 끝에 누운 것은 도둑의 약탈을 막기 위해서일 것이다. 룻은 보아스가 어디 눕는지 유심히 살펴보았을 것이고 나오미가 지시한 대로 보아스가 누운 후에 그의 발들을 들고 누웠다. 룻에게는 매우 떨리고 긴장되는 순간이었을 것이다.

8절 "밤의 중간"(בַּחֲצִי הַלַּיְלָה, '바하찌 할라옐라')은 한밤중을 말한다. 보아스는 자신의 발치에 어떤 움직임을 느끼고 소스라치게 놀랐다. 그 상대가 사람이든, 동물이든, 남자든, 여자든 놀라지 않을 수 없었고, 순간 두려움에 휩싸였을 것이다. "돌아보았다"로 번역된 '바일라페트'(וַיִּלָּפֵת)는 '라파트'(לָפַת)의 니팔형인데 이는 재귀적 의미의 "자신을 돌리다"(turn oneself)를 의미한다(*HALOT* I, 533). 본문에서 보아스가 자신을 돌렸다는 것은 자신의 몸을 돌린 것을 말하는데, 예컨대 보아스가 옆으로 누워 자다가 발치에 무엇인가를 느끼고 몸을 돌이킨 것을 표현한 것으로 이해할 수 있다.

룻기의 저자는 보아스가 자신의 발치에 여자가 누워있는 것을 발견한 순간에 대해 감탄사 '힌네'(הִנֵּה, "보라!")를 사용하여 긴장을 고조시킨다. 저자는 중요하거나 극적인 순간에 감탄사 '힌네'를 사용하여 자신의 목소리가 크게 들리게 한다. 앞서 2:4에서도 룻기의 주요 인물인 보아스가 이야기 안으로 처음 들어오는 순간에 '힌네'를 사용하여 "보라!(וְהִנֵּה) 보아스가 베들레헴에서 왔다"라고 서술했다. "누워있었다"로 번역된 '쇼케베트'(שֹׁכֶבֶת)는 분사형으로 문맥에서 누워있는 상태, 즉 진행형으로 이해된다.

9절 한밤중에 한 여인이 자신의 발치에 있는 것을 발견한 보아스는 그녀가 누구인지 물었다. 보아스의 질문, '미 아트'(מִי־אָתְּ, "너는 누구냐?")에서 '아트'는 2인칭 여성단수 대명사이기 때문에 보아스가 발치에 있는 존재를 여성으로 생각했음을 알 수 있다. 그렇지만 어두운 밤이라서 그 여성이 룻이라는 것까지는 알아차리지 못해서 "너는 누구냐?"고 물은 것이다. 이에 룻은 "당신의 여종 룻"(רוּת אֲמָתֶךָ, '루트 아마테카')라고 말한다. 2:13에서 룻은 보아스에게 자신을 "당신의 하녀"(שִׁפְחָתֶךָ), '쉬프하테카')라고 말했는데, 여기서는 '쉬프하'(שִׁפְחָה, "하녀")가 아닌 '아마'(אָמָה, "여종")를 사용하여 자신을 소개한다. '아마'와 '쉬프하'는 동의어로도 사용되지만(BDB, 1046) '아마'가 "여종 부인"(slave wife)이든, "자유 부인"(free wife)이든 '쉬프하'보다 부부의 관계를 나타내는 문맥에서 더 많이 사용되기 때문에(예, 창 30:3) 실질적으로 보아스에게 청혼을 하는 룻이 자신을 '아마'로 소개한 것으로 보인다(Schipper, 149).

자신을 보아스의 '아마'라고 소개한 룻은 보아스에게 "당신의 여종 위에 당신의 옷자락을 펴소서!"(וּפָרַשְׂתָּ כְנָפֶךָ עַל־אֲמָתְךָ)라고 요청한다. 나오미는 룻에게 보아스가 행할 것을 말할 때 그 말을 따르라고 지시했는데 룻이 보아스의 말을 기다리지 않고 자신이 먼저 보아스에게 요청한 것은 나오미의 지시에서 이탈한 것이다(Lau, 205). 이 절에서 두 번째 나오는 '아마테카'(אֲמָתֶךָ, "당신의 여종")는 첫 번째 '아마테카'와 마찬가지로 룻, 자신을 가리킨다. "당신의 옷자락"(כְנָפֶךָ, '케나페카')에서 "옷자락"으로 번역된 '카나프'(כָּנָף)의 원뜻은 "날개"(wing)로 앞서 2:12에서 보아스가 룻에게 룻이 "그의(여호와의) 날개 아래"(תַּחַת־כְּנָפָיו) 피난처를 찾으러 왔다고 말할 때 사용됐다. 2:12에서 "날개"는 보호의 이미지로 사용됐다. 3:9에서 룻이 보아스에게 자신 위에 옷자락을 펼 것을 요청한 것도 이방 땅에서 온 과부인 자신을 보호해 줄 것을 요청한 것으로 이해할 수 있다(Eskenazi and Frymer-Kensky, 59). 그러나 여기서 룻이 요구한 것은 보호의 수준을 넘어 자신을 아내로 삼아 달라는 요청이다. 왜냐하면 다음 절인 10절에서 보아스가 룻에게 자신이 젊지 않은데도 자신에게 청혼한 것을 자신에게 베푼 인애라고 말하고 있기 때문이다. 에스겔 16:8에서도 '파라스 카타프 알'(פָּרַשׂ כָּנָף עַל, "~ 위에 옷자락을 펴다")이 숙어로 여호와와 예루살렘의 결혼 이미지로 사용됐다(Duguid, 172).

룻은 보아스에게 자신을 아내로 삼아 보호할 것을 요청할 뿐만 아니라 그 이유까지 말하는데 그것은 보아스가 자신의 구속자라는 것이다(כִּי גֹאֵל אָתָּה, '키 고엘 아타', "왜냐하면 당신은 구속자이기 때문입니다"). 여기서 룻이 친척을 의미하는 '모다'(מוֹדַע, 2:1)나 '모다아트'(מוֹדַעַת, 3:2)를 사용하지 않고 친척뿐만 아니라 구속자를 의미하는 '고엘'(גֹּאֵל)을 사용한 것은 보아스에게 자신을 부인으로 삼아 구속해

줄 것을 요청하기 위함이다. 구속자, '고엘'의 역할과 관련된 율법이 기록된 레위기 25:23-28에 따르면 구속자의 역할은 형제가 타인에게 판 땅의 값을 지불하고 그 땅을 되찾아 오는 것이다. 그런데 룻이 보아스에게 한 요청의 내용은 구속자가 집안에 과부가 있을 경우 그 과부와 결혼하여 과부를 어려운 처지 가운데에서 구해야 함을 전제하는 것으로 보인다. 이것은 구약의 계대결혼(levirate marriage)과 관련이 있어 보이는데, 구속자가 계대결혼의 권리와 의무를 지는 것이 구약의 율법에는 기록되어 있지 않지만(Block, 2015: 181) 당시 사회에서는 구속자의 권한과 의무를 계대결혼 제도와 연계하여 확장했던 것으로 보인다.

10절 룻의 청혼에 보아스는 룻에게 감사의 뜻을 전한다. 그가 룻을 축복한 것은 룻의 청혼에 대한 감사의 표현이었다. 보아스는 마치 청혼을 기다리기라도 한 듯 룻의 청혼에 즉각적인 반응을 보였다. 어쩌면 룻이 보아스에게 이렇게 담대히 청혼할 수 있었던 것은 보아스가 자신에게 호감을 갖고 있다는 사실을 잘 알았기 때문일 수도 있다. 보아스는 룻에게 "내 딸아"(בִּתִּי, '비티')라고 친근하게 부르면서 자신이 룻보다 나이가 훨씬 많음을 드러낸다. 보아스는 자신의 밭에서 룻을 처음 만났을 때에도 룻에게 "내 딸아"라고 불렀었는데(2:8) 여기서도 다시 한번 룻에게 "내 딸아"라고 부름으로 친근함을 나타낸다.

보아스는 특별히 자신의 나이가 많음에도 불구하고 자신에게 청혼한 것에 대해 고맙게 생각했다. 보아스는 자신의 나이가 룻보다 훨씬 많기 때문에 자신이 비록 부유한 지주라 할지라도 룻이 자신에게 청혼한 것은 자신에게 큰 인애(חֶסֶד)를 베푼 것이라고 생각했다. 그래서 보아스는 룻이 "가난하든지 부하든지 젊은 자들을 따라가지 않고"(לְבִלְתִּי־לֶכֶת אַחֲרֵי הַבַּחוּרִים אִם־דַּל וְאִם־עָשִׁיר) 자신을 택한 인애가 룻이 그녀의 남편이 죽은 후에 시어머니 나오미에게 베푼 인애보다 크다고 말했다. 문맥에서 룻의 남편이 죽은 후에 룻이 시어머니에게 행한 것과 시어머니를 따라 낯선 땅 베들레헴에 온 것을 보아스는 “이전 것”(הָרִאשׁוֹן)이라고 일컬었고, 지금 나이가 많은 자신을 택하여 청혼한 것을 “너의 나중 인애”(חַסְדֵּךְ הָאַחֲרוֹן, ‘하스데크 하아하론’)라고 표현했다.

11절 룻을 축복하고 자신에게 청혼한 룻의 인애를 높이 평가함으로 룻의 청혼을 간접적으로 수락한 보아스는 이제 보다 직접적으로 룻의 청혼을 수락한다. 누구든지 청혼을 한 사람은 상대방이 그 청혼을 받아들이기를 바라며 승낙의 말이 떨어지기까지 떨림과 두려움이 있을 것인데 룻도 예외가 아니었을 것이다. 보아스는 청혼 후에 떨림과 두려움으로 답을 기다리는 룻에게 “내 딸아, 이제 두려워하지 말라!”라고 말함으로써 자신이 청혼을 받아들이니 이제 두려워하지 말라며 룻을 안심시킨다. 그리고 보아스는 룻에게 “네가 말한 모든 것”(כֹּל אֲשֶׁר־תֹּאמְרִי)을 행하겠다고 말하는데 “네가 말한 모든 것”은 룻이 9절에서 보아스에게 말한 것, “당신의 여종 위에 당신의 옷자락을 펴소서!”라고 말한 룻의 청혼이고 보아스는 그 청혼을 받아들여 룻과의 결혼을 이행하겠다고 말한 것이다.

보아스는 이어서 자신이 룻과의 결혼을 이행할 이유를 말하는데 그것은 베들레헴 성읍의 모든 백성이 룻이 유능한 여인임을 알고 있다는 것이다. 다시 말하면 성읍의 모든 백성이 룻이 유능한 여인임을 알고 있는데 자신이 이 결혼을 마다할 이유가 없다는 것이다. 백성의 “모든 문”(כָּל־שַׁעַר)이 알고 있다는 것은 문을 의인화한 표현으로 성읍의 모든 백성이 알고 있음을 의미한다(Bush, 173). “유능한 여인”(capable woman)은 '에셰트 하일'(אֵשֶׁת חַיִל)을 번역한 것(*HALOT* I, 311)인데 이는 룻이 빈손으로 낯선 땅에 와서 부지런히 이삭을 주워 시어머니를 봉양하고 생계를 꾸려가고 있는 모습에 대한 성읍 사람들의 평가로 볼 수 있다. 보아스는 2:1에서 '이쉬 깁보르 하일'(אִישׁ גִּבּוֹר חַיִל), 즉 "매우 부유한 사람"으로 소개됐는데 보아스와 결혼할 룻도 '에셰트 하일'로 평가받고 있는 것이다. 잠언의 마지막 부분인 잠언 31:10-31은 '에셰트 하일'(유능한 여인)을 묘사한 알파벳 시인데, 흥미롭게도 히브리 정경에서는 잠언 다음에 룻기가 배치되어 룻이 잠언 마지막에서 말하고 있는 '에셰트 하일'의 본보기로 읽혀진다.

12절 9절에서 룻은 보아스에게 청혼하며 보아스가 룻의 "구속자"(גֹּאֵל, '고엘')이기 때문에 자신과 결혼하는 것은 명분 있는 일이라고 말했다. 보아스는 이 절에서 자신이 룻의 "친척"(גֹּאֵל, '고엘')이지만 룻에게 자신보다 더 가까운 친척이 있음을 말한다. 보아스의 이 말을 통해 친척을 구속할 때 조금이라도 더 가까운 친척이 구속의 우선권이 있음을 알 수 있다. 이 절에서는 '고엘'을 "구속자"가 아닌 "친척"으로 번역하는 것이 바람직하다. 왜냐하면 룻의 친척이 다 룻의 구속자가 될 수는 없는 상황에서 지금 룻의 친척 중 누가 구속자가 될지 정하는 과정 중에 있기 때문이다. 즉, 보아스나 보아스보다 룻과 더 가까운 친척이나 모두가 잠재적 구속자이기 때문에 '고엘'을 친척으로 번역하는 것이 적합하다.

이 절에는 두 개의 '키'(כִּי) 접속사가 사용됐는데 문맥에서 첫 번째 '키'는 양보절을 이끄는 접속사로 "~할지라도"(though)의 의미를 지니고(예, NIV, TNK) 두 번째 '키'는 '키' 이하의 내용을 받는 "~하는 것"(that)의 의미를 지닌다. 마소라 텍스트 *BHS*에서 두 번째 '키' 다음에 나오는 모음이 없는 케티브, '임'(אם)은 문장에 어울리지 않는 단어로 번역에 어려움을 주는데 이 단어는 앞의 '키 오므남'(כִּי אָמְנָם)으로 인한 중복 오사(dittography)로 보인다(Gray, 395). 따라서 케레를 따라 '임'은 제외하고 번역하는 것이 자연스럽다.

13절 보아스는 룻이 자신에게 결혼을 요청한 것에 기쁘고 고마웠지만(10절) 당시 유대 사회의 관습 안에서 결혼하기 원했다. 보아스의 말을 토대로 당시 유대 사회에서 결혼을 통해 구속하는 경우에 구속의 우선권은 조금이라도 더 가까운 친척에게 있었음을 알 수 있다(12-13절). 보아스는 룻과 결혼하여 룻을 구속할 수 있는 친척 가운데 자신보다 더 가까운 친척이 있음을 기억하고 그 친척이 그 권한을 사용할 것인지 먼저 알아보고자 했다. 보아스는 자신보다 룻과 더 가까운 친척이 룻을 아내로 맞이하여 구속하고자 한다면 그렇게 하도록 하겠다고 말했는데, 이는 보아스가 자신이 속한 공동체의 법과 관습에 매우 충실한 사람임을 보여준다.

보아스는 만약 룻을 구속함에 있어 자신보다 우선권이 있는 친척이 룻을 구속하지 않는다면 여호와의 살아계심으로 자신이 구속할 것이라고 말하는데 "여호와의 살아계심으로"(חַי־יְהוָה, '하이 아도나이')는 이스라엘의 서약 공식(oath formula)으로 약속이나 맹세를 반드시 지키겠다는 의지를 나타낼 때 사용되는 표현이다(Campbell, 126). '하이 아도나이'는 "여호와의 생명으로"("by the life of Yahweh", Block, 2015: 185), "여호와가 살아계심과 같이 확실히"("as surely as Yahweh lives", Younger, 584), "여호와가 살아계시는 하나님이심과 같이 확실히"("as surely as Yahweh is the living God", Hubbard, 219) 등의 의미로 이해할 수 있는데 공통적인 것은 약속 혹은 맹세를 엄중히 이행하겠다는 것이다.

보아스는 자신이 유다 베들레헴 공동체 안에서 합법적으로 룻과 결혼할 수 있는 절차를 밟겠다고 말하며 룻에게 아침까지 자신이 있는 곳에 머무르라고 말한다. 보아스가 자신의 발치에서 룻을 발견한 이후 여기까지의 대화 가운데 보아스와 룻이 동침을 했다는 흔적은 없다. 보아스가 룻과 동침을 하려고 시도한 흔적도 없다. 보아스는 룻에게 합법적인 결혼을 위해 거쳐야 할 절차를 말한 후에 룻에게 아침까지 누우라고 말하는데 이는 깜깜한 밤중에 룻이 자신의 집으로 돌아가기 어렵기 때문에 룻에게 아침까지 이곳에 머물러 있으라고 배려한 것이다. 보아스는 룻에게 동사 '샤카브'(שָׁכַב, "눕다")를 사용하여 '쉬크비'(שִׁכְבִי), 즉 "누우라!"고 말하는데 보아스와 룻과의 일련의 대화가 결혼을 위해 어떤 절차를 밟을 것인가에 집중하고 있기 때문에 여기서 누우라는 것은 동침을 위한 것이 아니라 아침이 밝을 때까지 누워 쉬라는 것을 의미한다(Eskenazi and Frymer-Kensky, 65).

14절 룻은 보아스가 배려한 대로 아침까지 보아스의 발치에 누웠다(וַתִּשְׁכַּב). 여기서 룻이 누운 것은 보아스가 아침까지 누우라는 배려에 따라(13절) 누운 것으로 여기서 룻이 누웠던 것을 보아스와의 동침으로 볼 수 없다. 룻이 "사람이 그의 친구를 알아보기 전에[2] 일어난 것"(וַתָּקָם בְּטֶרֶם יַכִּיר אִישׁ אֶת־רֵעֵהוּ)은 룻이 아침에 일어났지만 매우 이른 새벽, 즉 아직 어둠이 다 가시지 않아서 사람이 다른 사람이 누군지 알아보기 어려운 때에 일어난 것을 말한다. 여기서 "사람"(אִישׁ)과 "그의 친구"(רֵעֵהוּ)는 특정한 사람과 그의 친구가 아니라 불특정한 일반 사람을 말한다.

2. 케티브, בְּטְרוֹם('비트롬')이 아니라 케레, בְּטֶרֶם('베테렘')를 따랐다(Schipper, 152).

보아스는 룻에게 여인이 타작마당에 왔다는 것이 알려지지 않게 하라고 당부하는데 여기서 여인은 룻이고 이 당부는 두 가지 측면으로 나누어 생각해 볼 수 있다. 첫째는 비록 새벽 미명이라 사람들이 룻을 알아보기 어려운 시간이지만 그럼에도 불구하고 돌아갈 때 다른 사람들이 룻이 보아스의 타작마당에 왔다는 것을 눈치채지 못하게 조심히 돌아가라는 것이고, 둘째는 룻이 한밤에 보아스의 타작마당에 갔다는 것을 말하지 말라는 것이다. 이는 어떤 식으로든 룻이 한밤에 보아스의 침소가 있는 타작마당에 왔다는 것이 알려지면 여러 사람들의 부정적인 구설수에 오르게 되기 때문이다. 예컨대 사람들은 이방 여인 룻이 지주인 보아스를 유혹하려 한밤에 보아스의 타작마당에 갔다고 말하며 룻을 비난할 수 있고, 보아스가 한밤에 자신의 침소에서 과부와 동침했다고 보아스를 비판할 수 있다. 어떻게든 보아스와 룻이 사람들의 구설수에 오르게 되면 보아스가 공동체의 법에 따라 절차를 밟아 룻과 결혼함으로 룻을 구속하는 데 장애물이 될 수 있기 때문에 보아스는 룻에게 주의를 당부한 것이다.

15절 보아스는 자신에게 청혼한 룻을 그냥 돌려보내지 않고 추수한 보리를 챙겨 보낸다. 보아스의 침소가 타작마당에 있었기 때문에 여기서 보아스가 준 보리는 타작마당에서 키질한 알곡이었을 것이다. 보아스는 룻이 입고 있던 겉옷을 달라고 하고 룻에게 그것을 붙잡으라고 말한다. 겉옷을 받은 보아스가 한쪽을 잡고 다른 한쪽은 룻이 잡아 펼쳐진 겉옷에 보아스가 보리를 부어 주었을 것이다. 보아스가 보리 여섯을 재어 룻에게 주었는데 여섯의 단위는 기록되지 않았다. 여섯 에바는 약 80-136킬로그램 정도라서 룻이 지기에는 너무 무겁고, 여섯 세아(스아)도 약 27-45킬로그램 정도여서 룻이 지기에는 여전히 무겁다. 따라서 여기에 생략된 단위는 10분의 1 에바에 해당하는 오멜로 보이며 여섯 오멜은 약 8-13킬로그램 정도다(Lau, 217). 룻은 보리 알곡을 부은 겉옷을 잘 묶어 보리가 새지 않게 하여 등에 졌을 것이다. 보아스가 룻에게 준 보리는 결혼 약속에 대한 선물일 것이다. 이 선물은 룻에게 뿐만 아니라 룻의 시어머니이자 자신의 장모가 될 나오미에게 준 것이기도 하다.

이 절은 "그리고 그는 성읍으로 들어갔다"(וַיָּבֹא הָעִיר)로 마친다. 문맥을 보면 이 두 단어의 바로 앞에서 보아스가 룻에게 보리를 지운 것을 기록하기 때문에 보리를 진 룻이 성읍으로 들어갔다고 기술하는 것이 자연스럽다. 시리아역과 불가타에서는 성읍으로 들어간 주체를 3인칭 남성단수가 아니라 3인칭 여성단수로 기록했고 복수의 히브리어 사본에서도 '바야보'(וַיָּבֹא, "그리고 그가 들어갔다") 대신에 '바타보'(וַתָּבֹא, "그리고 그녀가 들어갔다")로 기록하고 있다(*BHS*, 1323). 그러나 성읍으로 들어간 주체를 마소라 텍스트가 기록하고 있는 대로 3인칭 남성단수, 즉 보아스로 보아도 내용을 이해하는 데 큰 어려움은 없다. 룻과 결혼하기 위한 법적인 절차를 밟기 위해 보아스가 성읍으로 들어간 것도 충분히 이해할 수 있기 때문이다. 본문비평의 원칙 중, '렉티오 디피킬리오르'(*lectio difficilior*: 더 어려운 본문이 우선함)을 고려하면 오히려 마소라 텍스트에 기록된 대로 보아스가 그 성읍으로 들어갔다고 보아야 할 것이다(Block, 2015: 187).

해설

룻은 나오미의 지시대로 보아스에게 접근하여 보아스의 발을 들고 누웠고 보아스는 자신의 발치에 누워있는 룻을 발견하고 소스라치게 놀란다. 보아스가 누구냐고 물었고 룻은 자신을 보아스의 여종이라고 말하며 보아스의 옷자락으로 자신을 덮어달라고 요청하는데 이 표현은 결혼을 의미하는 숙어이다. 룻은 보아스가 자신과 결혼해야 하는 이유로 보아스가 자신과 결혼함으로 자신을 구속할 수 있는 친척임을 상기시킨다. 룻에게 호의를 갖고 있던 보아스는 룻의 청혼에 자신과 같이 나이가 많은 이에게 결혼을 요청한 것에 감사하며 룻을 축복한다. 그리고 자신이 속한 공동체의 법에 충실했던 보아스는 룻을 아내로 맞아 구속하는 데 있어 자신보다 룻과 더 가까워 구속의 우선권을 갖고 있는 친척을 기억하고 그 친척에게 룻을 구속할 권한을 사용할지 알아보겠다고 말한다. 그리고 그가 그 권한을 사용하지 않을 경우 여호와의 살아계심으로 룻을 구속할 것을 약속한다. 이 약속 후에 보아스는 룻에게 자기 침소에 누웠다가 이른 새벽에 돌아가라고 권하고 룻이 일어났을 때 그냥 보내지 않고 추수한 보리를 챙겨주어 보낸다.

한밤중에 보아스의 타작마당에서 '이쉬 깁보르 하일'(גִּבּוֹר חַיִל אִישׁ, "매우 부유한 남자")과 '에셰트 하일'(אֵשֶׁת חַיִל, "유능한 여자")가 만나 결혼을 약속하는 역사적인 일이 일어났다. 이 약속은 단순히 부유한 남자와 유능한 여자가 행복한 가정을 위해 결혼을 약속한 정도가 아니라 이스라엘의 위대한 왕 다윗의 조상이 되고 온 인류의 구원자 예수 그리스도의 육신의 조상이 되는 귀한 발걸음을 뗀 역사적인 약속이었다.

이 밤에 보아스와 룻이 만나기 전까지만 해도 룻기의 독자들은 결혼이라는 목표를 이루기 위해 룻이 보아스를 성적으로 유혹하고 보아스가 그 유혹에 넘어가는 죄를 범할 것을 염려했을 것이다. 왜냐하면 목욕을 하고 기름을 바르고 한밤중에 술기운이 있는 채 잠을 자고 있던 보아스의 발을 들고 그 아래 누우라는 나오미의 지시에 성적 유혹의 요소가 있었기 때문이다. 그러나 보아스가 자기 발 아래 있는 룻을 발견하고 서로 간에 이어간 대화를 보면 성적 유혹과 동침 없이 궁극적인 목표인 결혼의 약속에 이른 것을 볼 수 있다. 룻과 보아스의 대화에는 룻의 성적 유혹도 보아스의 성적 요구도 없었다. 한밤중에 결혼을 요청하는 여자와 그 요청을 기뻐하는 남자가 함께 있었지만 이 둘은 결혼 이전의 성적 관계를 절제할 수 있을 만큼 영적으로 성숙한 사람들이었다. 이러한 성숙함은 룻과 보아스가 다윗과 예수 그리스도의 조상으로서 귀감이 되는 부분이다.

3. 룻의 보고와 나오미의 조언(3:16-18)

보아스가 잠이 든 한밤중에 보아스에게 접근했던 룻뿐만 아니라 집에서 보아스와 룻 사이에 무슨 일이 있을까 궁금했을 나오미도 매우 긴장된 마음으로 하룻밤을 지냈을 것이다. 이슥고 이른 새벽에 룻이 시어머니에게 돌아온다. 룻은 그냥 돌아오지 않고 적지 않은 보리를 지고 왔다. 그 보리는 분명 보아스의 타작마당에서 얻은 것이었을 것이고 그 보리는 보아스가 룻에게 베푼 것임을 예상하면 나오미는 한밤중에 룻과 보아스 사이에 좋은 일이 있었음을 직감했을 것이다. 룻은 나오미에게 지난밤에 있었던 일을 다 보고했고 나오미는 기뻐하고 흥분했을 것이다. 그러나 이렇게 기쁘고 흥분된 때에도 나오미는 룻에게 일이 어떻게 진행될지 알기까지 서두르지 말고 머물러 있으라고 말함으로 나오미의 연륜에 걸맞는 침착과 절제를 보여주었다.

번역

16 그리고 그녀가 그녀의 시어머니에게 갔다. 그러자 그녀가 말했다. "네가 누구냐? 내 딸아!" 그러자 그녀가 그 사람이 그녀에게 행한 모든 것을 그녀에게 말했다. 17 그리고 그녀가 말했다. "그가 저에게 이 보리 여섯을 주었습니다. 왜냐하면 그가 저에게 '너의 시어머니에게 빈 채로 가지 말라'고 말했기 때문입니다." 18 그러자 그녀가 말했다. "내 딸아 네가 일이 어떻게 될지 알기까지 머물러라! 왜냐하면 그가 오늘 그 일을 마치지 않으면 그 사람이 쉬지 않을 것이기 때문이다."

주해

16절 룻이 시어머니에게 왔을 때 나오미가 한 말, "네가 누구냐?"는 '미 아트'(מִי־אַתְּ)를 직역한 것이다.[3] 물론 이 질문은 나오미가 룻을 알아보지 못해 자신 앞에 나타난 여인이 누구인가에 관해 물은 것은 아니다. 왜냐하면 "네가 누구냐?"라고 물은 후에 "내 딸아!"라고 부름으로 자신 앞에 나타난 여인이 자신의 며느리임을 분명히 알고 있었음을 보여주기 때문이다. 여기서 나오미가 네가 누구냐고 물은 것은 보아스와 하룻밤을 지낸 후의 룻이 누구냐고 물은 것일 것이다. 나오미는 룻이 자신의 지시대로 행했다면 보아스와 동침했을 것이라고 기대했을 것이고 보아스와의 동침 후 보아스와 룻이 결혼을 약속했기를 기대했을 것이

3. '미 아트'(מִי־אַתְּ)는 9절에서 보아스가 자기 발치에 누워있던 룻을 발견하고 놀라서 물었던 질문이기도 하다.

다. 이러한 나오미의 기대를 반영하여 질문을 풀이하면 "네가 누구냐? 보아스의 아내가 될 자가 아니냐?"로 이해할 수 있다(Holmstedt, 173).

그러나 지난밤에 보아스의 타작마당에서 일어난 일은 나오미가 기대한 시나리오대로 진행되지는 않았다. 룻과 보아스의 동침은 없었다. 그렇지만 나오미가 궁극적으로 기대했던 보아스와 룻의 결혼 약속은 이루어졌다. 룻이 보아스에게 자신을 아내로 맞이함으로 구속자의 역할을 감당해 달라고 요청했고 보아스는 그 요청을 기쁘게 받아들였다. 룻은 나오미의 시나리오처럼 일이 진행되지는 않았지만 나오미가 궁극적으로 목표한 일은 이루어졌음을 나오미에게 말했을 것이다. 룻은 "그 사람"(הָאִישׁ, '하이쉬'), 보아스가 지난밤에 자신에게 행한 일을 나오미에게 소상히 말했다.

17절 룻은 보아스가 자신의 청혼을 받아들였다는 것을 말한 후에 보아스가 자신을 그냥 돌아가게 하지 않고 보리 여섯을 준 것을 말했다. 15절에서 주해했듯이 여기서 여섯 다음에 단위가 생략됐는데, 단위의 규모를 고려했을 때 생략된 단위는 에바의 10분의 1에 해당하는 오멜로 보이며 여섯 오멜은 약 8-13킬로그램 정도이다. 15절에는 기록되지 않았지만 이 절에서는 보아스가 룻에게 보리 여섯(오멜)을 지워준 이유를 말한다. 그것은 룻에게 빈손으로 가지 않게 하기 위해서였다. 보아스는 한밤중에 룻을 자신의 타작마당으로 보낸 이가 나오미일 것이라고 직감했을 수 있고 아니면 적어도 나오미가 룻이 타작마당으로 오는 것을 허락했다고 생각했을 것이다. 보아스는 그러한 역할을 한 나오미에게 사례하고자 했을 것이다. 또한 보아스는 자신이 룻과 결혼하기 위해서는 나오미의 허락이 있어야 된다고 생각했을 것이고 나오미와 좋은 관계를 유지하는 것이 필요하다고 생각했을 것이다.

이러한 이유들로 보아스는 룻이 나오미에게 갈 때 빈손으로 가게 하길 원치 않았을 것이다. 나오미는 1:21에서 자신이 베들레헴에서 떠날 때는 가득했지만 돌아올 때는 비어 돌아왔다고 베들레헴 사람들에게 말했었다. 보아스가 3:17에서 룻이 나오미에게 갈 때 빈 채로 가지 말라고 했는데 이 말은 룻기 1:21의 나오미가 한 말, 즉 자신이 비어 돌아왔다는 말과 호응한다(Block, 2015: 191-92). 물론 나오미의 궁극적인 채워짐은 룻이 오벳을 낳을 때 이루어진다(4:15).

18절 룻기 저자는 16절에서 룻이 돌아와 타작마당에서 보아스가 룻에게 행한 모든 것을 나오미에게 말했다고 기록했다. 보아스가 룻에게 행한 모든 일에는 보아스가 자신보다 룻과 더 가까운 친척이 있음과 그에게 룻을 구속할 의사가 있는지 타진해 보겠다는 것이 포함된다. 나오미가 룻에게 일이 어떻게 될지 알기까지 머무르라고 말하는데 여기서 일은 보아스가 룻에게 더 가까운 친척이 룻을 구속할 의사가 있는지 물어보는 것과 그 후속 결과를 말한다.

13절에서 보아스는 자신보다 룻과 더 가까운 친척이 룻을 구속할 의사가 있으면 아침에 그가 룻을 구속하게 할 것이라고 말한다. 여기서 아침은 문맥에서 밤이 지난 바로 다음날 아침을 말한다. 나오미는 보아스가 아침부터 자신보다 룻과 더 가까운 친척의 의사를 물어볼 것이라고 생각했고 그 일을 마칠 때까지 보아스는 쉬지 않을 것이라고 생각했다(Eskenazi and Frymer-Kenski, 68). 즉, 보아스가 룻과 결혼하기 위한 절차를 매우 신속하고 적극적으로 밟을 것이라고 생각한 것이다. "그가 마치지 않으면"으로 번역된 '키 임 킬라'(כִּי־אִם־כִּלָּה)에서 '키 임'(כִּי־אִם)은 "~하지 않으면"(unless)의 의미를 가진다(BDB, 474). 나오미가 이렇게 생각할 수 있었던 것은 룻의 보고를 통해 보아스가 룻과 그녀의 청혼을 기쁘고 감사하게 받아들였음을 알게 됐기 때문이다.

해설

본문의 배경이 되는 아침은 나오미와 룻에게 있어 모압에서 베들레헴에 돌아온 이후 가장 중요한 밤을 보낸 후 맞이하는 아침이었다. 타작마당에서 돌아온 룻은 보아스가 자신과 나오미에게 베푼 은혜를 말했다. 16절은 보아스가 룻에게 베푼 은혜, 즉 룻의 청혼을 받아들여 구속자의 역할을 하겠다는 내용을 구체적으로 기록하고 있지 않지만 룻이 보아스가 행한 모든 것을 나오미에게 말했다고 기록하고 있기 때문에 아마 그가 베푼 은혜를 모두 알렸을 것이다. 17절에는 보아스가 나오미를 위하여 보리 여섯(오멜)을 보낸 은혜를 기록하고 있다. 보아스의 타작마당에서 한밤중에 일어난 일은 보아스와 룻의 동침과 동침에 이어지는 결혼 약속으로 추정되는 나오미의 시나리오대로 진행되지 않았지만 보아스와 룻이 결혼을 약속함으로 나오미의 바람은 이루어졌다. 그 과정에는 간음의 죄를 범하는 동침이 없었으므로 나오미의 시나리오의 약점이 극복됐다. 즉, 나오미의 시나리오보다 좋은 과정을 거쳐 목표를 이룬 것이었다.

나오미는 룻으로부터 이 기쁜 소식을 듣고 설렘과 흥분이 있었을 것이다. 그러나 나오미는 그 설렘과 흥분을 가라앉히고 보아스와 그의 친척 간의 협상이 어떻게 진행되어 가는지 침착하게 살펴보며 기다릴 것을 조언한다. 나오미와 룻은 이 기다림 가운데 하나님의 뜻을 구하며 보아스가 룻의 구속자의 역할을 수행할 수 있게 되기를 하나님께 간구했을 것이다.

제5장
룻기 4:1-17
보아스와 룻의 결혼과 오벳의 출생

1. 보아스와 다른 친척과의 협의(4:1-12)

보아스는 자신보다 룻과 더 가까운 친척을 만나 그가 룻을 구속할 의사가 있는지 알아보기 위해 베들레헴 성읍에 들어갔다(3:15). 보아스는 만나려고 하는 그 친척이 룻과 결혼함으로 룻을 구속할 의향이 있으면 그렇게 되는 것에 동의한다고 말했기 때문에(3:13) 이 친척과의 만남은 룻기의 이야기가 전개되는 데 있어 긴장을 고조시킨다. 보아스가 만나려고 하는 이 친척과 룻의 관계에 관해서는 그가 보아스보다 룻과 더 가까운 친척이라는 사실 외에는 알려진 바가 없다. 그도 베들레헴에 거주하는 나오미의 친척이었기 때문에 나오미와 함께 베들레헴에 온 룻에 대해서 들어 알고 있었을 것이다. 룻기 이야기의 흐름상 그가 자신이 룻을 구속할 권한을 포기해야 할 것 같은데 그가 만약 룻을 구속하겠다고 하면 이야기는 전혀 새로운 국면에 들어가게 된다. 그가 룻과 결혼하여 구속하겠다고 해도 룻이나 나오미가 그 구속에 동의하지 않으면 그 구속은 이루어지기 어려울 것이다. 독자들은 이러한 상황에서 3장과는 또 다른 4장의 긴장 속으로 들어가게 된다.

번역

1 보아스가 그 문으로 올라가서 거기에 앉았다. 보라! 보아스가 말했던
그 친척이 지나가고 있었다. 그래서 그가 말했다. "여보시오, 돌아서 여
기에 앉으십시오." 그러자 그가 돌아서 앉았다. 2 그리고 그가 그 성읍
의 장로들 가운데 열 명의 남자를 구하여 말했다. "여기에 앉으십시오."
그러자 그들이 앉았다. 3 그리고 그가 그 친척에게 말했다. "모압 땅에
서 돌아온 나오미가 우리 형제 엘리멜렉에게 속한 땅의 일부를 팔려고
합니다. 4 그래서 제가 말함으로 당신의 귀를 열 것이라고 생각했습니
다. '앉아 있는 분들 앞에서 그리고 제 백성의 장로들 앞에서 사십시오.
만약 당신이[1] 구속하려면 구속하십시오. 그러나 당신이 구속하지 않으
면 저에게 말씀하여 제가 알게 하여 주십시오. 왜냐하면 당신 외에 구
속할 이가 없고 저는 당신 다음입니다." 그러자 그가 말했다. "제가 구
속하겠습니다." 5 그러자 보아스가 말했다. "당신이 나오미의 손에서
그 땅을 사는 날에 그의 재산 위에 죽은 자의 이름을 세우기 위하여 그
죽은 자의 아내, 모압 여인 룻도[2] 사야 합니다." 6 그러자 그 친척이 말

1. 마소라 텍스트 레닌그라드 코덱스에는 '이그알'(יִגְאַל, "그가 구속할 것이다.")로 기록되어 "그가"인데, 다른 많은 히브리어 사본과 칠십인역에 나타난 바와 같이 '티그알'(תִּגְאַל, "당신이 구속할 것이다.")이 문맥에 적합함으로 "그가"가 아닌 "당신이"로 번역했다.

2. '우메에트'(וּמֵאֵת)는 '감 에트'(גַּם אֶת, 10절 참조)의 훼손된 형태로 보이므로 '감 에트'를 따라 번역한 것이다. 10절에서 비슷한 내용을 기술하는데("또한 말론의 아내 모압 여인 룻도 제가 샀습니다", וְגַם אֶת־רוּת הַמֹּאֲבִיָּה אֵשֶׁת מַחְלוֹן קָנִיתִי) 여기에는 '감 에트 루트'(גַּם אֶת־רוּת)가 사용되었다. '우메에트'로 읽으면 그 친척이 나

했다. "저는 저의 재산에 손해가 없게 하기 위해서 저를 위해 구속할 수 없습니다. 당신이 당신을 위하여 나의 구속 권한을 구속하십시오. 왜냐하면 저는 구속할 수 없기 때문입니다." 7 이것은 이전에 구속과 교환에 관하여 모든 일을 확증하기 위해 이스라엘에 있었다. 사람이 그의 신을 벗어 그의 친구에게 주었다. 이것이 이스라엘의 증거였다. 8 그리고 그 친척이 보아스에게 말했다. "당신을 위하여 사십시오." 그리고 그가 그의 신을 벗었다. 9 그리고 보아스가 그 장로들과 그 모든 백성에게 말했다. "오늘 당신들이 내가 엘리멜렉에게 속한 모든 것과 기룐과 말론에게 속한 모든 것을 나오미의 손에서 사는 것의 증인들입니다. 10 또한 말론의 아내 모압 여인 룻도 그의 재산 위에 죽은 자의 이름을 세우기 위하여 제가 저의 아내로 삽니다. 그 죽은 자의 이름은 그의 형제들 가운데로부터, 그의 장소의 문으로부터 끊어지지 않을 것입니다. 오늘 당신들이 증인들입니다." 11 그리고 그 문에 있는 그 모든 백성과 장로들이 말했습니다. "증인들입니다! 여호와께서 당신의 집에 온 그 여인을 이스라엘의 집을 지은 라헬과 레아, 그들 둘과 같이 되게 하시길 바랍니다. 그리고 당신은 에브라다에서 부를 이루십시오. 그리고 베들레헴에서 이름을 선포하십시오. 12 그리고 당신의 집이 여호와께서 당신에게 주신 이 젊은 여인으로 인한 씨를 통하여 다말이 유다에게 낳아 준 베레스의 집과 같이 되기를 원합니다."

오미의 손에서 그 땅을 사는 날에 룻"으로부터" 사야 한다고 말한 것이 되는데 문맥에서 그 땅을 룻으로부터 산다는 의미는 모호하다. 불가타역도 '우메에트'를 '감에트'로 읽는다.

주해

1절 보아스가 "그 문"(הַשַּׁעַר, '하샤아르')으로 올라갔는데 여기서 "그 문"은 성읍의 문을 말한다. 고대 이스라엘에서 성읍의 문이 있는 곳은 성읍의 광장과 같은 곳으로서 중요한 재판이나 결정이 이루어지는 장소였다(Eskenazi and Frymer-Kensky, 70; 신 22:15; 사 29:21). 보아스가 성읍의 문으로 간 이유는 성읍의 광장과 같은 곳에서 자신보다 룻과 더 가까운 친척을 만날 수 있는 확률이 높고 또한 그 친척이 룻을 구속할 권한을 보아스에게 양도할 경우 그 결정에 대한 증인들을 세우기에 용이한 곳이었기 때문이다.

"보아스가 그 문으로 올라가서"로 번역된 첫 문장은 '우보아즈 알라 하샤아르'(וּבֹעַז עָלָה הַשַּׁעַר)인데 히브리어 구문에서 방향을 나타내는 전치사가 자주 생략되듯이 여기에서도 '하샤아르'(הַשַּׁעַר, "그 문") 앞에 방향을 나타내는 전치사(예, '엘'[אֶל])가 생략됐다. 보아스가 그 문으로 올라갔다고(עָלָה, '알라') 기록한 것을 보아 베들레헴 성읍의 문은 높은 지대에 있었음을 알 수 있다. 보아스는 베들레헴의 광장과 같은 그 성문 근처에 앉아 자신보다 룻과 더 가까운 그 친척이 있는지 살펴보았을 것이다. 그런데 놀랍게도 그때 그 친척이 지나가고 있었다. 룻기의 저자는 이 놀라운 순간을 '힌네'(הִנֵּה, "보라!")를 사용하여 자신의 목소리가 들리게 한다. 저자는 앞서 룻기의 주인공 중의 한 명인 보아스가 이야기 가운데 처음 등장할 때(2:4)와 보아스가 자신이 발치에 누워있는 룻을 발견하여 놀랐을 때(3:8) '힌네'를 사용하여 놀랍고 중요한 상황에서 자신의 목소리가 크게 들리게 했다.

저자는 지금 "그 친척"(הַגֹּאֵל, '하고엘')이 지나가고 있는 상황임을 분사형인 '오베르'(עֹבֵר, "지나가고 있었다")를 사용하여 표현했다. '고엘'(גֹּאֵל)은 문맥에 따라 "친척"이나 "구속자"로 번역할 수 있는데 여기서는 구속자가 아니라 구속자 후보이기 때문에 "친척"으로 번역했다. 보아스가 성문에 가서 만나려 했던 그 친척을 만난 것은 표면적으로는 우연으로 보이나 하나님의 섭리 가운데 일어난 일로 볼 수 있다(Block, 2015: 205). 보아스는 그 친척을 만나 두 개의 명령형을 사용하여 "돌아서 앉으시오"(סוּרָה שְׁבָה, '쑤라 셰바')라고 말하는데 여기서 두 명령형 끝에 붙은 '헤'(ה)는 패라고직 헤(paragogic heh)로 그 의미가 분명히 밝혀지지 않았다. "여보시오"라고 번역된 '펠로니 알모니'(אַלְמֹנִי פְּלֹנִי)는 이름이 알려지지 않은 "어떤 사람"(a certain man)을 지칭할 때 사용되는 숙어이다(BDB, 811). 보아스는 이 친척의 이름을 부르지 않고 "여보시오"라고 불렀는데, 이는 보아스와 그 친척의 사이가 이름을 부를 만큼 가깝지 않음을 보여준다. 그 친척은 일단 보아스의 요청대로 가던 길에서 돌아와서 보아스 앞에 앉았다.

2절 보아스는 자신보다 룻과 가까운 친척이 룻과 결혼함으로 룻을 구속할 의사가 있는지 알아보는 절차를 최대한 효과적으로 진행하기를 원했다. 보아스는 자신이 찾던 그 친척을 불러 앉힌 후 그에게 룻을 구속할 의사가 있는지를 물은 후에 둘 간의 권한 양도에 관한 증인을 부르지 않고 그 친척에 더하여 증인들까지 불러 앉힌 후 한 번에 그 친척의 권한 양도 여부를 묻고 후속 조치를 진행하려 했다. 성문 앞은 성읍의 광장과 같은 곳이었기 때문에 그 성읍의 장로들이 있었을 것이고 보아스는 그 가운데 증인의 역할을 부탁하기 위해 열 명의 장로들을 불러 앉게 했다.

3절 보아스는 자신이 불러 앉힌 친척과 열 명의 성읍 장로들 앞에서 그 친척에게 나오미가 땅을 팔 계획이 있음을 말한다. 나오미는 모압 땅에서 돌아온 후 경제적인 어려움으로 인해 땅을 팔려고 했을 것이다. 룻이 이삭을 주우며 생계를 꾸려 갔지만 그것만 가지고는 역부족이었을 것이다. 그 땅은 죽은 엘리멜렉에게 속한 땅이었고 보아스와 보아스 앞에 앉아 있는 친척은 엘리멜렉의 친척이었다. 2:1에서 보아스는 나오미 쪽과 연관이 있는 친척이 아니라 엘리멜렉 쪽과 연관이 있는 친척임을 밝혔고 보아스가 그의 앞에 앉아 있는 친척에게 "우리 형제 엘리멜렉에게 속한"(לְאָחִינוּ לֶאֱלִימֶלֶךְ, '레아히누 레엘리멜레크')이라고 말한 것을 보아 보아스의 친척도 나오미가 아니라 엘리멜렉 쪽과 연관이 있는 친척임을 알 수 있다.

"나오미가 팔려고 합니다"로 번역된 '마케라 노오미'(מָכְרָה נָעֳמִי)의 동사 '마케라'(מָכְרָה)는 완료형(perfect)으로 이를 직역하면 "나오미가 팔았다"이다. 그러나 문맥에서는 나오미가 땅을 파는 일은 과거가 아니라 가까운 미래에 있을 일이다. 그 이유는 5절에서 보아스가 그 친척에게 "당신이 나오미의 손에서 그 땅을 사는 날에"(הַשָּׂדֶה מִיַּד נָעֳמִי בְּיוֹם־קְנוֹתְךָ)라고 말하는데 이는 그 땅이 아직 다른 이에게 팔리지 않은 상태임을 말해준다. 여기서 완료형 '마케라'는 수행적(performative) 용법으로 과거에 일어난 일이 아니라 앞으로 행하여질 것을 나타낸다 (Schipper, 164)[3].

구속자가 친척에게 속한 땅을 구입하여 구속하는 법은 레위기 25:23-28에 기록되어 있는데 그 내용은 다음과 같다. 조상들에게 물려받은 가문의 토지는 하나님의 소유이므로 원칙적으로 팔 수 없지만 너

3. 쉬퍼는 완료형 동사의 이 용법을 "수행적"(performative) 용법이라고 칭하였는데 이는 선언을 통해 어떤 행동이 수행될 때 사용되는 용법이다(Schipper, 164, 169).

무 가난하여 토지를 팔아서 생계를 유지해야 하는 경우 그 토지를 합법적으로 다시 찾아올 수 있는 세 가지 방법이 있다. 첫째는 토지를 판 사람이 돈을 벌어 다시 그 토지를 산 사람에게 사는 것이고, 둘째는 토지를 판 사람의 형제가 토지를 산 사람에게 값을 지불하여 팔린 토지를 다시 사는 방법이다. 즉, 구속하는 것이다. 여기서 "구속하다"(גָּאַל, '가알')의 의미가 잘 드러나는데 그것은 대가를 지불하고 구하는 것이다. 이 법에 따르면 토지를 산 사람에게 토지의 대가가 지불되면 토지를 산 사람은 토지를 판 사람에게 그 토지를 돌려주어야 한다. 이 부분은 현대의 계약 관계와 다른 부분이다. 현대의 계약 관계에서는 이전 소유주 측에서 대가를 지불할 테니 구매자가 구입한 것을 반환하라고 요청할 때 구매자가 그 요청을 따라야 할 의무가 없지만, 레위기 25:23-28에 기록된 기업의 구속에 관한 법에서는 토지를 판 측에서 대가를 지불하고 토지 반환을 요청하면 토지를 산 사람은 그 토지를 반환하여야 했다. 세 번째 방법은 희년까지 기다리는 것인데 희년이 되면 토지를 구입한 사람이 아무런 대가 없이 토지를 판 사람에게 토지를 되돌려 주어야 했다.

본문에서 보아스가 룻과 더 가까운 친척에게 나오미가 땅을 팔려고 함을 알리는데 그 이유는 그 땅을 자신들이 사서 그 가문의 땅이 다른 사람에게 넘어감을 막기 위해서였다. 여기서 모압 땅에서 "돌아온" 나오미를 묘사하는 '하샤바'(הַשָּׁבָה)는 정관사 '하'(הַ)와 완료형 동사 '샤바'(שָׁבָה)가 결합된 흔치 않은 구문이지만 룻기에서는 1:22과 2:6에 이어 세 번째 사용됐다. 여기서 정관사 '하'는 관계대명사 기능을 한다.

4절 보아스는 자신보다 룻과 더 가까운 친척에게 "제가 당신의 귀를 열 것입니다"(אֶגְלֶה אָזְנְךָ, '에글레 오즈네카')라고 말하는데 '갈라 오젠'(גָּלָה אֹזֶן)은 문자적으로 "귀를 열다"를 의미하며 숙어로 "드러내다"(to reveal), "알리다"(to inform)를 의미한다(BDB, 23; Schipper, 164; 삼상 9:15; 20:2, 12-13; 22:8, 17; 삼하 7:27; 욥 33:16; 대상 17:25). 여기서 보아스가 그 친척에게 귀를 연다는 것은 알린다는 것을 의미한다. "저는 생각했습니다"로 번역된 '아마르티'(אָמַרְתִּי)는 문맥에서 보아스가 자신에게 말한 것으로 보는 것이 자연스럽기 때문에 "저는 말했습니다"가 아니라 "저는 생각했습니다"로 번역했다(*HALOT* I, 66).

여기서 보아스가 그 친척에게 알리겠다고 생각한 것은 나오미가 땅을 팔려고 하는 것이다(4:3). 보아스는 이 사실을 알리고 그 친척에게 단도직입적으로 "앉아 있는 분들과 제 백성의 장로들 앞에서" 나오미가 팔려고 하는 땅을 사라고(קְנֵה, '케네') 권한다. "앉아 있는 분들과 제 백성의 장로들" 앞에서 사라는 것은 증인들 앞에서 사라는 것인데 보아스가 구한 열 명의 장로들(2절) 외에 "앉아 있는 사람들"(הַיֹּשְׁבִים, '하요셰빔')이 언급된 것을 보아 보아스와 그의 친척과 열 명의 장로들 외에 성읍 문 앞에 있는 다른 사람들도 보아스와 그의 친척이 있는 곳에 와 앉아 있음을 알 수 있다.

처음에는 친척에게 나오미의 땅을 사라고('케네') 권고했던 보아스가 두 번째는 그 땅을 "구속할 것인지"(אִם־תִּגְאַל) "구속하지 않을 것인지"(וְאִם־לֹא תִגְאַל) 선택지를 준다. 여기서 땅을 "구속하는 것"(גָּאַל, '가알')은 내용상 땅을 사는 것(קָנָה, '카나')을 말한다. 보아스는 두 개의 선택지를 준 후 그 둘 중에서 무엇을 택할 것인지 자신이 알도록 말하라고 압박한다(הַגִּידָה לִּי וְאֵדַע[4]). 그리고 곧바로 그 친척이 구

4. *BHS*에서는 케레로 청유형인 "베에드아"(וְאֵדְעָה, "내가 알게 하십시오.")를 제안했지만 케티브인 미완료형, '베에다'(וְאֵדַע)도 청유형의 의미를 지닐 수 있기 때문에 마소라 텍스트에 있는 케티브를 따랐다.

속할 권한을 사용하지 않으면 그다음에 그 권한을 사용할 수 있는 사람은 자신임을 밝혀 자신이 나오미의 땅을 구속할 관심이 있음을 드러낸다. 언뜻 보면 "당신 외에 구속할 이가 없고 저는 당신 다음입니다"(אֵין זוּלָתְךָ לִגְאוֹל וְאָנֹכִי אַחֲרֶיךָ)에서 당신 외에 구속할 이가 없다는 것과 제가 당신 다음이라는 말이 모순으로 보인다. 그러나 당신 외에 구속할 이가 없다는 말은 친척 가운데 나오미와 가까운 정도가 당신과 같은 급에서는 당신밖에 구속할 사람이 없다는 말로 이해할 때 모순이 아님을 알 수 있다. 이해를 위해 한국의 촌수 관계를 적용해 임의적으로 예를 들어 설명한다면, 나오미와 4촌 관계에 있는 사람은 그 친척이 유일하니 같은 촌수에서는 그 친척밖에 구속할 사람이 없고 그 친척이 구속하지 않으면 나오미와 5촌 관계에 있는 보아스 자신이 구속하겠다는 것이다.

보아스의 말에 그 친척은 자신이 그 땅을 구속하겠다고 짧게 말한다. 이 말은 보아스가 바라는 대답이 아니었다. 보아스는 그 친척이 자신이 나오미의 땅을 구속하는 권한을 사용하지 않는다고 말하길 바라고 있었고 그러면 그 땅을 구속할 뿐만 아니라 엘리멜렉 집안의 남편을 잃은 며느리 룻까지 결혼을 통하여 구속할 계획을 갖고 있었다. 그러나 그 친척이 구속의 권한을 행사하겠다고 말했고 많은 증인들 앞에서 보아스와 그 친척의 대화는 긴장을 더해간다.

5절 보아스의 친척이 나오미가 팔려고 하는 땅을 구속하겠다고, 즉 사겠다고 말하자 보아스는 그 땅을 사는 날에 해야 할 것 한 가지를 더 말한다. 그것은 모압 여인 룻을 사는(קָנִיתָה)[5] 것인데 여기서 룻을 산다

---

5. 문맥에서 룻을 사는 주체는 보아스가 아니라 상대방인 보아스의 친척이기 때문에 1인칭 동사인 케티브, '카니티'(קָנִיתִי)가 아닌 2인칭 동사인 케레를 따랐다. '카니

는 것은 룻을 아내로 맞이하는 것을 의미한다(Schipper, 166-67). 여기서 "사야 합니다"로 번역된 '카니타'(קָנִיתָה)는 2인칭 남성단수 완료형 동사로 단순히 과거에 행한 행위를 말하는 것이 아니라 해야 할 당위를 나타낸다. 허바드는 이 완료형 동사의 특별한 용법을 "법적 완료형"(legal perfect)이라고 칭했다(Hubbard, 243; Joüon, 83; Rudolph, 59).

토지를 구속하는 것과 관련한 법으로 앞서 3절의 주해에서 살핀 레위기 25:23-28에는 토지의 구속에 관련한 법만 기록되어 있고 이에 더하여 토지를 구속할 때 남편이 없는 여인을 구속하는 것에 관하여는 기록된 내용이 없다. 예컨대, 구속자가 토지를 구속할 때 그 토지를 소유한 가문에 남편이 없는 여인이 있으면 그 여인을 아내로 맞이하여 그 여인까지 구속하여야 한다는 법은 없다는 것이다.

여기서 보아스는 모압 여인 룻을 구속해야 하는 이유를 말하는데 그것은 룻과 결혼하여 지금 나오미가 팔려고 하는 땅을 죽은 자, 즉 룻의 남편, 말론의 이름 아래 놓아야 한다는 것이다. 보아스가 5절에서 말하는 조건은 신명기 25:5-10에 기록된 계대결혼(levirate marriage)법과 일맥상통하는 부분이 있다. 계대결혼법은 결혼한 형이 죽었을 때 동생이 형수와 결혼하여 형수에게서 낳은 첫 아들로 죽은 형을 잇게 하는 법이었다. 지금 보아스가 자신의 친척에게 말하는 것은 토지를 살 때 토지를 사는 집안의 홀로된 며느리와 결혼하여 그 죽은 남편의 이름 아래 그의 재산을 두라는 것이다. 이렇게 토지를 사는 사람이 토지를 사서 죽

타'(קָנִיתָה)의 목적어 룻은 이미 기록되었으므로 '카니타'의 맨 마지막 철자인 '헤'(*h*)는 목적어를 나타내는 여성형 접미어(Schipper, 166)가 아니라 '아' 모음을 표시하기 위해 사용된 '마테르 렉티오니스'(*mater lectionis*, 읽기 위한 모음)이다 (Lau, 248).

은 자의 남편의 이름 아래 두면 토지를 산 사람은 금전적으로 손해를 보는 것이다. 토지를 사기 위해 자신이 돈을 지불했음에도 불구하고 그 재산이 다른 사람의 이름으로 등재되기 때문이다.

보아스가 룻과 결혼하여 말론의 재산을 말론의 이름 아래 두는 것은 이와 관련된 법인 레위기 25:23-28이나 신명기 25:5-10에 기록된 내용이 아니다. 그런데 보아스의 친척이 나오미의 땅을 구속할 때 죽은 룻의 남편의 재산권을 위해 룻과 결혼하여 룻도 구속해야 함을 듣고서 보아스가 제시한 조건에 대하여 따지거나 문제 제기를 하지 않고 6절에서 자신이 땅을 구속하는 권한을 양도하는 것을 볼 때, 친척의 땅을 구속함에 있어 그 친척의 집안에 구속해야 할 과부가 있으면 그 과부와 결혼하여 과부의 전 남편 이름으로 땅을 등재하는 것이 그 당시 사회적 관습으로 받아들여졌던 것으로 보인다.

6절 보아스의 친척은 나오미가 팔려고 하는 땅을 구속하기 위해 룻도 구속해야 한다는 말을 듣고, 즉 룻과 결혼해야 한다는 말을 듣고 나오미의 땅을 구속하지 않겠다고 말한다. 왜냐하면 룻을 구속하는 것은 지금 나오미가 팔려고 하는 재산을 룻의 죽은 남편, 말론의 이름 아래 등재시키기 위함인데 이렇게 자신이 값을 지불하고 산 땅을 다른 이에게 등재시키는 것은 금전적으로 자신에게 손해가 되기 때문이다. 이미 죽은 말론에게 재산이 등재된다는 것은 어떤 의미일까? 보아스의 친척이 자신의 재산에 손해가 되기 때문에 자신의 구속의 권한을 포기함을 볼 때 말론에게 재산이 등재된다는 것은 재산이 말론의 집안, 즉 엘리멜렉의 집안에 귀속되는 것으로 볼 수 있다.

보아스의 친척은 '가알'(גָּאַל, "구속하다")의 동족목적어, '게울라'(גְּאֻלָּה, "구속 권한")를 사용하여 보아스에게 자신의 "구속 권한"

(גְּאֻלָּתִי)을 구속하라고 말한다(Schipper, 167). 이는 자신이 사용하지 않아 사장될 구속 권한을 구하여 사용하라는 말이다. 보아스가 계획하고 바랐던 대로 자신이 나오미가 팔려고 하는 땅을 구속하면서 룻을 구속할 수 있게 된 것이다.

7절 7절은 6절과 8절의 보아스의 친척의 말 사이에 들어간 저자의 해설로 저자는 8절에서 보아스의 친척이 신을 벗는 것이 무엇인지 설명한다(Block, 2015: 219). 이 절에서 “이것”(זֹאת, ‘조트’)이 두 번 나오는데 “이것”은 고대 이스라엘에서 구속과 교환에 관한 일을 확증하기 위한 관습으로 “사람이 그의 신을 벗어 그의 친구에게 주는 것”(שָׁלַף אִישׁ נַעֲלוֹ וְנָתַן לְרֵעֵהוּ)을 말한다. 이러한 관습의 행위는 이스라엘 사회에서 구속과 교환에 관한 일을 확증하는 “증거”(תְּעוּדָה, ‘테우다’)였다. 여기서 신을 벗어 그의 친구에게 주는 행위는 자신의 권한을 넘겨줌을 의미한다.

구약에 이 관습이 율법으로 기록된 것은 없지만 이와 비슷한 행위가 신명기 25:9에서 계대결혼법의 내용으로 나온다. 신명기 25:9에서는 형이 죽은 후 아우가 형수를 아내로 맞이하기를 거절할 때 형수가 장로들 앞에서 시동생의 신을 벗기고 그의 얼굴에 침을 뱉는 것이 기술되어 있는데 여기서 형수가 시동생의 신을 벗기는 것은 시동생이 형의 집을 세우지 않은 부끄러운 자임을 상징적으로 보여주는 행위이다. 이후 시동생의 집안은 신 벗김 받은 자의 집이라고 불리는 수치를 받게 된다(신 25:10).

저자는 이 관습이 “이전에”(לְפָנִים, ‘레파님’) 이스라엘에 있었던 것이라 말함으로 저자의 시대에는 이 관습의 전통이 이어지지 않음을 암시한다(참조, 신 2:10, 12, 20; 수 14:15; 15:15; 삿 1:10, 11, 23; 삼상 9:9;

Schipper, 168; Levinson, 33-45). 만약에 이 관습이 저자 당시에도 행해졌다면 저자가 굳이 보아스의 친척이 말하는 중간에 끼어들어 이 관습을 설명할 필요가 없었을 것이다(Eskenazi and Frymer-Kensky, 78). 저자가 이 관습을 소개하는 이유는 바로 다음 절에서 기술하듯이 보아스의 친척이 보아스에게 자신의 신을 벗음으로 자신의 구속 권한을 포기하기 때문이다.

8절 8절에서는 7절에서 저자가 구속에 관하여 신발을 벗는 관습을 소개하는 것으로 인하여 끊어졌던 보아스의 친척의 말이 이어진다. 보아스의 친척은 보아스에게 당신을 위해 사라고 제안하는데(קְנֵה־לָךְ, '케네 라크') 여기서 동사 '케네'("사십시오")의 목적어는 생략됐다. 문맥에서 생략된 목적어는 나오미가 팔려고 하는 땅일 수도 있고(4절), 룻일수도 있다(5절). 어차피 땅을 사는 것과 룻을 아내로 맞이하는 것은 결부되어 있기 때문에 문맥에서 생략된 목적어는 땅과 룻을 동시에 의미할 수도 있다.

보아스의 친척은 보아스에게 땅을 사라고 말한 후 신을 벗는다. 신을 벗는 것은 자신의 구속 권한을 포기하겠다는 것을 의미한다. 7절에서 저자가 말한 관습은 신을 벗어 상대방에 주는 것까지 포함됐는데 여기서는 보아스의 친척이 신을 벗었다고만 기록한다. 신을 벗는다는 것이 구속에 관한 자신의 권한을 포기하는 것을 의미하고 보아스의 친척 다음에 구속할 권한을 갖고 있는 사람은 보아스이기 때문에(4절) 보아스의 친척이 신을 벗음으로 이제 구속의 권한은 보아스에게 넘어온 것이다.

9절 보아스의 친척이 신발을 벗음으로 자신의 구속 권리를 포기한 후 보아스가 열 명의 장로들과 백성에게 말했다. 여기서 "그 모든 백성"(כָּל־הָעָם)은 4절에서 말한 "앉아 있는 분들"로 열 명의 장로 외에 보아스와 그의 친척 앞에 모여든 사람들을 말한다. 보아스는 그의 친척이 나오미의 땅을 살 권리를 포기했기 때문에 자신이 그 땅을 사고자 함을 말한다. 여기서 "사는"으로 번역된 '카니티'(קָנִיתִי)는 완료형이지만 보아스가 땅을 산 것이 아니라 땅을 곧 사고자 함을 말한 것이기 때문에 '카니티'는 단순히 과거에 일어났던 일을 나타내지 않고 이 행하여질 것을 의미한다(Schipper, 168). 쉬퍼는 이와 같은 완료형 동사의 용법을 수행적(performative) 용법이라고 말하는데, 앞서 3절에서도 나오미가 아직 땅을 판 것이 아니라 팔려고 함을 기술할 때 수행적 용법의 완료형 동사, '마케라'(מָכְרָה, "그녀가 팔려고 한다")가 나타난다. 보아스의 말을 통해 지금 나오미가 팔려는 땅은 엘리멜렉에게 속한 모든 땅과 말론과 기룐에게 속한 모든 땅임을 알 수 있다.

10절 9절에서 나오미가 팔려고 하는 땅을 사겠다고 말한 보아스는 10절에서는 룻도 사겠다고, 즉 아내로 맞이하겠다고 말하며 이 일에 장로들과 그 자리의 백성이 증인이라고 말한다. 보아스는 자신이 룻을 구속하는 것은 "그의 재산 위에 죽은 자의 이름을 세우기 위하여"(לְהָקִים שֵׁם־הַמֵּת עַל־נַחֲלָתוֹ)라고 말하는데 여기서 "그"는 이미 죽은 룻의 남편 말론을 말하고 재산 위에 죽은 자의 이름을 세운다는 것은 나오미가 팔려고 하는 말론에게 속한 땅을 사되 그 땅을 보아스 자신의 이름 아래 두지 않고 말론의 이름 아래 두겠다는 것을 의미한다(5절 주해 참조). 9절에서 보아스는 엘리멜렉과 기룐과 말론에게 속한 모든 땅을 산다고 했는데 룻과 결혼함으로 그 땅들 가운데 말론에게 속한 땅은 말론의 이름 아래 두겠다는 것이다. 여기서 "삽니다"로 번역된 '카니티' (קָנִיתִי)도 9절의 '카니티'와 마찬가지로 수행적 용법의 완료형으로 단순히 과거에 행하여진 행위로 번역되지 않고 이제 앞으로 행해질 행위로 번역됐다.

보아스가 룻과 결혼하여 말론에게 속한 재산을 말론의 이름으로 세워 말론의 이름이 그의 형제들 가운데서 끊어지지 않게 됐다. 또한 보아스는 죽은 자, 즉 말론의 이름이 "그의 장소의 문으로부터"(מִשַּׁעַר מְקוֹמוֹ, '미샤아르 메코모') 끊어지지 않을 것이라고 말했는데, 여기서 "그의 장소"(מְקוֹמוֹ, '메코모')는 말론의 고향, 베들레헴을 말하고(Bush, 239) 그의 이름이 베들레헴의 문으로부터 끊어지지 않는다는 것은 베들레헴 성읍에서 지워지지 않는 것을 말한 것이다. 보아스는 9절에 이어 10절에서도 "오늘 당신들이 증인이십니다"(עֵדִים אַתֶּם הַיּוֹם, '에딤 아템 하욤')라고 말함으로 나오미의 땅과 룻을 구속하는 권한이 자신의 친척으로부터 자신에게 이양됐음을 거듭하여 강조한다.

11절 "오늘 당신들이 증인들입니다"라는 보아스의 말에 그 자리에 있었던 열 명의 장로들과 그 모든 백성은 "증인들입니다!"(עֵדִים, '에딤')라고 호응함으로써 보아스와 보아스의 친척 사이의 구속에 관한 권리 이양이 합법적으로 이루어졌었음을 동의해 준다. 여기서 "그 모든 백성"은 보아스가 데리고 온 열 명의 장로들 외에 4절에 기록된 보아스와 보아스의 친척 앞에 앉아 있던 자들을 말한다.

증인들은 룻이 이스라엘의 집을 지은 라헬과 레아와 같은 여인이 되길 축복한다. 여기서 라헬과 레아를 지칭하는 "그들 둘"의 히브리어는 '셰테헴'(שְׁתֵּיהֶם)으로 여성 복수형 어미 '헨'(הֶן) 대신에 남성 복수형 어미 '헴'(הֶם)이 사용됐는데 이는 앞에서도 나온 바와 같이 구어적으로 남성 대명사 어미가 여성 대명사 어미를 대신하여 사용된 것을 반영한 것으로 볼 수 있다(1:8, 9, 11). 라헬과 레아가 이스라엘의 집을 지었다는 것은 야곱의 아내로서 야곱의 후손을 낳아 이스라엘 민족을 이룬 것을 말한다. 이스라엘의 열두 지파는 야곱의 열두 아들에서 기원했다. 야곱의 열두 아들 중 르우벤, 시므온, 레위, 유다, 잇사갈, 스불론은 레아가 낳았고(창 35:23) 요셉과 베냐민은 라헬이 낳았다(창 35:24). 단과 납달리는 라헬의 시녀 빌하를 통해 태어났고(창 35:25) 갓과 아셀은 레아의 시녀 실바를 통해 태어났다(창 35:26). 이스라엘의 집을 지은 라헬과 레아, 두 명의 이름만 기록된 것은 빌하와 실바는 각각 라헬과 레아의 시녀로 라헬과 레아가 대표성을 지니기 때문이다. 언니인 레아보다 라헬이 먼저 언급된 것은 야곱이 레아보다 라헬을 더 사랑했기 때문일 것이다(창 29:25).

표면적으로는 증인들이 룻을 축복했지만 내용을 보면 증인들이 축복한 인물은 룻과 보아스를 포함한 것임을 알 수 있다. 증인들은 라헬과 레아가 자신들과 시녀들을 통하여 야곱에게서 열두 명의 아들을 낳아 야곱의 집, 즉 이스라엘의 집을 이루었던 것과 같이 룻이 보아스의 아내가 되어 자손을 낳아 보아스가 융성한 가문을 이루길 기원한 것이다. 또한 증인들은 보아스가 에브라다, 즉 베들레헴에서(1:2 주해 참조) 이미 부유한 사람이지만(2:1) 더 부를 쌓아 번성하고 베들레헴에서 이름을 선포하기를 기원한다. 베들레헴에서 이름을 선포한다는(וּקְרָא) 것은 베들레헴에서 명예를 얻는 것이다(Hubbard, 260).

12절 11절에서 룻과 보아스를 축복한 백성과 장로들은 12절에서 보아스의 집을 축복한다. 그들은 보아스의 집이 룻을 통하여 다말이 유다에게 낳아준 베레스(창 38:29)의 집과 같게 되기를 기원하는데 이 기원에서 보아스는 유다에, 룻은 다말에 상응한다. 즉, 다말이 유다에게 베레스를 낳아 그 베레스의 집안이 지금까지 흥왕하여 내려오듯이 룻이 보아스에게 낳아줄 후손이 베레스의 집안과 같이 흥왕하기를 기원한 것이다. 장로들과 백성의 축복을 통해서 베레스의 후손은 융성한 집안임을 알 수 있다. 그 예가 베레스의 후손으로 "매우 부유한 사람"(אִישׁ גִּבּוֹר חַיִל, 2:1)이었던 보아스다. 베레스의 후손은 18-22절에서 베레스로부터 시작하여 보아스를 거쳐 다윗에 이어지는 족보로 소개된다.

백성과 장로들이 보아스의 집을 축복하며 베레스의 집을 상정한 것은 우연이 아니라 두 집 모두 계대결혼 제도와 관련이 있기 때문인 것으로 보인다. 베레스의 경우는 계대결혼의 실패로, 즉 유다의 아들 오난이 형수의 씨를 받지 않으려 하고(창 38:9) 유다는 셋째 아들 셀라를 다말에게 주지 않으려는 상황(창 38:14)에서 유다와 다말 사이에 태어난 아들이고(Eskenazi and Frymer-Kensky, 84) 보아스는 당시 계대결혼법이 확대 적용된 관습으로 룻과 결혼함으로 룻을 구속했다.

해설

한밤에 자신의 타작마당에서 할 수만 있다면 룻을 아내로 맞아 룻을 구속하겠다고 약속한 보아스는 동이 트고 새날이 밝았을 때 성문 앞에 나가 룻과의 결혼을 위한 절차를 밟는다. 그 절차는 보아스 자신보다 룻을 구속함에 있어 우선권을 갖고 있는 친척을 만나 그가 자신의 권한을 포기하게 하여 자신이 구속의 권한을 확보하는 것이었다.

보아스는 성문에 올라가서 때마침 지나가는 그 친척과 증인들을 불러 앉힌 후 그 친척에게 구속 의향을 물었다. 보아스는 처음부터 룻과 결혼하여 룻을 구속할 의향이 있는지 묻지 않았다. 보아스는 먼저 나오미가 땅을 팔려고 하는데 그 땅을 구속할 의향이 있는지를 물었다. 왜냐하면 그 땅을 구속하는 것과 룻을 아내로 맞이하여 룻을 구속하는 것은 연결되어 있기 때문이다. 이러한 연결은 구약의 율법에는 기록되어 있지 않기 때문에 그 당시의 사회에서 용인되던 관습으로 볼 수 있다. 보아스의 친척이 나오미의 땅을 구속하지 않겠다고 하면 문제는 쉽게 풀렸을 것인데 그 친척이 나오미의 땅을 구속하겠다는 의지를 밝혔다. 보아스는 이에 침착하게 그 친척이 나오미로부터 엘리멜렉과 말론과 기룐에게 속한 땅을 사려면 죽은 자의 아내인 룻과 결혼하여 그 땅 가운데 룻의 죽은 남편 말론에게 속한 땅은 말론의 이름 아래 둠으로 말론의 이름을 세워야 한다고, 즉 말론의 이름이 지워지지 않게 하여야 한다고 말했다. 이에 그 친척은 자신이 돈을 주고 산 땅을 자신의 이름 아래 두지 못하는 것은 손해가 되는 일이므로 사지 않겠다는 의사를 밝힌다. 보아스가 의도한 대로 그 친척이 땅과 룻을 구속할 권한을 포기하는 순간이었다.

보아스의 친척은 당시의 관습대로 자신의 권한을 포기하는 의식으로 자신의 신을 벗었고, 보아스는 그 자리에 있었던 증인들이 나오미의 땅과 룻을 구속하는 권한이 자신에게 이양된 것에 대한 증인들임을 확인했다. 증인들은 보아스에게 구속의 권한이 이양된 것에 증인으로서의 역할을 할 뿐만 아니라 보아스와 룻을 통하여 일구게 될 보아스의 집, 즉 보아스의 후손을 축복했다. 보아스와 룻은 성읍 사람들의 축복 가운데 합법적인 결혼에 이를 수 있게 된 것이었다.

2. 보아스와 룻의 결혼과 오벳의 출생(4:13-17)

보아스의 친척이 나오미의 땅과 룻을 구속할 권리를 포기한 후 보아스와 룻의 결혼과 룻의 출산은 일사천리로 진행됐다. 모압 땅에서 베들레헴으로 텅 비어 와서 자신을 나오미라 부르지 말고 마라라 부르라고 했던 나오미에게(1:20-21) 새 생명인 손자 오벳이 태어났다. 나오미의 인생이 빈 상태에서 새롭게 채워져 가는 순간이었다. 이후 오벳의 손자 다윗이 왕위에 오름으로 성문에서 여러 증인들이 축복한 대로 보아스의 집은 베레스의 집과 같이, 아니 베레스의 집보다 더 융성한 집안이 됐다.

번역

13 그리고 보아스가 룻을 얻었고 그녀는 그에게 아내가 되었다. 그가 그녀에게 들어갔고 여호와께서 그녀에게 임신을 주셔서 그녀가 아들을 낳았다. 14 여인들이 나오미에게 말했다. "오늘 당신에게 구속자를 끊지 않으신 여호와께서 찬양받으시길 바랍니다. 그리고 그의 이름이 이스라엘에 선포되길 바랍니다. 15 그리고 그가 당신에게 삶의 회복자와 당신의 노년의 후원자가 될 것입니다. 왜냐하면 당신을 사랑한 당신의 며느리, 당신에게 일곱 아들보다 나은 그녀가 그를 낳았기 때문입니다." 16 그리고 나오미가 그 아이를 받아 그녀의 품에 두어 그의 양육자가 되었다. 17 그리고 이웃 여인들이 그에게 이름을 불러 말했다. "나오미에게 아들이 태어났습니다." 그리고 그녀들이 그의 이름을 오벳이라 불렀는데 그는 다윗의 아버지, 이새의 아버지였다.

주해

13절 저자는 이 한 절에서 보아스와 룻의 결혼부터 이들이 아들을 낳기까지를 연속된 짧은 문장을 통해 빠른 템포로 서술한다. 보아스가 룻에게 "들어간 것"(וַיָּבֹא, '바야보')은 숙어로 보아스가 룻과 동침했음을 말한다(Block, 2015: 233; 창 30:3, 4; 39:14, 17; 삿 15:1; 삼하 12:24; 17:25; 잠 2:19 등). 저자는 이 절에서 "여호와께서 그녀에게 임신을 주셨다"(וַיִּתֵּן יְהוָה לָהּ הֵרָיוֹן)고 말함으로써 여호와의 주권적 통치를 직접적으로 드러낸다. 룻과 말론 사이에는 아이가 없었지만(1:5) 하나님의 주권적인 은혜 가운데 룻은 보아스와 결혼하여 아이를 낳을 수 있었다(Lau, 283).

14절 여기서 말한 여인들(הַנָּשִׁים, '하나쉼')은 1:19에서 나오미가 모압에서 베들레헴에 왔을 때 "이 사람이 나오미냐"고 물었던 베들레헴의 여인들일 것이다. 여인들은 나오미에게 "구속자"(גֹּאֵל, '고엘')를 끊지 않으신 여호와께서 찬양받으시길 기원하는데 여기서 "구속자"는 보아스가 아니라 태어난 아들, 오벳을 말한다. 그 이유는 여인들이 "오늘"(הַיּוֹם, '하욤'), 즉 오벳이 태어난 날, 구속자를 끊지 않으셨다고 말하기 때문이다(Block, 2015: 235). 또한 15절에서도 그 구속자를 룻에게 일곱 아들보다 나은 룻이 낳은 이라고 말하기 때문이다.

여인들이 그 갓난아이를 구속자라고 부른 것은 이 아이가 나오미의 노년에 생명의 회복자와 노년의 후원자가 될 것이기 때문이다. 여기서 저자는 어린아이 오벳이 후에 나오미의 보호자와 후견인이 된다는 의미에서(15절) 이 아이를 "구속자"라고 불렀다. 여인들은 이 아이의 이름이 이스라엘에서 선포되기를 기원하는데 "그의 이름이 선포되는 것"(וְיִקָּרֵא שְׁמוֹ, '베이카레 셰모')은 11절에서 모든 백성과 장로들이 보아스를 축복할 때 말했듯이 명예를 얻는 것을 말한다. 이 여인들의 축복처럼 오벳은 다윗 왕의 조부로 이스라엘 역사 가운데 명예를 얻는다.

15절 성읍의 여인들은 룻이 낳은 아들 오벳이 나오미의 삶의 회복자와 노년의 후원자가 될 것이라고 덕담을 했다. 남편과 두 아들을 잃고 비어서 돌아온 나오미에게(1:21) 며느리를 통하여 얻은 손자 오벳은 나오미의 삶을 채우는 회복자이다. 또한 오벳은 나오미가 연로해 갈수록 그의 조모를 섬기는 후원자가 될 것이다. 그 이유는 오벳이 나오미를 사랑하며 일곱 아들보다 나은 룻이 낳은 아들이기 때문이다. 나오미를 사랑하는 룻은 그녀의 아들 오벳이 나오미의 삶을 소생시키며 나오미를 섬기는 손자가 되도록 교육시킬 것이다. 여인들은 며느리 룻이 시어머니인 나오미를 생각하는 마음이 일곱 아들보다 나을 것이며 나오미에 대한 그러한 룻의 사랑은 그녀의 아들 오벳에게도 이어질 것이라 생각했다. "일곱 아들"(שִׁבְעָה בָּנִים)의 "일곱"은 이상적인 수를 상징한다(Frymer-Kensky, 91).

'네페쉬'(נֶפֶשׁ)는 생명으로도 번역할 수 있지만 생명으로 번역할 경우 '메쉬브 네페쉬'(מֵשִׁיב נֶפֶשׁ)가 "생명의 회복자"로 번역되는데 이는 죽어가는 생명을 회복하는 자를 의미하게 된다. 그러나 문맥은 나오미의 비어서 돌아온 삶이 채워지는 삶의 회복을 말하고 있기 때문에 '네페쉬'를 "삶"으로, 즉 '메쉬브 네페쉬'를 "삶의 회복자"로 번역하는 것이 적절하다. "노년"으로 번역된 '세바'(שֵׂיבָה)의 원의미는 "흰머리"(grey hair)이다(BDB, 966).

16절 나오미가 룻이 낳은 아이를 그녀의 품에 품었다. 나오미가 아이를 품고 있는 모습은 가득 찬 모습으로, 남편과 두 아들을 잃고 베들레헴에 돌아온 나오미의 텅 빈 모습과 대조된다. 또한 여기서 "그 아이"(הַיֶּלֶד, '하옐레드')를 품고 있는 나오미의 모습은 1:5에서 그녀의 남편과 "그녀의 두 아이들 없이"(מִשְּׁנֵי יְלָדֶיהָ) 남겨진 나오미의 모습과 대조를 이룬다. 1:5에서는 말론과 기룐이 성인이기 때문이 "아이"(יֶלֶד) 보다는 "아들"(בֵּן)이 잘 어울리는데 섬세한 룻기의 저자가 4:16의 나오미가 아이를 가슴에 품은 모습과 대조의 효과를 내기 위해 1:5에서 "아이"라고 칭한 것으로 보인다(Nielsen, 44). 룻이 오벳의 어머니로 오벳의 1차적인 양육자이지만 나오미도 오벳의 조모로서 룻의 양육을 도왔을 것이다. 특히 룻이 밖에서 일을 할 때에는 나오미가 오벳을 돌보며 양육했을 것이다.

17절 나오미의 "이웃 여인들"(הַשְּׁכֵנוֹת, '하셰케노트')은 나오미에게 아들이 태어났다고 축하했다. 엄밀히 말하면 룻에게 아들이 태어난 것이지만 베들레헴 성읍의 여인들이 나오미에게 아들이 태어났다고 할 만큼 룻에게 아들이 태어난 것은 나오미에게 기쁜 일이었고 룻에게 일어난 일은 다름 아닌 나오미에게 일어난 일이었다.

흥미롭게도 룻이 낳은 아이의 이름은 보아스, 룻, 나오미가 아닌 나오미의 이웃 여인들에 의해 지어졌다. 나오미의 이웃 여인들이 그 아이의 이름을 지었다는 것은 그 여인들과 나오미가 가까운 사이였음을 보여준다. 그 여인들이 지어준 아이의 이름은 "오벳"(עוֹבֵד, '오베드')이었는데 오벳은 "섬기다"의 의미를 가진 어근 '아바드'(עבד)에서 온 이름으로, "섬기는 자," "예배자"의 의미를 가진다(BDB, 714). 저자는 오벳이 이새의 부친이자 다윗의 조부임을 밝힌다. 보아스와 룻과 오벳이 주목을 받고 룻기를 통해서 기록으로 남을 수 있었던 이유는 이들이 다윗의 조상이자 궁극적으로 예수 그리스도의 조상이기 때문이다.

해설

룻기 1장의 상실의 분위기가 룻기 4장에 와서는 확실히 회복의 분위기로 바뀌었다. 이 단락은 룻기가 전형적인 해피엔딩의 책이라는 것을 보여준다. 남편과 두 아들을 잃고 텅 비어 베들레헴에 돌아온 나오미는 이제 자신의 며느리를 통해서 얻은 자손인 오벳을 가슴에 안고 기뻐한다. 나오미는 시어머니인 자신을 사랑하며 일곱 아들보다 더 나은 며느리 룻이 함께하고 있고 자신을 구속하고 회복하고 자신의 노년을 돌볼 오벳을 손자로 두게 됐다. 그런데 이러한 행복보다 더 놀라운 복은 보아스와 룻 사이에서 얻은 오벳이 하나님이 다윗 언약을 허락하실 만큼 크게 사랑한 다윗의 조상이 되고 궁극적으로 예수 그리스도의 조상이 된다는 것이었다. 오벳의 탄생에 나오미의 이웃 여인들은 나오미를 축하하며 룻이 낳은 아이의 이름을 섬기는 자를 의미하는 오벳으로 지어주는데 오벳의 후손 다윗의 가문은 오벳의 이름처럼 하나님을 섬기는 명문가를 이룬다.

제6장
룻기 4:18-22
다윗에 이르는 족보

바로 앞 단락에서 새로 태어난 손자 오벳으로 인해 나오미가 받을 복과(15절) 오벳이 다윗의 조상임을 기록함으로(17절) 룻기가 짜임새 있게 마무리되는 것처럼 보였다. 그러나 룻기는 4:17로 끝나지 않고 에필로그와 같은 18절부터 22절까지의 족보가 이어진다. 이 족보는 베레스로부터 시작하여 보아스와 오벳을 거쳐 다윗까지 기록됐다.

번역

18 이 사람들이 베레스의 세대들이다. 베레스는 헤스론을 낳았다. 19 헤
스론은 람을 낳고 람은 아미나답을 낳았다. 20 아미나답은 나손을 낳고
나손은 살몬을 낳았다. 21 살몬은 보아스를 낳고 보아스는 오벳을 낳았
다. 22 오벳은 이새를 낳고 이새는 다윗을 낳았다.

주해

18-22절 다섯 절에 기록된 족보는 베레스로부터 시작하여 다윗까지 열 세대(베레스-헤스론-람-아미나답-나손-살몬-보아스-오벳-이새-다윗)를 기록한다. "베레스의 세대들"(תּוֹלְדוֹת פָּרֶץ, '톨레도트 페레쯔')는 베레스의 후손 세대들을 말한다. 이 족보가 베레스로부터 시작하는 것은 4:12에서 베들레헴 성읍의 여인들이 나오미를 축복하며 언급한 "베레스의 집"(בֵּית פֶּרֶץ, '베트 페레쯔')에서 기인할 것이다. 베들레헴 성읍의 여인들은 다말이 유다에게 낳아 준 베레스의 집안이 흥왕한 집안이 됐듯이 룻이 낳은 오벳으로 인해 나오미의 집안이 흥왕하기를 기원했는데, 18-22절의 족보는 이 기원이 성취됐음을 보여준다. 그것은 다름 아닌 오벳의 후손에서 다윗 왕이 배출된 것이었다.

베레스는 다말이 그의 남편 엘이 죽고(창 38:7), 엘의 동생 오난이 형수인 다말에게 씨를 주기 싫어하며(창 38:9), 시아버지인 유다가 막내 아들이자 엘의 막내 동생인 셀라를 다말에게 주지 않자(창 38:14), 창녀로 위장하여 시아버지 유다의 씨를 받아 낳은 쌍둥이 중 형 세라의 뒤를 이어 태어난 아우이다(창 38:29-30). 다말이 시아버지의 씨를 받아 낳아서 태생적으로 윤리적 결점이 있었던 베레스가 베들레헴의 여인들이 칭송하는 융성한 집안이 된 것은 하나님의 은혜를 제외하고는 설명하기 힘들다. 베레스부터 다윗에 이르는 열 세대를 기록한 족보는 역대기 사가가 유다의 후손을 기록할 때 사용됐고(대상 2:5-15) 마태가 기록한 예수 그리스도의 족보에도 사용됐다(마 1:3-6).

해설

4:17이 오벳의 두 후손, 이새와 다윗을 소개함으로 마무리됐듯이 룻기의 마지막 절인 4:22도 오벳의 두 후손인 이새와 다윗을 기록하고 마무리된다. 사무엘상 16장에는 이새와 다윗이 오벳과 마찬가지로 베들레헴 사람으로 나온다(삼상 16:1, 11). 베레스의 후손의 세대를 나열하면서 마지막 세대로 다윗이 기록된 것은 룻기가 다윗 시대나 그 이후에 기록됐음을 말해준다. 또한 룻기의 저자가 나오미와 룻과 보아스와 같은 인물의 삶에 주목한 것은 그들이 다윗의 조상들이었기 때문임을 말해준다. 그러나 룻기의 이 세 주인공이 단순히 다윗의 조상이기 때문에 주목받은 것은 아니다. 나오미와 룻과 보아스는 여호와께 '헤세드'(חֶסֶד, "인애")를 받은 자들로 서로를 향해 '헤세드'를 아끼지 않는 삶을 산, 후대에 귀감이 되는 인물들이다.

III. 에스더 서론

에스더 서론

1. 역사적 배경

에스더서는 페르시아 제국의 시대 중 페르시아 왕 아하수에로 시대를 배경으로 한다.[1] 헬라식 명칭인 크세르크세스(Xerxes)로도 알려진 아하수에로 왕은 페르시아 제국을 창시한 고레스 2세인 고레스 대왕(Cyrus II, Cyrus the Great, 주전 559-530년), 제2대 왕인 캄비세스 2세(Cambyses II, 주전 530-522년), 제3대 왕 다리오 1세(Darius I, 주전 522-486년)를 이은 페르시아 제국의 제4대 왕(주전 486-465년)이다. 고레스 2세는 아케메네스(Achaemenes) 왕조의 후손으로 아케메네스 왕조는 페르시아 대제국을 이루기 전에 바벨론 제국의 동북쪽에 위치한 왕조였다(Jobes, 23). 성경적 배경으로 보면 에스더서의 배경이 된 아

---

1. 페르시아 시대의 역사에 관해서는 A. T. Olmstead, *History of the Persia Empire* (Chicago: University of Chicago Press, 1948)과 Edwin M. Yamauchi, *Persia and the Bible* (Grand Rapids: Baker, 1990)을 참조하라.

하수에로 시대는 다리오 1세 시대의 제2성전 건축(주전 515년)과 페르시아 제국의 제5대 왕 아닥사스다 1세 시대의 에스라의 예루살렘 귀환(주전 458년) 사이에 위치한다.

주전 538년의 고레스 칙령으로 많은 유대인들이 예루살렘에 귀환했지만 더 많은 유대인들은 예루살렘에 귀환하지 않고 바벨론에 거주했다(Jobes, 26). 니푸르(Nippur)에서 발견된 마라슈(Marashu) 텍스트는 페르시아 제국에서 번성했던 유대인들이 있었음을 기록한다(Stolper, 927-8). 페르시아 제국의 정점은 다리오 1세 때였고 이때 페르세폴리스(Persepolis)에 여름 궁전이 지어졌으며, 에스더서의 공간적 배경이 되는 수산(Susa)에 겨울 궁전이 건축됐다. 다리오 1세의 아들 아하수에로도 그의 통치 초기에 이집트를 정복하고 바벨론의 반란을 진압하는 등 군사적 성취가 있었지만 아하수에로의 헬라 확장은 실패로 끝났다.[2]

에스더서 외에 아하수에로 시대에 대하여 기록한 문서로는 그리스 역사가 헤로도토스가 쓴 『역사』가 있다(헤로도토스, 2017). 헤로도토스는 아홉 권으로 이루어진 이 책에서 고레스 2세부터 아하수에로(크세르크세스) 시대까지의 페르시아 역사를 기록한다. 헤로도토스의 『역사』는 페르시아의 팽창과 정복 전쟁을 중심으로 기록했고, 이 중 아하수에로 시대는 제7-9권에 기록되어 이 책의 약 3분의 1의 분량을 차지한다. 현대 역사가의 관점으로는 헤로도토스가 기록한 『역사』의 신빙성이 의심받기도 하고 헤로도토스가 헬라인이기 때문에 헬라적 편견이 개입됐다고 보기도 하지만 헤로도토스의 역사 기록은 여전히 참고할 만한 가치가 있다(Jobes, 28).

---

2. 아하수에로와 그리스와의 전쟁에 관하여는 Charles Hignett, *Xerxes' Invasion of Greece* (Oxford: Clarendon, 1963)을 참조하라.

2. 역사성

에스더서에는 극적인 일들이 많이 나타난다. 포로로 이방 땅에 끌려온 유대인의 후손 중에 대페르시아 제국의 왕비의 자리에 오른 여인의 이야기가 기록되어 있고, 페르시아의 유대인이 대학살을 당할 위기에서 유대인의 대적자 7만 5천 명이 학살되는 대전환의 이야기도 기록되어 있다. 페르시아 제국의 2인자 아각 사람 하만이 자신에게 절하지 않은 유대인 모르드개를 죽이기 위해 높은 나무를 세웠지만 모르드개는 다음 날 왕에 의해 존귀한 자로 높임을 받는다. 그 이유도 매우 극적인데 아하수에로 왕이 잠이 오지 않아 역대 일기를 보다가 자신을 암살하려는 자들이 있었으나 모르드개의 제보를 통해 암살의 위기를 모면한 사실을 읽었기 때문이다. 유대인을 학살하려던 하만은 에스더의 소청에 따라 결국 모르드개를 매달아 죽이기 위해 세운 나무에 자신이 매달려 죽게 된다. 이러한 극적인 사건들로 인해 에스더서의 역사성이 의심받기도 했지만 극적인 사건들 자체가 에스더서의 역사성을 부인하는 근거로 사용될 수는 없다.

에스더서는 구약의 여호수아서, 사사기, 사무엘서와 같은 역사서들과 마찬가지로 '바예히'(וַיְהִי, "~이 있었다")로 시작한다. 이는 구약의 역사서들과 마찬가지로 에스더서가 역사를 기록한 책으로 읽혀야 할 것을 드러내며 에스더서 본문에는 에스더서가 지어낸 창작물, 문학적 허구로 읽혀야 한다는 징후(sign)가 나타나지 않는다. 오히려 에스더서에는 성경 이외의 문서에 기록된 아하수에로 왕 시대와 수산성 왕궁에 대한 기록과 부합되는 내용이 많다.

아하수에로가 인도부터 구스까지 광대한 지역을 다스렸다는 기록

(에 1:1)은 아하수에로의 왕궁이 있었던 페르세폴리스(Persepolis)에서 발굴된 점토판에서 말하는 영토의 경계, "인도에서부터 에티오피아까지"와 일치한다(Moore, 1971: 4). 아하수에로의 때때로 비이성적이며 못된 기질(에 1:12; 7:7-8), 그가 약속을 쉽게 하는 것과 많은 선물을 주는 것(에 5:3; 6:6-7), 그가 음주, 연회를 즐겨한 것(에 1:4-7)과 멋있는 잔을 사용한 것(에 1:7), 그의 일곱 명의 참모들(에 1:14), 아하수에로 시대의 효율적인 우편제도(에 3:13; 8:10) 등은 헤로도토스의 『역사』(*Histories*), 스트라본의 『지리』(*Geography*) 등과 같은 아하수에로 시대를 기록한 성경 이외의 문서의 기록과 부합한다(Moore, 1975: 69-70). 그리고 아하수에로가 왕위에 오른 지 3년째에 귀족과 지역의 관료들을 수산궁에 불러 모은 것(에 1:3)은 헤로도토스의 『역사』에서 아하수에로 왕이 그리스와의 전쟁을 준비하기 위해 귀족들을 소집한 것(헤로도토스, 7.8, 주전 483년)과 관련이 있어 보인다.

또한 페르시아 시대와 관련이 있는 석비들의 기록들도 에스더서의 내용과 부합하는 기록을 담고 있다. 수산성에서 발굴된 다리우스의 석비에는 다리우스가 수산성에 온갖 귀한 목재와 석재로 왕궁을 지었음을 기록하고 있는데 이는 에스더 1:5의 화려한 왕궁의 묘사와 부합하고 (Breneman, 282-3), 사르곤 석비에서는 아각을 페르시아의 한 지명으로 언급하고 있어 아각 사람으로 기록된 하만의 역사성을 높여 준다 (Archer, 466).

위에서 살펴본 바와 같이 에스더서와 페르시아 아하수에로 시대를 기록하고 있는 성경 외 문서가 공유하는 내용들이 있으나 에스더서의 역사성에 대한 질문은 계속되어 왔다. 다음은 에스더서의 역사성을 부인하는 주요 주장들과 이러한 주장들에 대한 답변이다.

첫째, 에스더서의 역사성을 부인하는 이유는 헤로도토스의 『역사』에 아하수에로 왕의 부인은 에스더가 아닌 아메스트리스(Amestris)로 기록되어 있기 때문이다(헤로도토스, 7.114; 9.112; Fox, 132). 아메스트리스가 에스더가 아닌 이유는 적어도 두 가지이다. 첫째, 아하수에로와 아메스트리스 사이에 셋째 아들인 아닥사스다 1세(Artaxerxes I)는 주전 483년에 태어났는데 에스더가 실제로 왕비로 왕 앞에 나아간 것은 아하수에로 7년(에 2:16)인 주전 479년이기 때문이다(Wright, 40-41). 둘째, 헤로도토스의 『역사』에 의하면 아메스트리스는 아하수에로의 연인의 어머니의 팔과 다리를 자르고(헤로도토스, 7.114) 땅 밑의 신에게 바치기 위해 14명의 젊은이를 산 채로 매장한 잔혹한 인물로 기록됐기에 에스더일 가능성이 없다. 아메스트리스가 에스더가 아니라는 사실이 에스더가 허구의 인물임을 말하는 것은 아니다. 헤로도토스가 기록하지 않은 아하수에로의 왕비가 있을 수 있고 아하수에로 왕이 얼마든지 한 명 이상의 왕비를 가졌을 가능성이 있기 때문이다(Baldwin, 20-21).

둘째, 에스더 10:3에 의하면 모르드개가 아하수에로 다음의 위치인 2인자의 자리에 올랐는데 성경 외의 일반 역사에 알려지지 않았다는 것이다(Paton, 66). 그러나 다리우스 1세, 아하수에로, 아닥사스다 1세에 걸친 시기의 엘람 점토판들에서 마르두카(Marduka) 혹은 마르두쿠(Marduku)로 불리는 네 명의 사람이 나오는데 이들 중 에스더서의 모르드개가 있을 가능성을 배제할 수 없다(Yamauchi, 1992: 273). 따라서 이제 더 이상 에스더서의 모르드개가 성경 외의 문서에 나타나지 않는다고 말할 수 없다.

셋째, 아하수에로 왕이 유대인 에스더를 왕비로 맞은 것은 페르시아 왕의 왕비는 페르시아의 특정한 일곱 귀족 가문 가운데 뽑힐 수 있다는 규례와 상충된다는 것이다(헤로도토스, 3.84; Paton, 72). 그러나 아하수에로의 아버지였던 다리우스 왕이 왕비로 맞은 세 여인이 특정 일곱 가문에 속한 여인이 아닌 것으로 보아 왕비의 자격을 특정 일곱 가문으로 제한한 규례는 반드시 지켜진 것은 아니었음을 알 수 있다(헤로도토스, 3.88; Smith, 219).

넷째, 에스더서는 페르시아 제국을 127개 지역으로 나누어 소개하는데(에 1:1; 8:9) 이는 페르시아를 20개 지역으로 나눈 것과(헤로도토스 3.89; Paton, 72) 다르다는 것이다. 그러나 에스더서에서 "지역"으로 번역된 히브리어 '메디나'(מְדִינָה)와 헤로도토스의 『역사』에서 "통치관구"로 번역된 헬라어 '싸트라페이아'(σατραπεία)는 그 단위가 다를 수 있다. 예컨대, '메디나'가 '싸트라페이아'의 하부 단위로 하나의 '싸트라페이아'에 6개의 '메디나'가 속할 수 있다(Archer, 465). 그렇다면 에스더서의 지역 구분과 헤로도토스의 지역 구분을 상충적 관계로 볼 필요가 없다. 한편 다니엘 6:1은 다리오가 통치하던 메대 제국을 120개의 지역으로 구분하는데 이는 에스더의 지역 구분에 신빙성을 더해 준다.

다섯째, 에스더 9:16에서 유대인 대적 75,000명이 학살당한 것으로 기록됐는데 이 숫자가 너무 커서 역사적 사건으로 보이지 않는다는 것이다(Clines, 1984: 257). 그러나 단순히 많은 수의 사람이 학살당한 것으로 인해 이 사건을 허구로 단정하기는 어렵다. 고대 로마의 키케로(Marcus Tullius Cicero)는 그의 저작 *Pro Lege Manilia* 7에서 주전 1세기 미트리다테스(Mithridates) 6세가 아시아에 있는 로마인들을 대대적으로 학살했음을 기록하는데 이때 학살당한 로마인들의 수는 약 8만에서 10만에 이르는 것으로 추정된다(Smith, 220).

여섯째, 에스더 2:5-6에 의하면 모르드개는 주전 586년 바벨론에게 유다가 멸망할 때 포로로 끌려온 인물인데 그 후 약 100년이 지난 시점에 그의 사촌이었던 에스더가 매력적인 여성이었다는 것이 이해하기 어렵다는 것이다(Fox, 134). 그러나 에스더 2:5-6 본문을 보면 유다가 바벨론에게 멸망할 때 포로로 끌려온 인물은 모르드개가 아니라 모르드개의 증조부였던 기스임을 알 수 있다.

אִישׁ יְהוּדִי הָיָה בְּשׁוּשַׁן הַבִּירָה
וּשְׁמוֹ מָרְדֳּכַי בֶּן יָאִיר בֶּן־שִׁמְעִי בֶּן־קִישׁ אִישׁ יְמִינִי
אֲשֶׁר הָגְלָה מִירוּשָׁלַיִם עִם־הַגֹּלָה אֲשֶׁר הָגְלְתָה עִם יְכָנְיָה
מֶלֶךְ־יְהוּדָה אֲשֶׁר הֶגְלָה נְבוּכַדְנֶאצַּר מֶלֶךְ בָּבֶל

> 수산성에 한 남자 유다 사람이 있었다. 그의 이름은 모르드개였고 베냐민 사람 기스의 아들, 시므이의 아들, 야일의 아들이었다.
> 그는(אֲשֶׁר) 바벨론 왕 느부갓네살이 포로로 끌고 간 유다 왕 여고냐와 함께 포로로 끌려온 포로들과 함께 예루살렘에서 포로로 끌려왔다.[3]
> (에 2:5-6)

위 본문에서 관계대명사 '아셰르'(אֲשֶׁר, "who")를 모르드개로 이해하면 모르드개가 유다 멸망 시에 바벨론에 포로로 끌려온 것으로 해석되지만, '아셰르'를 기스로 이해하면 유다 멸망 시에 바벨론에 포로로 끌려온 이는 모르드개의 증조부인 기스로 해석된다. 이 문맥에서는 관계

3. 필자의 번역이다. 이후 에스더서의 한글 번역은 필자의 사역이고 그 외 다른 성경의 번역은 특별한 언급이 없는 한 개역개정판을 따른 것이다.

대명사 '아셰르'와 가장 근접한 인명이 기스이고, 에스더 전체의 문맥에서 에스더의 사촌인 모르드개를 바벨론에 포로로 끌려온 기스의 증손으로 보는 것이 합당하기 때문에 '아셰르'의 선행사는 기스로 이해하는 것이 타당하다.

이상은 에스더의 역사성을 부인하는 입장의 주요 근거들이다. 그러나 위에서 살펴본 바와 같이 그 어떤 근거도 에스더서가 비역사적 허구라는 것을 확증하지 못했다. 에스더서 이외에 페르시아 아하수에로 시대에 관하여 기록한 성경 이외의 문서는 희귀하고, 그 희귀한 문서에 에스더서에 기록된 인물이나 사건이 나타나지 않는다고 하여 에스더서의 인물이나 사건이 허구라고 말할 수 없다. 오히려 위에서 언급했듯이 에스더서는 페르시아 아하수에로 왕 시대에 관한 기록에 부합하는 내용을 많이 담고 있다.

3. 저자와 저작 연대

에스더서의 저자는 알려져 있지 않다. 초대교회의 교부였던 알렉산드리아의 클레멘스(Clement of Alexandria)는 모르드개를 에스더서의 저자로 제안하고 아우구스티누스(Augustine)는 에스라를 에스더서의 저자로 생각했지만 이를 뒷받침할 만한 근거를 제시하지 못했다 (Breneman, 289). 바벨론 탈무드 바바 바트라(Baba Batra) 15.1에서는 에스더서를 유대 회당의 사람들이 썼다고 기록하지만 이 기술이 역사적 가치를 지닌 것은 아니다(Neusner, 55; Keil and Delitzsche, 312). 에스더서에서 저자를 밝히고 있지 않기 때문에 저자가 누구인지 알 수는 없지만 에스더서의 내용을 살펴볼 때 에스더서의 저자는 페르시아 시대와 페르시아 왕조에 대해서 잘 알고 있는 디아스포라 유대인으로 보인다(Bush, 295). 더 나아가 수산성의 지리와 왕궁의 사정을 잘 알고 있는 수산성에 거주하는 유대인일 가능성이 높다(Fox, 140).

에스더서 저작 연대로 잡을 수 있는 가장 이른 시점(*terminus a quo*)은 아하수에로 왕이 죽은 주전 465년으로 볼 수 있는데 이는 에스더 10:2("그의 능력의 모든 업적과 그의 힘과 왕이 높인 모르드개의 위대함에 대한 기사, 그것들은 메대와 페르시아의 왕들의 날들의 일들의 책에 기록되지 아니하였는가?")이 아하수에로의 죽음을 암시하고 있기 때문이다(Thiele, 227; Archer, 464). 에스더서 저작 연대의 가장 늦은 시점(*terminus ad quem*)은 지정하기 쉽지 않지만 에스더서에서 헬라어와 헬라문화에 영향을 받은 흔적을 찾기 어렵기 때문에 헬라제국시대 이전(주전 330년 이전)으로 보인다(Baldwin 48; Archer, 464).

에스더서의 언어적 특징을 살펴볼 때 에스더서의 히브리어는 에스라, 느헤미야, 역대기의 히브리어와 같은 후기 성경히브리어(Late Biblical Hebrew)에 속하며 전형적인 페르시아 시대의 히브리어 단어들이 사용됐는데, 그 예로 '비라'(בִּירָה, "성"), '케테르'(כֶּתֶר, "왕관"), '익게레트'(אִגֶּרֶת, "편지"), 말쿠트(מַלְכוּת, "왕조")를 들 수 있다(Berlin, xli). 에스더서의 저작 연대를 마카비 시대나 그 이후로 보는 견해도 있으나(Paton, 61) 에스더서에 나타난 유대인들과 당시 지배 세력인 페르시아의 우호적 관계를 고려할 때 마카비 시대나 그 이후에 유대인들과 당시 지배 세력인 헬라 세력이 서로 반목하는 상황은 에스더서의 배경으로 어울리지 않는다(Bush 296; Baldwin 290). 위의 논의를 종합하여 보면 에스더서의 저작 연대로 가장 가능성이 높은 시기로 주전 4세기

초를 상정할 수 있다.

4. 텍스트와 정경성

에스더서의 고대 텍스트는 크게 세 그룹으로 나눌 수 있다. 첫째는 히브리어 사본들로 고대 히브리어 자음 사본들은 큰 차이를 보이지 않으며 현존하는 가장 오래된 히브리어 마소라 사본은 주후 11세기에 기록된 것이다(Reid, 44). 지금 우리가 보고 있는 한글 개역개정판과 같은 현대어 성경들은 히브리어 마소라 텍스트(MT)를 번역한 것이다. 두 번째 텍스트는 칠십인역으로 이는 주전 3-2세기에 히브리어 텍스트를 헬라어로 번역한 것이다. 흥미로운 것은 칠십인역(LXX) 에스더서에는 히브리어 텍스트에 없는 많은 부분의 본문이 추가됐다는 것이다. 절의 구분이 생긴 후의 절 수로 따지면 히브리어 텍스트 에스더서는 167절로 구성되어 있는데 칠십인역에서는 히브리어 텍스트에서 번역된 164개의 절에 105개의 절이 추가되어 있다. 히브리어 텍스트에 있는데 칠십인역에서 생략된 3개의 절은 5:1-2과(Pietersma and Wright 433; Macchi 184) 9:30(Brenton 663)이다. 이 추가된 부분은 여섯 부분(A-F)으로 나뉘어 히브리어 텍스트 여러 부분에 삽입됐다. 추가된 여섯 부분의 자리와 분량과 내용은 아래와 같다.

- A 17개의 절: 하나님의 구원이 나타난 모르드개의 꿈, 왕의 대적들에 대한 모르드개의 제보
- 에 1:1-3:13

- B 7개의 절: 유대인 멸절을 명한 아하수에로의 칙령
- 에 3:14-4:17
- C 30개의 절: 구원을 위한 모르드개와 에스더의 기도
- D 16개의 절: 왕의 승낙을 받은 에스더
- 에 5:3-8:12
- E 24개의 절: 유대인과 아달월 13일 축제를 위한 아하수에로의 칙령
- 에 8:13-10:3
- F 15개의 절: 모르드개의 꿈에 대한 해석

A-F의 추가된 부분에는 히브리어 에스더서 텍스트에 나타나지 않는 하나님의 이름이 나오고 에스더와 모르드개의 기도가 기록되어 종교성이 강화됐는데 이는 에스더서의 정경성을 강화하기 위한 것으로 보인다(Reid, 45-46).

세 번째 텍스트는 칠십인역과 다른 헬라어 텍스트로 에스더 알파 텍스트(Greek Alpha text of Esther)로 불린다(Smith, 222). 에스더 알파 텍스트는 히브리어 에스더 텍스트보다는 길고 칠십인역 에스더 텍스트보다는 짧은 텍스트로, 에스더 알파 텍스트는 칠십인역 에스더 텍스트의 추가된 부분인 A-F의 많은 부분을 공유한다. 그 공유된 부분을 제외한 텍스트가 히브리어 마소라 텍스트와 적지 않은 차이를 보이기 때문에 폭스(M. Fox)는 에스더 알파 텍스트가 기초한 텍스트로 히브리어 마소라 텍스트가 아닌 다른 히브리어 텍스트, 원(源)알파 텍스트(proto Alpha text)를 가정하는데 이 텍스트는 존재하지 않는다(Fox, 10). 에스더 알파 텍스트는 내용상 유대인의 정서를 많이 고려했다는 특징이 나타나는데, 에스더가 유대인이라는 것을 숨기지 않은 것과 하나님과 아

브라함의 언약이 반복적으로 언급되는 것이 그 구체적인 예이다(Reid, 44).

위에서 언급한 세 텍스트 가운데 정경으로 받아들여진 에스더 텍스트는 히브리어 마소라 텍스트이다. 칠십인역 에스더의 추가된 부분(A-F)은 히브리어 본문과 중복되기도 하고 모순 관계에 있어 정경으로서 권위를 갖기 어렵다(Smith, 222). 무엇보다도 헬라어 본문만 있는 부분은 히브리 정경과 같은 권위를 갖지 못하기 때문에 제롬(Jerome)은 칠십인역의 추가된 부분 A-F를 외경으로 간주하여 히브리어 에스더서 뒷부분에 배치시켰다(Archer, 81).[4]

에스더서는 구약정경 가운데 늦게 정경으로 인정된 책이다. 에스더서는 구약의 책들 가운데 유일하게 하나님의 이름이 나타나지 않는 책이고 쿰란 문서에서도 발견되지 않은 책이다. 쿰란 문서에서 에스더서가 발견되지 않은 이유는 에스더서가 이른 시기에 정경으로 받아들여지지 않았기 때문일 수도 있고 쿰란 공동체가 부림절을 지키지 않아서 에스더를 쿰란 문서에 포함시키지 않았을 수도 있다(Reid, 25). 신약성경에도 에스더서가 인용된 구절이 없다. 그러나 주후 90년에 있었던 유대교의 얌니야 회의에서 에스더서를 정경으로 인정하고 교회의 히포공의회(주후 393년), 카르타고 공의회(주후 397년)에서 정경으로 인정됐다.

에스더서는 타나크로 불리는 마소라 텍스트의 세 번째 그룹인 케투빔(성문서)에 속하며 그 가운데에서도 메길로트(두루마리들)로 불리는 다섯 권(룻기-아가-전도서-예레미야애가-에스더) 중의 마지막 책이다.

4. 반면 로마 가톨릭과 동방정교회에서는 칠십인역의 추가된 부분, A-F도 정경으로 간주한다.

메길로트의 다섯 권은 유대교의 절기에 낭독되는 책들로 룻기는 칠칠절, 아가는 유월절, 전도서는 초막절, 예레미야애가는 성전파괴일에 낭독되고, 에스더는 부림절에 낭독된다. 칠십인역과 라틴어 번역본인 불가타의 성경배열을 계승한 현대어 번역본은 크게 오경, 역사서, 시가서, 선지서의 네 부분으로 나누어지며 에스더서는 역사서의 맨 마지막 책으로 배열되어 있다. 흥미롭게도 페르시아 제국의 제4대 왕 아하수에로 시대(주전 486-465년)에 활약했던 에스더를 기록한 에스더서가 페르시아 제국 제5대 왕인 아닥사스다 1세 시대(주전 464-423년)에 활약한 에스라와 느헤미야에 대하여 기록한 에스라-느헤미야[5] 다음에 배열되어 있다. 그 이유는 에스라와 느헤미야가 에스더보다 후대에 활약한 인물이지만 에스라 1-6장은 에스더가 활약하기 전에 있었던 이스라엘의 귀환과 제2성전에 대한 역사를 기록하고 있기 때문이다.

5. 주제

1) 보이지 않는 하나님의 손

에스더서는 구약성경 가운데 유일하게 하나님의 이름이 나오지 않는 책이다. 이로 인해 구약의 정경으로 받아들여지는 데에도 논란이 있었지만 에스더서는 보이지 않는 하나님의 손이 일하고 있음을 암시한다. 이 암시는 우연의 반복을 통해 드러난다. 놀라운 사건이 한 번 일어난다면 그것은 우연으로 치부할 수 있지만 그러한 놀라운 사건이 반복

5. 고대 히브리어 사본에서는 에스라와 느헤미야를 한 권의 책으로 간주하였기 때문에 에스라-느헤미야로 표기하였다.

된다면 신앙적 관점으로 볼 때 그것은 우연이 아니라 보이지 않는 하나님의 손이 작용하고 있는 것이다.

에스더서에는 이러한 놀라운 사건이 반복적으로 일어난다. 하만이 높은 장대를 세우고 모르드개를 목매달아 죽이려고 계획한 날의 전날 밤 아하수에로 왕이 잠이 오지 않았다. 잠이 오지 않을 경우 할 수 있는 일이 많이 있겠지만, 신기하게도 그날 밤 왕은 왕조실록을 가져오라고 해서 읽는다. 왕조실록에 셀 수 없이 많은 일들이 기록되어 있는 중에 아하수에로 왕은 모르드개가 자신을 암살하려던 자들 두 명을 제보했다는 것을 읽는다. 그리고 왕이 신하들에게 모르드개를 존귀하게 했느냐고 묻자 신하들은 존귀하게 하지 않았다고 대답한다. 그때 왕은 모르드개를 존귀하게 할 방도를 찾기 위해 뜰에 누가 있느냐고 물었는데 때마침 나무에 모르드개를 목매달아 죽일 것을 말하기 위해 하만이 밖에 와 있었고 왕은 하만에게 존귀하게 할 방법을 물었다. 하만은 왕이 자신을 염두에 두고 물어본 것으로 생각하고 존귀하게 하는 방법을 말했고 그 말에 따라 모르드개가 존귀하게 된다(에 6장). 에스더 4:14b에서 모르드개가 에스더를 설득하기 위해 한 말, "네가 이때를 위하여 왕국에 온 것인지 누가 알겠느냐?"는 모르드개가 왕비가 된 것이 우연이 아니라 이때에 유대인을 구하기 위해 하나님이 역사하신 것이 아니겠느냐는 질문이다. 이러한 놀라운 사건의 반복은 에스더서에 하나님이 계시지 않은 것이 아니라 숨어 계심을 말해 준다(Reid, 48).

2) 반전의 구원

하나님의 구원은 성경을 관통하는 주제이다. 그래서 성경에 기록된 역사를 구속사(Salvation History, *Heilsgeschichte*)라고 일컫는다. 성경에는 하나님의 많은 구원의 기사가 기록되어 있는데 그 가운데 극적인 구원의 기사를 꼽으라면 에스더서를 꼽을 수 있다. 페르시아에 거주하는 유대인들이 몰살당할 위기에서 하나님은 그의 백성을 극적으로 구원하신다. 에스더서의 구원이 이렇게 극적인 이유는 반전에서 찾을 수 있다(Fox, 158). 하만이 모르드개를 죽이기 위해 나무를 세웠는데(에 5:14) 그 나무에 하만이 매달려 죽임을 당했고(에 7:10), 페르시아에 있는 모든 유대인들을 죽이기로 한 아달월 13일에(에 3:13) 유대인들이 그들의 대적들을 도륙했다(에 9:1). 아하수에로 왕이 하만에게 존귀하게 할 사람에게 어떻게 해야 하겠느냐고 물었을 때 하만은 왕이 자신을 염두에 두고 물은 것이라 생각해서 왕복을 입히고 말에 태워 성읍을 다니게 하라고 말했는데 그 존귀함은 모르드개의 몫이 됐다(에 6:11). 또한 왕이 하만에게 주었던 인장반지를(에 3:10) 하만에게서 빼앗아 모르드개에게 준 것도 반전이다(에 8:2).

구약에서 요셉이 그의 형들에 의해 미디안 상인들에게 팔려 이집트의 노예가 됐지만 결국에는 총리가 된 것(창 41:41)과 다니엘이 메대의 고관들의 시기로 인해 사자 굴에 던져졌지만 아무런 해를 당하지 않고 살아난 것(단 6:22)은 개인의 삶 가운데 일어난 대표적인 반전의 구원이다. 한편 페르시아의 유대인들이 하만의 계략으로 진멸당할 위기에서 구원받은 것은 이스라엘 공동체가 경험한 대표적인 반전의 구원이다. 이 반전의 구원의 절정은 예수 그리스도의 십자가 죽으심과 부활에서 볼 수 있다. 하나님의 백성이 극한 고난과 절망의 상황에서도 소망을 품을 수 있는 것은 성경이 증언하는 하나님의 반전의 구원이 있기 때문이다.

3) 부림절

에스더서의 주요 주제 중 하나는 부림절의 기원을 설명하는 것이다(Berlin, xlv). 제비(lot)를 의미하는 "부르"(פּוּר, '푸르')는 아카드어 '푸루'(*puru*, "제비")에서 온 것으로 "부림"(פּוּרִים, '푸림')은 "부르"의 복수형이다(Breneman, 291). 히브리어에서 일반적으로 "제비"를 의미하는 단어는 '고랄'(גּוֹרָל)이다. 에스더서에서 부르가 처음 언급된 곳은 3:7로서 모르드개의 민족 유대인들을 멸할 달을 잡고자 무리가 하만 앞에서 부르, 곧 제비를 뽑아 열두째 달, 아달월을 잡는다. 그리고 아달월 13일에 유대인을 진멸하고자 했으나 도리어 그날에 유대인의 대적들이 도륙을 당한다(에 9:1). 그뿐만 아니라 그다음 날인 아달월 14일에도 유대인의 대적들을 도륙했다(에 9:15-16). 페르시아의 유대인들이 구원받을 뿐 아니라 유대인들의 대적들을 죽인 것을 기념하여 지방에 있는 유대인들은 아달월 14일에 잔치를 했고 수산에 사는 유대인들은 아달월 15일에 잔치를 했는데(에 9:17-19) 이를 기념하여 해마다 아달월 14일과 15일을 부림절로 지켰다(에 9:21). 부림절에 유대인들은 슬픔이 변하여 기쁨이 되고 애통의 날이 선한 날이 된 것을 기념하여, 잔치를 하고 즐거워하며 이웃과 선물을 교환하고 가난한 자들을 구제했다(에 9:22).

에스더서가 실제적인 부림절의 기원을 기록한 책이 아니라 기존에 지켜오던 부림절이라는 축제의 기원을 제공하기 위해 지어낸 것이라고 전제하고, 부림절의 기원을 다른 곳에서 찾으려는 여러 시도가 있었지만 그 어떤 시도도 에스더서의 설명보다 더 설득력을 지니지 못했다(Hallo, 22). 부림절은 현대에도 유대인 사회에서 지켜지는 절기로서 유일하게 오경에 기록되지 않은 절기이며, 외경인 마바키하 15:36에는 부림절이 "모르드개의 날"로 기록되어 있다.

6. 구조

에스더서는 다음과 같은 구조로 나눌 수 있다.

I. 아하수에로 왕의 왕비가 된 에스더
  1. 1:1-8 아하수에로 왕의 잔치
  2. 1:9-22 왕명을 거역한 와스디의 폐위
  3. 2:1-18 왕비가 된 에스더

II. 하만의 유대인 진멸 계획
  1. 2:19-23 아하수에로를 구한 모르드개의 제보
  2. 3:1-15 하만의 유대인 진멸 계획

III. 유대인의 구원과 유대인 대적의 몰락
  1. 4:1-17 모르드개의 요청과 에스더의 결심
  2. 5:1-8 왕께 나아가 잔치를 베푼 에스더
  3. 5:9-14 모르드개를 죽이려는 하만의 계획
  4. 6:1-14 존귀함을 입은 모르드개
  5. 7:1-10 나무에 달려 죽은 하만
  6. 8:1-17 유대인을 위한 아하수에로 왕의 칙령
  7. 9:1-19 유대인들의 도륙

IV. 부림절 제정과 모르드개의 영광
  1. 9:20-32 부림절 제정
  2. 10:1-3 모르드개의 영광

IV. 에스더 본문 주석

제1장
에스더 1:1-2:18
아하수에로 왕의 왕비가 된 에스더

1. 아하수에로 왕의 잔치(1:1-8)

에스더서는 에스더가 아하수에로 왕의 왕비가 될 수 있었던 배경에 대한 서술로부터 시작한다. 그 배경의 시작은 아하수에로가 베푼 잔치이다. 에스더 1:1-8에서는 아하수에로 왕이 베푼 두 개의 큰 잔치를 기록한다. 첫째 잔치는 페르시아 전 지역의 고관들을 위하여 180일 동안 베푼 잔치이고(에 1:3-4), 둘째 잔치는 왕의 도성인 수산성에 거주하는 모든 백성을 위해 7일 동안 베푼 잔치이다(에 1:5-8). 에스더서는 크게 보면 잔치(**מִשְׁתֶּה**, '미쉬테')의 책이다. 페르시아 왕이 베푼 화려한 잔치로 시작하고 진멸의 위기에서 구원받은 유대인의 잔치인 부림절이 마지막 부분(9장)에 기록되어 있다.

번역

1:1 아하수에로의 날들에 있었던 일이다. 아하수에로, 그는 인도부터 구

스까지 127 지역을 다스리는 자였다.[1] 2 그날들에 아하수에로 왕이 수산
성안에 있는 그의 왕국의 보좌에 앉았을 때, 3 그의 통치 3년에, 그는
그의 모든 관료들과 그의 종들을 위해 잔치를 베풀었다. 페르시아와 메
대의 군대와 귀족들과[2] 지역의 관료들이 그의 앞에 있었다. 4 그가 180
일의 많은 날 동안 그의 왕국의 풍성한 부와 그의 위대함의 찬란한 영
예를 보일 때에. 5 이날들이 끝나자 왕이 큰 자로부터 작은 자까지 수산
성안에서 찾아진[3] 모든 백성을 위하여 왕의 궁전 정원 뜰에서 7일간 잔
치를 베풀었다. 6 (그곳에는)[4] 은고리들에 달린 아마포와 자주색 줄들
로 꼰 흰 천과 세마포와 보라색 천과, 반암과 대리석과 진주와 돌로 포
장된 바닥 위의 대리석 기둥들과, 금과 은으로 만든 긴 의자들이 있었
다. 7 금잔들에 술을 제공하였는데 잔들은 다양한 잔들이었다. 그리고
왕의 손에 따라 왕국의 술이 많았다. 8 음주는 법도에 따라 강요하는 것
이 없었다. 왜냐하면 왕이 그의 집의 모든 관리에게 각 사람의 의향에
따라 행하도록 지시하였기 때문이다.

1. 이 주석의 번역은 문자적 번역(literal translation)이며, 따라서 번역의 여러 부분에서 다소 어색한 부분이 있다.
2. "귀족들"(הַפַּרְתְּמִים, '하파르테밈') 앞에 등위접속사 '바브'(וְ, "~과")가 없지만 "귀족들"을 앞의 "군대"와 동격관계가 아닌 병렬관계("귀족들과")로 번역했다. '하파르테밈'에 '바브'를 첨가시키면 저자가 의도한 "페르시아와 메대의 군대와 귀족들"이 아닌 "페르시아와 메대와 귀족들의 군대"로 오독할 소지가 있어 '하파르테밈'에 '바브'를 첨가시키지 않은 것으로 보인다.
3. 의미는 "있는"이다.
4. 원문에는 없다.

주해

1절 에스더서는 구약성경에서 내러티브를 시작하는 단어로 자주 나타나는 '바예히'(וַיְהִי, "~이 있었다")로 시작하여(예, 여호수아, 사사기, 룻기, 사무엘상, 사무엘하 등) 이 책이 장르상 내러티브에 속함을 보여준다. 히브리어 '바예히'는 문법적으로 '하야'(הָיָה, "~이다") 동사의 바브 연속법(Vav Consecutive)으로 일반적으로 이전에 일어났던 일에 연속되는 일을 기술할 때 사용되지만 내러티브 장르에서 이야기를 처음 시작할 때 관용적으로 사용되기도 한다. 여기서의 '바예히'는 후자의 경우에 속한다(Moore, 1971: 3).

아하수에로 왕은 페르시아(바사) 제국의 제4대 왕으로 주전 486-465년에 통치했으며 헬라식 이름인 크세르크세스(Xerxes)로도 알려져 있다. 에스더서 이외에 아하수에로 왕에 대해 기록한 문서로는 앞의 역사적 배경에서 언급한 그리스 역사가 헤로도토스의 『역사』가 있다. 헤로도토스는 아홉 권으로 이뤄진 『역사』의 제7-9권에서 정복 전쟁을 중심으로 한 아하수에로 시대의 역사를 기록했다.

아하수에로가 다스린 지역은 히브리어로 '호두'(הֹדּוּ)부터 '쿠쉬'(כּוּשׁ)로 기록하고 있는데 '호두'는 고대 인도를 일컫는 지명으로 아하수에로의 아버지인 다리오 1세가 정복한 페르시아 제국의 동쪽 경계지역인 인더스강 북서쪽 유역을 가리키며(Olmstead, 144-5) 지금의 파키스탄 지역으로 볼 수 있다(Breneman, 304; Moore, 1971: 4). '쿠쉬'(구스)는 고대 이집트의 남부지역을 일컫는 지명으로 지금의 수단과 에티오피아 지역에 해당한다(Smith, 230). 페르시아 제국의 아하수에로가 인도와 구스를 포함한 광대한 지역을 다스린 것은 페르세폴리스에서 발견된 점토판에 아카드어로 기록되어 있다.

> 크세르크세스가 이와 같이 말한다: 페르시아에 더하여 이것들이 내가 아후르마즈다의 그늘 아래 왕으로 다스리는 나라들이다. … 메디아, 엘람, 아라코시아, 우라투, 드랑기아나, 파르티아, (하)리아, 박트리아, 소그디아, 코라스미아, 바벨로니아, 앗시리아, 사타기디아, 사르디스, 이집트, 짠 바다 해변과 그 건너편 해변에 사는 아이오니안인들과, 마카, 아라비아, 간다라, **인디아**, 카파도키아, 다안, 아미르기안 씸메리안인들과 점이 있는 모자를 (쓴) 씸메리안인들과 스크두라인들, 아쿠피쉬인들, 리디아, 바네슈, **쿠쉬**[5]

여기서 크세르크세스는 자신이 인디아(인도)와 쿠쉬(구스)를 포함한 광대한 지역을 다스리고 있음을 말한다. 아하수에로 시대에 페르시아가 인도부터 구스까지의 지역을 다스렸던 것은 헤로도토스의 『역사』 7.9에서도 확인된다.

> 우리는 사카이인, 인도스인, 아이티오피에인, 아시리에인과 그 밖의 여러 큰 종족들이 페르시스인들에게 아무 해를 끼치지 않았음에도 우리의 세력을 확장하고 싶어서 그들을 정복하여 예속시켰는데, 하물며 우리에게 먼저 부당한 짓을 저지른 헬라스인들을 응징하지 않는다면 이는 참 황당한 일일 것입니다.

5. James B. Pritchard, *Ancient Near Eastern Texts Relating to the Old Testament* (New Jersey: Princeton University Press, 1969), 316. 이 인용은 아카드어를 영어로 번역한 것을 다시 한국어로 번역한 것이며 볼드체는 필자가 추가한 것이다.

위의 인용은 아하수에로 왕의 신하인 마르도니오스가 아하수에로 왕에게 한 말의 일부로서 당시에 아하수에로가 인도스인과 아이티오피에인을 정복했다는 것은 에스더 1:1의 아하수에로 시대의 영토가 인도에서 구스(에티오피아) 지역까지 광대했다는 서술과 일치한다.

에스더 1:1에는 아하수에로가 페르시아 제국의 127개 지역을 다스렸다고 기록된 반면 아하수에로 왕의 부친인 다리오 1세 때에 기록된 베히스툰 비문(Behistun Inscription)에는 페르시아 제국을 21개, 23개, 29개 지역으로 나눈 것이 기록되어 있다(Smith, 230). 한편 헤로도토스의 『역사』 3.89에서는 페르시아 제국을 20개 지역으로 나눈다. 에스더서의 127개 지역과 헤로도토스의 20개 지역의 차이는 에스더 1:1의 지역 단위인 히브리어 '메디나'(מְדִינָה)가 헤로도토스 3.89에서 지역 단위로 사용된 헬라어 싸트라페이아(σατραπείᾳ)의 하부 단위인 것에 기인한 것으로 보인다. 마찬가지로 베히스툰 비문의 지역 분할의 단위도 에스더 1:1의 '메디나'보다 큰 단위로 볼 수 있다.

2절 "그날들에"(בַּיָּמִים הָהֵם, '바야밈 하헴')는 1절에서 말한 "아하수에로의 날들에"(בִּימֵי אֲחַשְׁוֵרוֹשׁ, '비메 아하쉬베로쉬')를 가리키며 이는 구체적으로 2절에서 말하는 "아하수에로 왕이 수산성에서 그의 보좌에 앉았을 때"를 의미한다.

아하수에로 왕 시대에 페르시아 제국에는 수산, 페르세폴리스, 악메다(스 6:2), 바벨론, 네 개의 수도가 있었고 수산은 그중에 하나였다(Jobes, 59). 수산궁은 25미터 높이의 언덕에 세워진 왕궁으로 여름은 너무 더워 지내기 어려웠고 페르시아의 왕들이 겨울을 지냈던 곳이다(Paton, 126; Smith, 230). 아하수에로 왕 시대에 주 수도(main capital)

는 페르세폴리스였고 수산은 왕이 겨울에 머무는 곳이었다(Breneman, 304). 수산은 이전에 엘람의 수도였고(Smith, 230) 다니엘이 숫양과 숫염소의 환상을 본 곳이기도 하다(단 8:2, "내가 환상을 보았는데 내가 그것을 볼 때에 내 몸은 엘람 지방 수산성에 있었고 …"). 또한 아하수에로 왕의 아들 아닥사스다 왕 시절에 느헤미야가 술 관원의 역할을 수행한 곳도 수산궁으로 기록되어 있다(느 1:1, "하가랴의 아들 느헤미야의 말이라 아닥사스다 왕 제이십년 기슬르월에 내가 수산궁에 있는데"). 수산은 현대 이란의 도시 슈쉬(Shush)에 해당하는 지역이다.

"그 성"으로 번역된 '하비라'(הַבִּירָה)는 정관사 '하'(הַ)와 '비라'(בִּירָה)가 합쳐진 형태로 '비라'는 성(castle), 요새(fortress), 궁(palace)을 의미한다(BDB, 108). 필자는 '하비라'를 "그 성"으로 번역했지만 "그 요새"(TNK), "그 궁"(KJV)으로 번역할 수도 있다.

3절 아하수에로 통치 3년, 주전 483년에 아하수에로가 큰 잔치를 베풀고 여러 고관들을 초대했다. 아하수에로 왕이 그 시기에 그런 성대한 잔치를 베푼 것은 그가 그의 통치 초기에 이집트와 바벨론의 반란을 진압하는 데 주력했는데 그 이후에 어느 정도 여유를 갖게 되면서 가능했던 일이었다(Olmstead, 234-7). 흥미롭게도 아하수에로 왕 3년에 그가 그리스를 정복하기 위해 여러 지역의 군대 지휘관들과 관료들을 불러 모아 대규모의 군사전략회의를 열었는데 이는 이 절에서 여러 지역에서 관료들과 군대 지휘관들을 불러 모은 것과 호응한다. 헤로도토스는 『역사』 7.8에서 아하수에로 왕이 여러 지역의 고관들을 불러 전략회의를 한 것을 다음과 같이 기록한다.

크세르크세스는 아이깁토스를 정복한 후 아테나이 원정을 추진하려고 하면서 페르시스 고위 귀족들의 회의를 소집했다. 이는 그들의 견해를 파악하고 또 그들 모두에게 자신의 뜻을 알리기 위해서였다.

아하수에로 왕의 앞에 있는 "페르시아와 메대의 군대"는 구체적으로 페르시아와 메대 군대의 지휘관들일 것이다(개역개정, NIV, NASB, NLT). 아하수에로가 페르시아뿐만 아니라 메대의 군대 지휘관들을 불렀다고 기록되어 있는데 이는 페르시아와 메대가 긴밀한 관계를 유지하고 있음을 보여주는 것이다. 페르시아인들과 메대인들은 인도-유럽어계 민족 중 이란 계열에 속하는 민족으로 언어와 문화와 종교의 많은 부분을 공유했고 주전 647년에 메대 사람 프라오르테스(Phraortes)에 의해 메대-페르시아 연합 왕국이 세워졌다(Paton, 127). 이때에는 연합 왕국 가운데 메대의 영향력이 페르시아보다 컸지만 메대의 아스티아게스(Astyages) 통치 때(주전 584-550년)에 메대가 쇠퇴한 이후 페르시아의 고레스 왕(주전 549-530년)이 메대와의 관계에서 주도권을 잡았다(Paton, 127-8). 이 절에서 "페르시아와 메대"의 순서로 기록된 것은 페르시아-메대 연합국의 관계에서 페르시아가 주도권을 잡은 것을 나타내며 다니엘서에서 "메대와 페르시아"로 기록된 것(5:28; 6:8, 12, 15; 8:20)은 다니엘이 활동할 때 메대가 주도권을 잡았던 것을 반영하는 것이다(Moore, 1971: 6).

4절 아하수에로 왕은 자신의 것을 드러내고 자랑하기를 좋아하는 인물이었다. 그는 180일, 반년의 시간에 걸쳐 자신의 부와 영예를 페르시아의 귀족들과 관료들에게 보여주었다.[6] 아하수에로 왕이 자랑했던

6. 오랜 기간 동안 계속되었던 고대 잔치로는 유딧 1:16에 기록된 느부갓네살 왕이 베푼 120일 동안의 잔치가 있다. "왕은 자기 군대와 자기에게 합세했던 여러 민족의

부와 영예는 페르시아 제국을 창시한 고레스 대왕(고레스 2세) 이래로 축적된 것이었다. 페르시아 제국 제1대 왕 고레스가 바벨론을 정복하여 에게해까지 지경을 넓히고(주전 539년), 제2대 왕 캄비세스 2세가 이집트를 점령하여 영토를 확장하고, 제3대 왕 다리오 1세가 인도의 북서쪽, 인더스강 지역까지 진출하여 지경을 넓히고 많은 부를 축적한 것을 제4대 왕, 아하수에로가 누리는 것이었다(Breneman, 305).

5절 아하수에로 왕은 180일 동안 페르시아 제국의 전 지역에서 고관들을 위해 잔치를 베풀고 그들에게 왕의 부와 영예를 보인 후에 수산 성안에 있는 백성을 자신의 궁전으로 초대하여 두 번째 잔치를 베풀었다. 두 번째 잔치는 짧게 7일간 이어졌는데 이 잔치는 수산성안에 있는 모든 이들을 위한 것이었다. "큰 자로부터 작은 자까지"(וְעַד־קָטָן מִגָּדוֹל)는 신분이 높은 자부터 낮은 자까지를 의미할 수도 있고(Berlin, 9) 어른들로부터 아이들까지를 의미할 수도 있다. 수산성에 거주하는 많은 백성은 왕실을 지근에서 섬기는 일에 종사했을 것이고 7일 동안의 잔치는 수산성의 거주민들에게 격려와 위로가 됐을 것이다.

6절 명사구로 시작하는 이 절은 앞 절과 자연스럽게 연결되지 않지만 문맥상 수산성의 거주민들을 위한 잔치의 장소를 묘사하는 것으로 보여 필자는 "(그곳에는)"을 추가했다.[7] 왕이 수산성의 주민들을 위해 잔치를 베푼 궁전 정원의 뜰은 호화로웠다. 그 호화로움은 커튼, 기둥, 가구, 바닥 네 부분으로 나누어 묘사됐는데 이는 아하수에로 왕의 부와 영예를 보여준다. 은으로 만든 고리에 달린 커튼은 흰색(חוּר)과 보라색

군대를 거느리고 니느웨로 개선하였다. 그리고 자기 군대와 함께 백이십 일 동안 충분히 휴식하며 잔치를 베풀었다."(공동번역)

7. 무어(Carey A. Moore)는 이 부분의 텍스트가 손상된(corrupted) 것으로 보았다 (Moore, 7).

(תְּכֵלֶת)이었는데 이 두 색은 왕의 색(royal color)이다(Smith, 231). 기둥은 대리석(שֵׁשׁ)으로 만들어졌고 긴 의자들(מִטּוֹת)은 금과 은으로 되어 있었다. 바닥은 반암(בַּהַט, porphyry), 대리석, 진주와 돌과 같은 값비싼 재료들로 포장되어 있었는데(רִצְפַּת) 이러한 포장은 고대 오리엔트 세계에서 매우 높이 평가됐다(Paton, 140). 여기서 호화로운 궁전의 뜰을 묘사하기 위해 사용된 단어들은 후에 에스더 8:15에서 존귀하게 된 모르드개의 의상을 묘사하는 데에도 사용됐다(Macchi, 95).

> (그곳에는) 은고리들에 달린 아마포(בּוּץ)와 자주색(אַרְגָּמָן) 줄들로 꼰 흰 천(חוּר)과 세마포와 보라색 천(תְּכֵלֶת)과, 반암과 대리석과 진주와 돌로 포장된 바닥 위에 대리석 기둥들과 금(זָהָב)과 은으로 만든 긴 의자들이 있었다. (에 1:6)

> 그러자 모르드개가 보라색(תְּכֵלֶת)과 흰색(חוּר)의 왕실의 옷을 입고 큰 금(זָהָב)관을 쓰고 아마포(בּוּץ)와 자주색(אַרְגָּמָן) 가운을 입고 왕 앞에서 나갔다. … (에 8:15)

7절 6절에는 금으로 된 긴 의자들(מִטּוֹת)이 소개됐는데 여기서는 왕실의 다양한 금잔들이 소개된다. 왕실 안의 소수의 사람에게만 금잔이 제공되는 것이 아니라 수산성의 모든 백성에게 다양한 금잔으로 술을 제공했다는 것은 아하수에로 왕의 부를 잘 보여주는 또 하나의 대목이다. 페르시아에 금이 풍성했다는 것은 알렉산더가 페르시아의 수산성을 정복했을 때 왕의 금고에서 40,000달란트(약 1,200톤)의 금과 은을 발견하고 9,000달란트(약 270톤)의 금 동전을 발견했다는 것을 통해 알 수 있다(Diodorus Siculus, 17.66). "왕의 손에 따라"(כְּיַד הַמֶּלֶךְ) 왕국의 술이 많았다는 것은 왕의 큰 능력에 따라 왕국의 술이 풍성히 제공됐음을 의미한다(Macchi, 96).

8절 왕이 수산성 백성에게 베푼 잔치는 호화롭고 풍성했지만 동시에 질서가 있고 자율적인 잔치였다. 음주는 법도를 따랐고 술을 강요하지 않았다. 참여한 모든 백성은 자신의 의향에 따라 자율적으로 잔치를 즐겼다. 여기서 "법도"로 번역된 '다트'(דָּת)는 페르시아어에서 온 단어로 에스더서에서는 페르시아의 공식적인 법령으로 20회 나타난다(Macchi, 96). 이 문맥에서 '다트'의 구체적인 내용은 '카다트'(כַדָּת, "법도에 따라") 바로 다음에 나오는 "강요함이 없는 것"(אֵין אֹנֵס)을 의미한다. 이 법도의 근거는 8절 하반절에서 왕이 왕궁의 관리에게 각 사람의 의향에 따라 섬기라고 한 지시이다. 즉, 술을 많이 마시고자 하는 사람에게는 많이 주고 적게 마시고자 하는 사람에게는 적게 주라는 것이다.

8절의 해석에 있어서 '오네쓰'(אֹנֵס)를 "강요하는 것"(to compel)이 아니라 "제한하는 것"(to constrain)으로 번역하여 이 절을 다른 의미로 이해하는 견해가 있다(TNK, Berlin, 10; Fox, 17). 이 견해에 따르면 음주는 법도에 따라 제한을 두지 않고 왕은 관리들에게 술을 마시고자 하는 사람에게 제한 없이 섬기라고 지시한 것으로 이해된다. 이 해석이 불가능한 것은 아니지만 '오네쓰'가 에스더서가 기록될 당시의 후기 성경 히브리어(Late Biblical Hebrew)에서는 "강요하다"의 의미를 지니고 있기 때문에(*HALOT* I, 72; Macchi, 96) 이 절에 기록된 법도는 술을 제한 없이 공급하는 것이 아니라 술을 강요하지 않는 것으로 보아야 할 것이다.

해설

에스더 1:1-8은 페르시아 왕 아하수에로의 시대상을 잘 보여준다. 그 당시 페르시아는 인도에서부터 구스에 이르는 광대한 영토를 127개 지역으로 나누어 다스리는 대제국이었다. 아하수에로 왕이 그의 재위 3년에 여러 지역의 고관들을 수도 수산성에 불러 반년에 걸쳐 잔치를 베풀고 이어서 수산성에 거주하는 백성을 위해서 일주일간 잔치를 베푼 것은 그 당시에 아하수에로 왕이 태평한 시대를 누리고 있었음을 말해준다. 이 시기는 아하수에로가 왕이 된 후 이집트와 바벨론의 반란을 진압하고 돌아와 쉼을 가지며 아직 정복하지 못한 그리스 정복을 준비하는 때였다. 본문에서 아하수에로가 페르시아 여러 지역의 관료들과 군대 지휘관들을 불러 잔치를 베푼 것은 헤로도토스가 기록한 아하수에로 3년에 그리스 정복을 위해 열린 대규모 전략회의를 겸한 것일 가능성이 크다. 아하수에로 시대는 매우 부강한 시대였다. 아하수에로는 180일 동안 이어진 잔치에서 그의 풍성한 부와 영예를 페르시아의 고관들에게 보였다. 수산성 주민들을 위해 7일 동안 열린 잔치의 장소의 호화로움과 주민들이 사용한 금잔들은 아하수에로의 부요함을 단적으로 보여준다.

아하수에로 왕이 여러 지역의 고관들과 자신이 머무르는 수산성의 백성을 위해 잔치를 베푼 것을 통해 그가 백성을 생각하고 자신의 부요함을 백성과 함께 나누며 즐기는 선왕임을 알 수 있다. 그는 잔치를 즐기는 왕이었지만 술을 강요하지 않고 자율적인 잔치가 되도록 세심한 배려를 아끼지 않았다. 한편 아하수에로 왕은 자신의 부와 영예를 페르시아의 백성에게 드러내어 보여주는 것을 즐겼던 왕이기도 했다.

2. 왕명을 거역한 와스디의 폐위(1:9-22)

에스더 1:1-8에서는 아하수에로 시대 페르시아 제국의 위대함과 부요함, 영광과 즐거움이 기록됐다. 왕은 고위 관직에 있는 사람들뿐만 아니라 왕의 도성인 수산성에 사는 백성까지 챙겨 풍성한 잔치를 베풂과 동시에 음주의 자율성까지 보장해 주는 성군이었다. 그런데 이 태평함이 깨지는 사건이 발생한다. 그것은 멀리 있는 적국으로부터 일어난 것이 아니라 왕과 가장 가까이 있는 왕비로부터 기인했다. 이 단락에서는 백성 앞에 나타나 아름다움을 보이라는 왕의 명령을 거절한 왕비 와스디가 폐위된 사건을 기록한다. 이 사건은 에스더가 왕비의 자리에 오르는 데 있어 중요한 계기가 된 사건이었다.

번역

9 또한 왕비 와스디도 왕궁에서 아하수에로 왕에게 속한 여자들의 잔
치를 베풀었다. 10 일곱째 날 왕의 마음이 술로 인해 좋을 때 그가 아하
수에로 왕의 얼굴을[8] 섬기는 일곱 내시들인 므후만, 비스다, 하르보나,
빅다와 아박다, 세달과 가르가스에게 말했다. 11 그녀가 용모가 좋으므
로 백성들과 관료들에게 그녀의 아름다움을 보이기 위하여 왕 앞에 왕
비의 관을 씌어 왕비 와스디를 데려올 것을 12 그러나 왕비 와스디는
내시들의 손을 통한 오라는 왕의 말을 거절하였다. 이에 왕은 매우 노
하였고 그의 분노는 그의 안에서 불타올랐다. 13 그리고 왕은 시대를 아
는 지혜자들에게 말하였다. 왜냐하면 모든 법과 재판을 아는 자들 앞에

8. "왕의 얼굴"(פְּנֵי הַמֶּלֶךְ)은 "왕의 앞"을 의미한다.

왕의 말이 있기 때문이다.[9] 14 그와 가까워 왕의 얼굴을 보며 왕국의 앞 자리에 앉은 페르시아와 메대의 일곱 관료들은 가르스나와 세달과 아드마다와 다시스와 메레스와 마르스나와 므무간이었다. 15 "법에 따르면 내시들의 손을 통한 아하수에로 왕의 말을 행하지 않은 왕비 와스디에게 무엇을 해야 하는가?" 16 그러자 왕과 관료들 앞에서 므무간이 말했다. "왕비 와스디는 왕에게만이 아니라 아하수에로 왕의 모든 지역에 있는 모든 관료들과 모든 백성들에게 잘못한 것입니다. 17 왜냐하면 왕비의 일은 그녀들의 시선으로 그녀들의 남편들을 멸시할 모든 여자들에게 나갈 것이기 때문입니다. 그녀들의[10] 말에, '아하수에로 왕이 왕비 와스디를 그의 앞에 데려오라고 말하였으나 그녀가 오지 않았다'고 할 것입니다. 18 그리고 오늘 왕비의 일에 대해 들은 페르시아와 메대의 귀부인들이 모든 왕의 관료들에게 말할 것이고 그러면 멸시와 분노가 많을 것입니다. 19 만약 왕에게 좋으시면 그의[11] 앞에서 왕의 명령이 나가[12] 페르시아와 메대의 법에 기록되게 하소서. 그리하면 와스디가 아하수에로 왕 앞에 오지 않은 것이 사라지지 않을 것입니다. 그리고 왕은 그녀보다 더 좋은 그녀의 동료에게 그녀의 왕비의 자리를 주소서. 20 그러면 그의[13] 모든 왕국에, 그것이 비록 넓다 하여도, 왕이 제정한 왕의 칙령이 들려질 것입니다. 그리고 모든 여자들은 그녀들의 남편들에게, 큰 자로부터 작은 자에게까지, 영예를 줄 것입니다." 21 이 말이

9. "왕의 말이 있기 때문이다"는 것은 "왕이 말하기 때문이다"를 의미한다.
10. 문자적으로는 "그들"(남성 복수)이지만 여기서는 3인칭 남성 복수형 어미가 3인칭 여성 복수를 지칭하는 데 사용되었다.
11. 의미는 "왕의"이다.
12. "발표되어"를 의미한다.
13. 의미는 "왕의"이다.

왕과 관료들이 보기에 좋았고 왕이 므무간의 말을 따라 행했다. 22 그리고 그가 왕의 모든 지역에, 모든 남편이 그의 집을 다스리고 그 백성의 언어로 말하게 하기 위하여, 지역마다 그 지역의 문자로, 백성마다 그 백성의 언어로 조서들을 보냈다.

주해

9절 이 절에서 왕비는 와스디인데 그리스 역사가 헤로도토스는 아하수에로 통치 초기의 왕비를 아메스트리스(Amestris)로 기록한다.

> … 그들의 지휘관은 오타네스였는데, 그는 크세르크세스의[14] 아내인 아메스트리스의 아버지였다. … (헤로도토스 7.61)

> … 내가 들은 바로는, 크세르크세스의 아내 아메스트리스도 노령에 이르렀을 때 이른바 지하의 신에게 그녀 자신을 위한 감사 선물을 바치려고 저명한 페르시스인들의 아들 14명을 생매장했다고 하기 때문이다. (헤로도토스 7.114)

페르시아어로 '와스디'는 "최고"(best)의 의미를 지니고 있기 때문에(Paton, 67) 왕비의 고유한 이름은 "아메스트리스"이고 "와스디"는 영예로운 호칭일 수 있으며, 아니면 "와스디"가 페르시아 이름이고 "아메스트리스"가 와스디의 헬라어 이름일 수 있다(Smith, 231). 물론 아하수에로에게 복수의 왕비가 있었다면 와스디와 아메스트리스는 다른 인물

14. 아하수에로의 헬라어 이름이다.

일 수도 있다.

여기서 와스디가 "여자들의 잔치"(מִשְׁתֵּה נָשִׁים)를 베풀었다는 것이 왕이 수산성의 주민들을 위해 베푼 잔치에 남자들만 참여했다는 것을 의미하지는 않을 것이다. 앞의 5절에서 왕이 베푼 잔치는 "큰 자로부터 작은 자까지 수산성안에 있는 모든 백성"을 위한 잔치였고 여기에 여자가 배제됐다는 암시는 없기 때문이다. 여기서의 "여자들"은 후궁들을 의미하는 것으로 보인다(Laniak, 197). 히브리어 구문을 자세히 살피면 그렇게 이해할 수 있다.

גַּם וַשְׁתִּי הַמַּלְכָּה עָשְׂתָה מִשְׁתֵּה נָשִׁים
בֵּית הַמַּלְכוּת אֲשֶׁר לַמֶּלֶךְ אֲחַשְׁוֵרוֹשׁ

또한 왕비 와스디도 왕궁에서 아하수에로 왕에게 속한 여자들의 잔치를 베풀었다.

이 절에서 관계대명사 '아셰르'(**אֲשֶׁר**)의 선행사는 '아셰르' 바로 앞에 있는 '베트 하말쿠트'(**בֵּית הַמַּלְכוּת**, "왕궁")일 수도 있고 그 앞에 있는 '나쉼'(**נָשִׁים**, "여자들")일 수도 있다. 비록 '베트 하말쿠트'가 관계대명사 '아셰르'에 근접해 있으나 이 문맥에서는 관계대명사의 선행사를 '나쉼'으로 보는 것이 타당해 보인다. 그 이유는 "왕궁"이 왕에게 속한 것은 너무나 당연하기 때문에 "아하수에로 왕에게 속한"이라는 구(phrase)가 굳이 추가될 필요가 없기 때문이다. 그렇다면 "아하수에로 왕에게 속한"이 꾸며주는 단어는 "여자들"이고, 왕궁에 있는 왕에게 속한 여자들은 왕의 후궁들로 볼 수 있다.

10절 일곱째 날은 왕이 수산성의 거주민들을 위해 베푼 잔치의 마지막 날이었다. 왕궁의 내시들(סָרִיסִים)은 왕의 지근에서 왕을 섬기는 거세된 자들로 왕의 첩들에게 접근할 수 있었다(Smith, 232). 페르시아 이름의 내시들 일곱 명이 언급됐는데, 이는 왕비를 의자에 앉혀서 운반하는 사람들의 수일 수 있다(Jobes, 67). "일곱"이란 수는 히브리인들뿐만 아니라 페르시아인들에게도 거룩한 수였다(Paton, 148). 이곳뿐만 아니라 1:14에서는 페르시아와 메대의 일곱 관료가 기록됐고, 2:9에서는 에스더를 섬기는 일곱 여인이 언급됐다.

11절 아하수에로 왕은 자신이 소유한 것을 사람들에게 보여주는 것을 좋아했다. 그는 페르시아의 여러 지역에서 온 고관들에게 180일에 걸쳐 왕국의 풍성한 부와 영예를 보여주었는데(에 1:4) 이제 수산성의 주민들에게 자신의 아내인 왕비 와스디의 아름다움을 보여주길 원했다. 어쩌면 단순히 페르시아의 백성들과 관료들에게 왕비의 아름다움을 자랑스럽게 보여주는 것을 넘어 이제 곧 있을 그리스와의 전쟁을 앞두고 왕비의 영광을 보여줌으로 애국심과 왕에 대한 충성심을 고취시킬 목적이 있었을 수도 있다(Jobes, 67).[15] 이 절의 번역에서 "왕비의 관"은 '케레트 말쿠트'(כֶּתֶר מַלְכוּת)를 번역한 것이다. '말쿠트'(מַלְכוּת)는 에스더서에서 문맥에 따라 "왕국"(kingdom)이나 "(여)왕의"(royal)을 의미하는 명사로 사용되는데(Berlin, 13) 여기는 후자의 경우에 속한다.

12절 왕비 와스디는 내시들이 전한 왕의 명령을 거절했다. 필자의

15. 이는 마치 현대에 영국 여왕이 영국 국민 앞에 여왕의 옷을 입고 관을 쓰고 나타날 때 영국 국민에게 왕실에 대한 충성심을 환기시키는 것과 같은 맥락으로 이해할 수 있다(Jobes, 67).

직역에서 "내시들의 손을 통한"(בְּיַד הַסָּרִיסִים)의 의미는 "내시들이 전한"이다. 와스디가 왕비의 관을 쓰고 백성들 앞에 나가 그녀의 아름다움을 보이라는 왕의 명령을 거절한 이유는 기록되지 않았다. 요세푸스는 부인들이 낯선 남자들에게 얼굴을 보이는 것을 금지한 페르시아의 법을 준수하기 위해서 왕 앞에 나가지 않았다고 기록한다(『유대 고대사』 11.6.1). 그러나 헤로도토스의 기록에 의하면 페르시아인들은 잔치를 베풀 때 아내들을 불러 동석시키는 관습이 있었다(Paton, 149-50).

> … 식사가 끝나고 함께 술을 마시면서 페르시스인들이 이렇게 말했다. "마케도니아 주인장, 우리 페르시스인들은 성대한 정찬을 차릴 때 우리의 첩들과 아내들도 데려와 동석하는 관습이 있소이다. … (헤로도토스, 5.18).

탈굼 리숀(Targum Rishon)에서는 왕이 와스디에게 누드로 나오라고 명령하여서 와스디가 나오지 않았다고 말하지만(Grossfeld, 34-5) 본문에는 왕이 와스디에게 누드로 나타나라고 명령한 근거를 찾을 수 없다. 와스디가 왕의 명령을 거절한 이유가 서술되지 않았기 때문에 그 이유를 추정해 볼 수밖에 없는데, 아마도 와스디가 술에 취해 있는 많은 사람들 앞에 자신이 눈요깃거리로 보여지는 것을 탐탁히 여기지 않았기 때문일 것이다.

와스디의 거절에 아하수에로 왕은 매우(מְאֹד) 노했고 그의 분노는 불타올랐다(בָּעֲרָה). 그는 대페르시아 제국의 127개 지역을 다스리는 왕으로서 자신의 명령이 거부되는 것에 익숙하지 않았을 것이다. 더욱이 일곱 명의 내시를 통한 자신의 공식적인 지시가 이뤄지지 않은 것을 자신의 권위가 추락한 것으로 여겼을 것이다. 그럼에도 불구하고 다른 사람도 아닌 왕비의 거절에 불같이 화를 낸 것은 왕비를 향한 왕의 배려가 부족함을 드러낸 것이다. 아울러 아하수에로 왕이 자신의 화를 잘 다스리는 왕이 아니었음을 알 수 있다.

13절 아하수에로 왕은 와스디의 거절로 인해 화가 났을 뿐만 아니라 이 일을 심각한 문제로 생각하고 시대(הָעִתִּים)를 아는 지혜자들에게 조언을 구했다. "시대"를 안다는 것은 같은 절 하반절에서 풀이하듯이 그 시대의 "법과 재판"을 아는 것을 의미한다. 즉, "시대를 아는 자들"(יֹדְעֵי הָעִתִּים)은 "법과 재판을 아는 자들"(יֹדְעֵי דָּת וָדִין)이다. 아하수에로가 법적 자문을 구했다는 것은 와스디의 거절을 단순한 해프닝으로 넘어가려 하지 않고 법적인 제재를 검토하기 위한 것이었다. "왕의 말"(דְּבַר הַמֶּלֶךְ)이 법과 재판을 아는 모든 자들 앞(לִפְנֵי)에 있었다는 것은 왕이 사법 전문가들에게 자문을 구하며 소통함을 의미한다. 무어는 "시대"를 아는 사람들을 점성가들로 생각하고 이 문맥에서 "점성가들"이 나오는 것이 어울리지 않는다고 판단하여 '이팀'(עִתִּים, 시간들)을 '다팀'(דָּתִים, 법들)으로 수정하지만(Moore, 1971: 9) 이 수정을 뒷받침할 사본상의 근거는 없다.

14절 왕이 사법 전문가들의 자문을 구했는데(13절) 그들은 왕의 얼굴을 보면서 가까이 있는 왕의 최측근이었다. 앞의 10절에서 왕을 섬기는 내시의 수가 거룩한 숫자인 7이었는데 왕의 최측근 참모들의 수도 일곱 명이다. 아하수에로 왕의 아들 아닥사스다 1세 때에도 왕의 자문관이 7명이었음을 에스라 7:14에 기록하고 있다("너는 네 손에 있는 네 하나님의 율법을 따라 유다와 예루살렘의 형편을 살피기 위하여 왕과 일곱 자문관의 보냄을 받았으니"). "페르시아와 메대"의 관료로 언급된 것은 앞에서 설명했듯이 페르시아 제국이 엄밀히 말하면 페르시아가 주도권을 잡고 있는 페르시아-메대 연합국이었기 때문이다(3절 주해 참조).

15절 이 절은 아하수에로 왕의 말이다. 앞의 12절에서도 언급했듯이 "내시들의 손을 통한"(בְּיַד הַסָּרִיסִים)의 의미는 "내시들이 전한"이다. 와스디에게 매우 분노했던 아하수에로는 왕으로서 법에 의거하지 않고 와스디를 처벌할 수 있었을 것이다. 그러나 왕은 법에 따라 와스디를 처벌하고자 했는데 이는 아내를 처벌하는 속 좁은 왕이라는 비난을 최소화하고 자신의 행위의 정당성을 확보하기 위한 것으로 보인다. 아하수에로 왕은 이 질문에서 자신을 1인칭으로 표현하지 않고 "아하수에로 왕"이라고 말함으로써 질문에 공식적인(formal) 성격을 더한다(Macchi, 106).

16절 왕의 질문에 왕의 최측근 일곱 명의 관료 중 맨 마지막에 소개된 므무간이 말한다. 왕은 법에 따라 와스디에게 무슨 처벌을 해야 할 것인가에 대해 물었는데 므무간은 페르시아 법령을 인용하지 않고 와스디의 행동이 잘못이라고 단정한다. 므무간은 와스디의 잘못은 비단 왕에게뿐만 아니라 왕이 통치하는 페르시아 전역의 모든 관료들과 백성들에게 잘못한 것이라고 말하며 와스디의 잘못을 확대해석한다. 비록 왕은 므무간으로부터 와스디를 처벌할 구체적인 법령을 듣지는 못했지만 와스디의 잘못이 페르시아 제국의 모든 백성들에게 미친다는 므무간의 발언은 와스디 처벌의 정당성을 강화하는 것이었기 때문에 왕에게는 솔깃한 발언이었을 것이다.

17절 므무간이 와스디의 행동이 왕뿐만 아니라 페르시아의 모든 관료들과 백성들에게 잘못한 것이라고 했는데 이 절을 통하여 므무간이 말한 모든 관료들과 백성들은 구체적으로 남성들을 일컫는 것임을 알 수 있다. 므무간의 논리는 와스디가 남편인 왕의 명령을 거절한 것이 관료들과 백성들의 아내들에게 영향을 미쳐 그들도 그들의 남편의 말에 복종하지 않는 것을 대수롭지 않게 생각할 것이고 그것은 고스란히 페르시아의 남편들에게 손해를 끼친다는 것이다. 그러나 와스디의 거절이 모든 페르시아 남편들에게 손해를 끼친다는 논리는 가설에 입각한 것으로 와스디의 거절의 부정적 영향을 과장한 면이 없지 않다(Macchi, 107).

18절 페르시아와 메대(페르시아-메대 연합에 관하여는 1:3의 주해 참조)의 귀부인들이 왕비의 일을 왕의 “관료들”(שָׂרֵי, ‘싸레’)에게 말할 때 그 관료들은 일반적인 관료들이 아니라 귀부인들(שָׂרוֹת, ‘싸로트’)의 남편들을 말한다. 이는 17절에서 여인들이 그녀들의 남편들을 멸시할 것을 말한 것을 통해서도 확인된다. 이 절에서 페르시아와 메대의 부인들이 무엇을 말하는지(תֹּאמַרְנָה)에 대해서 명시하고 있지 않지만, 이들이 들은 것(אֲשֶׁר שָׁמְעוּ)은 왕비의 일(דְּבַר הַמַּלְכָּה)이기 때문에 이들이 말하는 것은 다름 아닌 와스디가 왕의 명령을 거절한 것으로 볼 수 있다. 므무간은 와스디가 왕의 명령을 거절한 것이 결국 페르시아의 멸시와 분노를 가져올 것이라고 말하는데 여기서 “멸시”는 페르시아의 여인들이 자신들의 남편들을 향하여 하는 멸시를 말하고, “분노”는 아내들의 멸시로 인한 페르시아 남편들의 분노를 말한다.

19절 므무간이 아하수에로 왕에게 자문한 것은 와스디가 왕의 명령을 거절한 것을 페르시아와 메대의 법에 기록하여 와스디가 불복종한 것이 시간이 지나도 잊혀지지 않게 하는 것이었다. 일반적으로 법에 사람의 일과 어떤 사건을 기록하는 것이 흔하지 않은 것을 고려할 때 므무간이 제안한 것은 강력한 조치로서 와스디의 잘못을 법에 기록하여 앞으로 이러한 불상사가 재발하지 않도록 하자는 것이었다. 그뿐만 아니라 왕비의 자리를 다른 여인에게 줄 것을 자문하는데, 이는 다름 아닌 와스디를 폐위시켜야 함을 말한 것이었다. 므무간은 "그녀보다 더 좋은"(הַטּוֹבָה מִמֶּנָּה) 여인을 왕비로 세울 것을 제안한다. 여기서 사용된 "좋은"(הַטּוֹבָה)은 보편적인 의미를 갖고 있지만 와스디 폐위의 이유가 왕에게 순종하지 않은 것이기 때문에 이 문맥에서 "더 좋은"의 구체적인 의미는 "더 잘 순종하는"으로 이해할 수 있다(Fox, 22).

20절 므무간의 꽤 긴 자문은 20절에서 마친다. 왕이 제정한 칙령(פִּתְגָם)은 와스디가 왕의 명령을 거절한 것을 기록한 법(דָּת)이(19절) 포함된 칙령이었을 것이다. 므무간은 이렇게 강력한 칙령이 공포될 때 모든 여자들이 그녀의 남편들에게 "영예"(יְקָר, '예카르')를 줄 것이라고 말한다. '예카르'는 "귀중함"(preciousness)을 의미하며(BDB, 430) "영예를 준다"는 것은 "귀중하게, 존귀하게 여긴다"는 것을 의미한다. 므무간은 남편이 큰 자일 때뿐만 아니라 작은 자일 때도(עַד־קָטָן) 부인들이 남편을 존귀하게 대할 것이라고 말한다. 여기서 큰 자와 작은 자를 나누는 기준은 부, 사회적 지위, 능력 등이 될 수 있다.

21절 왕의 최측근 일곱 명의 관료 중 한 명이었던 므무간의 자문은 상식적이라기보다는 다소 지나친 면이 있다. 와스디가 왕의 명령을 거슬러 왕에게 나타나지 않았다는 사실이 페르시아의 백성들에게 알려지면 페르시아의 모든 부인들이 자신들의 남편을 멸시할 것이라는 가정은 사건을 확대해석하여 가정한 것이었다. 이에 대한 대책으로 페르시아와 메대의 법에 와스디가 왕 앞에 나오지 않은 것을 기록하라는 것도 과한 대처이고 이 법이 포함된 칙령을 페르시아 전역에 공포하라는 것도 와스디의 거절에 대한 지나친 대응으로 보인다. 그런데 이러한 므무간의 진단과 해법이 왕과 관료들이 보기에 좋았다는 것이 의아하다. 므무간의 말이 왕과 관료들이 보기에 좋았다는 것을 직역하면 왕과 관료들의 눈에(בְּעֵינֵי) 좋았다는 것인데 이 표현은 사사 시대에 이스라엘 사람들이 "각각 자기 눈에 좋은 대로 행한 것"(אִישׁ הַיָּשָׁר בְּעֵינָיו יַעֲשֶׂה)을 상기시킨다(삿 21:25). 그러나 이러한 의아한 자문을 수용하고 와스디 왕비를 폐위시킨 것은 이스라엘을 구원할 에스더가 왕비가 될 수 있는 계기가 된다.

22절 왕은 므무간의 자문대로 페르시아 모든 지역에 조서(סְפָרִים)를 보냈다. 왕은 페르시아의 발달된 도로를 통해 전국에 조서를 보냈을 것이고(Berlin, 19; 헤로도토스, 8.98) 이 조서 안에는 므무간이 언급한 칙령(פִּתְגָם)이 들어 있었을 것이다. 페르시아 제국은 다양한 언어를 사용하는 여러 민족으로 구성되어 있었고 왕은 이 조서를 페르시아 제국 내의 여러 민족이 다 읽을 수 있도록 친절하게 각 백성의 언어로 작성하여 보냈다. 이 조서를 보내며 왕이 의도한 것은 페르시아의 모든 부인들이 남편의 말을 거스르지 않고 남편들이 아내를 잘 다스리는 것이었다. 특히 왕은 각 백성과 민족의 언어로 조서를 보내어 이 조서의 내용을 각 남편들이 자신들의 언어로 아내들에게 선명하게 말하게 했다("그 백성의 언어로 말하게 하기 위하여"). 와스디가 왕 앞에 나타나지 않은 것으로 인해 페르시아 제국의 왕이 모든 백성들에게 조서까지 보낸 일은 아하수에로 왕이 무소불위의 권력을 가졌다는 것을 보여준다.

해설

이 단락에서는 에스더가 페르시아 제국의 왕비가 되는 과정에서 발단이 되는 사건을 기록하고 있다. 무슨 이유에서인지는 모르지만 왕비 와스디는 백성들과 관료들 앞에 나와 왕비의 아름다움을 보이라는 명령을 거절한다. 와스디가 나오지 않은 합당한 이유를 왕에게 전달했다면 왕이 이해했을 것을 가정해 볼 수 있지만 본문은 와스디가 왕의 명령을 거절한 것만 기록할 뿐 더 자세한 사항은 기록하지 않는다. 와스디의 거절에 아하수에로 왕은 매우 분노하며 이 문제를 심각하게 생각하고 자신의 법률 자문관들에게 자문을 구한다.

왕비가 나오지 않은 것에 대해서 이렇게 과민하게 반응하는 왕의 모습은 지나친 면이 있어 보인다. 아무리 왕이지만 자신의 아내를 법적으로 처리하겠다는 생각은 이해하기 어려운 부분이다. 이해하기 어려운 부분은 여기서 그치지 않고 왕의 법률 자문관이었던 므무간의 제안에도 나타난다. 므무간은 이 일로 왕비를 폐위시키고 새 왕비를 맞으라고 제안한다. 그 이유는 왕비가 왕을 거절한 것이 알려지면 페르시아 제국의 부인들이 남편들을 멸시할 것이라는 것인데, 이는 와스디의 거절을 지나치게 확대 적용한 것이다. 그뿐만 아니라 므무간은 와스디의 거절을 법에 기록하고 페르시아 전역에 칙령을 공포하여 아내가 남편을 무시하는 일이 없도록 할 것을 제안한다. 므무간의 제안은 과해 보이지만 왕과 다른 관료들이 이 제안에 동의하여 결국 전국에 조서가 보내진다. 이 단락의 일련의 내용을 보면 이해하기 어려운 반응과 제안과 판단이 연속하여 나온다.

와스디의 거절에 대한 아하수에로 왕과 그의 자문관들의 대응은 이해하기 어렵지만 이러한 비정상적인 대응도 하나님의 섭리 가운데 에스더가 왕비의 자리에 오르는 계기로서 작용한다. 마치 요셉의 형제들이 요셉을 미디안 상인들에게 팔아넘기는 악을 범하지만(창 37:28), 하나님의 섭리 가운데 그 사건이 요셉이 이집트의 총리가 되는 계기가 됐듯이(창 50:20), 아하수에로 왕과 그의 자문관들의 비상식적인 대응은 결국 하나님의 섭리 가운데 이스라엘을 구원할 에스더가 왕비에 오르는 계기가 된다.

3. 왕비가 된 에스더(2:1-18)

와스디의 거절에 대해 자신의 분을 이기지 못한 아하수에로 왕은 왕의 관료 므무간의 제안에 따라 와스디 왕비를 폐위시켰고 이제 왕을 섬기는 신하들의 제안에 따라 새로운 왕비를 찾는 절차를 진행한다. 궁녀들을 관리하는 내시, 헤개는 페르시아 전역에서 아름다운 처녀들을 모집했고 그 가운데 에스더는 헤개에 의해 왕비의 후보로 뽑혔고 왕에게 나아갔을 때 다른 궁녀들보다 사랑을 받아 왕비의 자리에 오르게 된다. 100여 년 전에 페르시아의 포로로 끌려온 유대인의 후손이 대페르시아 제국의 왕비가 된 것이다.

번역

1 이 일들 후에 아하수에로 왕의 분이 가라앉았을 때 그가 와스디와 그녀가 행한 것과 그녀에 대해 명해진 것을 기억하였다. 2 왕을 섬기는 신하들이 왕에게 말하였다. "왕을 위하여 용모가 좋은 젊은 여자들, 처녀들을 찾게 하십시오. 3 왕이 그의 왕국의 모든 지역에서 위원들을 임명

하여 그들로 좋은 용모의 모든 젊은 여자, 처녀를 수산성, 여자들의 집, 여자들을 지키는 왕의 내시, 헤개의 손에 모으게 하고, 그녀들의 화장품을 주게 하십시오. 4 그리고 왕의 눈에 좋은 젊은 여자가 와스디 대신에 왕비가 되게 하소서." 그 말이 왕의 눈에 좋았고 그가 그대로 행하였다. 5 수산성에 한 남자, 유대인이 있었는데 그의 이름은 모르드개였고 베냐민인 기스의 아들, 시므이의 아들, 야일의 아들이었다. 6 (기스는)[16] 바벨론 왕 느부갓네살이 포로로 끌고 간 유다 왕 여고냐와 함께 포로로 끌려온 포로들과 함께 예루살렘에서 포로로 끌려왔다. 7 그가 하닷사를 길렀는데 그녀가 그의 삼촌의 딸 에스더였다. 왜냐하면 그녀에게 부모가 없었기 때문이다. 그 젊은 여자는 몸매가 아름다웠고 용모가 좋았고 그녀의 아버지와 그녀의 어머니가 죽었을 때 모르드개가 그녀를 딸로 삼았다. 8 왕의 명령과 그의 법이 들려졌고 많은 젊은 여자들이 수산성 헤개의 손에 모집되었을 때, 에스더가 여자들을 관리하는 왕의 집 헤개의 손으로 인도되었다. 9 그 젊은 여자는 그의 눈에 좋았고 그녀는 그 앞에서 호의를 받았다. 그는 그녀의 화장품과 그녀의 몫을 그녀에게 주는 것과 왕의 집에서 보여진 일곱 여자를 그녀에게 주는 것을 서둘렀다. 그리고 그는 그녀와 그녀의 여자들을 여자들의 집의 좋은 곳으로 옮겼다. 10 에스더는 그녀의 백성과 그녀의 친족을 말하지 않았는데 이는 모르드개가 그녀에게 말하지 말 것을 지시했기 때문이다. 11 매일 모르드개는 에스더의 평안과 그녀에게 무엇이 일어나는지 알기 위해 여자들의 집 뜰 앞에서 왔다 갔다 하였다. 12 각 젊은 여자가 여자들의 법에 따라 열두 달의 끝에 아하수에로 왕에게 나아가는 순서가 왔을 때, 왜냐하면 육 개월간은 몰약의 기름으로, 육 개월간은 향품과 여자들의

16. 원문에는 없지만 문맥에서 관계대명사 '아셰르'(אֲשֶׁר)는 5절의 기스를 가리킨다.

화장품으로 그녀들의 정결의 날들이 차야 하기 때문에, 13 이렇게 젊은 여자는, 여자들의 집에서 왕의 집까지 그녀가 지참하고 가기 위하여, 그녀가 그녀에게 주어지도록 말한 모든 것을 가지고 왕에게 나아갔다. 14 저녁에 그녀가 가고 아침에 그녀는 두 번째 여자들의 집, 첩들을 관리하는 왕의 내시 사아스가스의 관할로 돌아왔다. 그녀는 왕이 그녀로 인해 즐거워하여 그녀의 이름이 불려지지 않으면 왕에게 다시 갈 수 없었다. 15 (에스더를)[17] 딸로 삼은 모르드개의 삼촌 아비하일의 딸 에스더가 왕에게 나아갈 순서가 왔을 때 그녀는 여자들을 관리하는 왕의 내시 헤개가 말한 것 외에는 아무것도 구하지 않았다. 에스더는 그녀를 보는 모든 이들의 눈에 호의를 얻었다. 16 에스더는 그의[18] 통치 제7년 열째 달, 즉 데벳월에 아하수에로 왕에게 그의 왕국의 집으로 인도되었다. 17 왕은 에스더를 모든 여자들보다 사랑하였고 그녀는 그의 앞에서 모든 처녀들보다 큰 호의와 친절을 얻었다. 왕은 그녀의 머리에 왕비의 관을 씌우고 와스디 대신에 그녀를 왕비로 삼았다. 18 왕은 그의 모든 관료들과 그의 종들을 위하여 큰 잔치, 에스더 잔치를 베풀었다. 그는 모든 지역에 휴일을 제정하고 왕의 손에 따라 선물을 주었다.

주해

1절 "이 일들"(הַדְּבָרִים הָאֵלֶּה)은 와스디가 왕의 명령을 거절한 후 왕이 분노하여 와스디를 폐위시키고 와스디의 불복종을 페르시아와 메대의 법에 기록하여 페르시아 전국에 조서로 발표하고 부인들이 남편

---

17. 원문에는 없다.
18. 의미는 "왕의"이다.

들을 존중하게 한 것을 말한다. 어쩌면 분노조절장애가 있었을 수 있는 왕은 왕비를 폐위시키고 조서를 공포한 이후에야 그 불타올랐던 분(에 1:12)을 가라앉힐 수 있었고 와스디의 거역과 와스디를 폐위시킨 것을 찬찬히 생각할 수 있었다. 여기서 "그녀에게 명해진 것"(אֲשֶׁר־נִגְזַר עָלֶיהָ)은 에스더 1:19에서 므무간이 제안한 왕비의 자리를 다른 이에게 주는 것, 즉 와스디를 폐위시키는 명령을 말한다.

무어는 왕이 와스디를 기억한 것(זָכַר)은 그녀에 대한 애정이 있음을 보여주는 것으로 이해했다(Moore, 1971: 17). 그러나 왕이 기억한 것이 "와스디"뿐만 아니라 "와스디가 행한 것"과 "와스디에게 명해진 것"도 포함하기 때문에 이 세 가지를 종합해보면 왕은 자신의 지시를 거역하여 폐위가 되는 명을 받을 와스디를 기억한 것으로서, 여기서의 기억은 와스디에 대한 애정을 나타낸 것으로 이해하기보다는 와스디에 대한 부정적인 기억으로 이해하는 것이 타당하다.

2절 왕의 관료 므무간이 왕에게 와스디를 폐위시키고 다른 이에게 왕비의 자리를 주라고 제안했듯이 왕의 신하들은 용모가 좋은 젊은 처녀들을 찾게 할 것을 제안한다. "신하들"은 히브리어 복수 연계형인 '나아레'(נַעֲרֵי)를 번역한 것으로 이 단어의 단수 절대형인 '나아르'(נַעַר)의 원의미는 "소년"(boy), "젊은이"(youth)이므로(BDB, 654) 와스디를 폐위시키고 전국에 조서를 공포할 것에 동의한 관료들(הַשָּׂרִים, 에 1:21)과 다른 사람들로 보인다. 더욱이 관료들은 "지혜자들"(חֲכָמִים)로 불리웠기 때문에 젊은이들이라기보다는 지혜가 많은 중년 이상의 사람들일 것이다.

앞서 1:19에서 관료들이 와스디보다 더 나은 이에게 왕비 자리를 주라고 권할 때 "더 나은"의 의미를 "더 잘 순종하는"으로 이해했는데 젊은 신하들은 일단 용모가 좋은 젊은 여자들을 찾게 할 것을 제안한다. 특별히 젊은 여자들 중에서도 "처녀들"을 찾게 하라고 말하여서 히브리어로 "젊은 여자들"과 "처녀들"을 의미하는 두 단어가 나란히 사용됐다(נְעָרוֹת בְּתוּלוֹת, '네아로트 베툴로트'). "찾게 하십시오"로 번역된 '예바크슈'(יְבַקְשׁוּ)는 3인칭 남성복수 미완료의 지시형(jussive) 형태로 직역하면 "그들이 찾게 하십시오"(Let them seek)인데 여기서 "그들"은 특정되지 않은 왕의 신하들이다.

3절 왕의 신하들은 바로 앞 절에서 왕을 위하여 용모가 좋은 젊은 처녀들을 찾을 것을 제안했는데 이 절에서는 그 구체적인 방법을 제안한다. 그것은 왕이 페르시아 전역에 위원들을 임명하여 그들로 용모가 좋은 젊은 처녀들을 왕실의 궁녀들을 관리하는 내시인 헤개에게 보내고 헤개가 그들을 관리하는 것이다. 헤로도토스에 의하면 페르시아 제2대 왕 캄비세스 2세가 죽고 제3대 왕 다리오 1세가 왕위에 오르기 전에 페르시아 왕은 페르시아의 일곱 귀족 가문 가운데 왕비를 구해야 한다는 귀족 가문들의 결정이 있었다(헤로도토스, 3.84). 그러나 페르시아 제4대 왕, 아하수에로의 신하들은 이 결정과 상관없이 왕비 후보자를 페르시아 전역에서 모을 것을 제안한 것이다.

궁녀들을 관리하는 헤개는 내시(סָרִיס, '싸리쓰')로 불렸는데 이는 거세된 왕의 신하였다. 헤개의 역할 중 하나는 모인 젊은 처녀들에게 화장품을 주는 것이었는데 "화장품"으로 번역된 '타무르크'(תַּמְרוּק)는 청결과 치료를 위해 몸에 바르는 기름(oil)이나 연고(ointment)를 의미한다(*HALOT* II, 1758). 헤개가 젊은 처녀들에게 화장품을 주게 하라는 신하들의 제안에서 "주게 하십시오"는 접속사 '베'(וְ)에 연결된 부정사 절대형, '나톤'(נָתוֹן)을 번역한 것인데, '나톤'을 지시형(jussive)으로 번역한 것은 바브에 연결된 부정사 절대형이 구약의 후기 책에서 자주 그 앞에 나타난 동사의 형태와 같은 역할을 수행하기 때문이다(Joüon & Muraoka, §123x). 여기에서는 '베나톤'(וְנָתוֹן) 앞의 동사, '이크베쭈'(יִקְבְּצוּ, "그들로 모으게 하라!")가 지시형이기 때문에 부정사 절대형, '베나톤'도 지시형으로 이해된다. 수산성의 "여자들의 집"(בֵּית הַנָּשִׁים)은 궁녀, 즉 왕의 첩들의 집을 말하며 헤개가 "여자들을 지키는"(שֹׁמֵר הַנָּשִׁים) 것은 궁녀들을 지키는 것을 말한다.

4절 신하들은 왕에게 "왕의 눈에"(בְּעֵינֵי הַמֶּלֶךְ) 좋은 여자를 택하여 와스디를 대신해 왕비로 삼으라고 말했는데 그 말이 "왕의 눈에"(בְּעֵינֵי הַמֶּלֶךְ) 좋았다. "왕의 눈에" 좋은 여자는 말 그대로 왕이 보기에 좋은 여자를 말한다. 한편 신하들의 말이 "왕의 눈에" 좋았다는 것은 왕이 본 것이 아니라 왕이 들은 것이 맘에 들었음을 말한다. 에스더서의 저자는 눈으로 봄으로 맘에 드는 것과 귀로 들음으로 맘에 드는 것을 "왕의 눈에" 좋다는 한 표현을 써서 기록함으로 언어유희의 효과를 내었다.

히브리어 '말라크'(מָלַךְ)는 "왕이 되다"(to be[come] king) 혹은 "다스리다"를 의미하기 때문에(BDB, 573) "왕비가 되게 하소서"로 번역된 '티믈로크'(תִּמְלֹךְ)는 "그녀가 다스리게 하소서"로도 번역이 가능하지만(Paton, 165) 에스더서에서는 왕비가 다스리는 역할을 하지 않았기 때문에 지시형(jussive)인 "왕비가 되게 하소서"로 번역하는 것이 타당하다(Moore, 1971: 18).

5절 앞의 2-4절에 기록된 신하들의 제안에 따라 왕이 왕비를 찾는 절차를 진행하는데, 5-7절은 이 절차 가운데 삽입된 부분으로 에스더서의 두 영웅인 모르드개와 에스더를 소개한다. 5절에서는 모르드개가 소개된다. 모르드개는 바벨론 신, 마르둑과 관련이 있는 바벨론식 이름이다(Smith, 238). 포로지에 끌려온 유대인들이 이방의 이름을 갖는 것은 다니엘과 그의 세 친구, 하나냐, 미사엘, 아사랴가 각각 바벨론 이름인 벨드사살, 사드락, 메삭, 아벳느고로 불린 것에서도 볼 수 있다(단 1:6-7).

페르시아 제국의 여름 궁전이었던 페르세폴리스에서 1904년에 발굴된 점토판에는 아하수에로 왕 초기에 "마르두카"라는 관리가 있었음을 기록하고 있다(Yamauchi, 1990: 235). 바벨론 신의 이름에서 온 "마르두카"라는 이름이 흔하기 때문에 위의 점토판에 기록된 마르두카가 에스더서에 기록된 모르드개와 같은 인물인지는 확인되지 않았지만 아하수에로 시대의 관리로 에스더서의 모르드개와 비슷한 이름인 마르두카가 발굴됐다는 것은 흥미로운 일이다(Jobes, 96). 모르드개가 베냐민인의 후손이기 때문에 "유대인"(יְהוּדִי)은 유다 지파 출신임을 말하는 것이 아니라 유다 나라 출신임을 말하는 것이다(Macchi, 122).

6절 이 절의 첫 관계대명사, '아셰르'(אֲשֶׁר)의 선행사는 바로 앞 절에서 '아셰르'와 가장 가까운 거리에 있는 "베냐민인 기스"(אִישׁ יְמִינִי קִישׁ)이다. 기스는 모르드개의 증조부로 주전 597년 유다 왕 여고냐[19](여호야긴)가 바벨론에 포로로 끌려올 때 함께 끌려온 사람으로 소개된다. '아셰르'의 선행사를 모르드개로 보는 견해도 있지만(Paton, 168) 모르드개가 주전 597년에 여고냐 왕과 함께 포로로 끌려왔다면 와스디가 폐위된 아하수에로 왕 3년인 주전 483년엔 114세 이상의 나이일 것이고 그렇다면 모르드개가 젊은 여자 에스더와 사촌관계라는 것을 설명하기 어렵다. 따라서, 6절의 첫 관계대명사 '아셰르'의 선행사는 '아

19. "여고냐"는 유다 왕 여호야긴(왕하 24:6; 대하 36:8)의 다른 이름이다.

셰르'와 가장 가까운 위치에 있는 "기스"로 보는 것이 타당하다.

"기스"는 구약의 독자에게 낯선 이름이 아닌데 그 이유는 이스라엘의 초대 왕 사울이 기스(קִישׁ)의 아들이었기 때문이다(삼상 9:3). 흥미롭게도 사울의 아버지 기스와 모르드개의 증조부 기스 모두 베냐민 지파에 속한 사람들이었는데 이 둘은 엄연히 다른 시대를 산 동명이인으로서 사울의 아버지 기스는 주전 11세기의 인물이고 모르드개의 증조부 기스는 주전 6세기의 인물이다. 바벨론 제국 때에 포로로 끌려온 기스의 증손인 모르드개는 페르시아 제국 시대에 디아스포라로 수산성에 살고 있었던 것이다. 기스를 포로로 끌고간 바벨론 왕 느부갓네살은 신 바벨론 제국의 제2대 왕으로 주전 604-562년에 바벨론의 왕으로 통치했고 주전 586년 유다를 멸망시켜 많은 유대인들을 포로로 잡아 바벨론으로 이주시켰다.

7절 에스더서에서 에스더가 처음 소개되는 부분으로 에스더의 이름이 "하닷사"(הֲדַסָּה, '하닯싸')와 "에스더"(אֶסְתֵּר, '에스테르') 두 가지로 소개된다. 하닷사는 히브리어 이름으로 그 의미는 허브과에 속하는 식물인 도금양(myrtle)이며, 에스더는 바벨론의 사랑의 여신인 '이쉬타르'에서 온 바벨론 이름 혹은 별을 의미하는 페르시아어, '스타라'에서 파생된 페르시아 이름으로 보인다(Berlin, 26). 에스더의 이름이 바벨론 여신, '이쉬타르'에서 온 바벨론 이름이라면 바벨론 신 '마르둑'에서 온 이름인 모르드개와 호응을 이룬다. 다니엘과 그의 세 친구가 히브리어 이름뿐만 아니라 바벨론 이름을 가졌듯이(단 1:6-7) 에스더와 모르드개도 디아스포라로서 이방 언어의 이름을 가졌던 것이다. 에스더의 경우는 그녀의 히브리어 이름인 하닷사가 소개되어 있는데 모르드개의 경우는 그의 히브리어 이름이 에스더서에 소개되지 않았다.

에스더가 젊은 여자로 몸매가 아름답고 용모가 좋다고 소개된 것은 에스더가 왕실에서 왕비를 뽑는 기준에 부합함을 말하는 것이다. 에스더는 그의 사촌 모르드개와 사이가 각별했는데 그 이유는 에스더가 어렸을 때 부모를 잃은 후 그의 사촌 오빠인 모르드개가 에스더를 딸로 삼아 길렀기 때문이다. 모르드개가 에스더를 딸로 삼은 것을 볼 때 에스더와 모르드개가 사촌 간이지만 나이 차이가 꽤 났음을 짐작할 수 있다.

8절 새 왕비를 찾는 절차가 4절에서 시작됐는데 5-7절에서 모르드개와 에스더의 소개로 인해 끊어졌다가 다시 그 절차에 대한 서술이 8절에서 재개된다. 왕의 명령과 법은 3절에서 신하들이 제안한 것, 즉 왕이 모든 지역에 위원들을 임명하여 그들로 좋은 용모의 젊은 처녀들을 찾아 궁녀들을 관리하는 내시, 헤개에게 보내는 것을 명문화한 것이다. "법"으로 번역된 '다트'(דָּת)는 페르시아어에서 온 어휘로 구약에서 페르시아 시대를 기록한 에스더서와 에스라서에만 나타난다(BDB, 206; Fox, 31). 내시 헤개는 3절에서 '헤게'(הֵגֶא)로 기록됐었는데, 8절에서는 '헤가이'(הֵגָי)로, 15절에서는 '헤가이'(הֵגַי)로 기록됐다. 헤개의 철자는 두 이형(variant), '헤게'(הֵגֶא)와 '헤가이'(הֵגַי)가 있는 것으로 보이며 (Macchi, 126), 8절에서 '헤가이'(הֵגָי)의 두 번째 모음이 파타흐(ַ)에서 카메츠(ָ)로 길어진 이유는 마소라 텍스트에 히브리어 악센트인 아트나가 위치하여 장음화됐기 때문이다. 수산성에 거주하던 에스더는 위원들에게 뽑혀 헤개에게 보내짐으로 왕비가 되는 1차 관문을 통과했다.

9절 내시 헤개에게 모집된 젊은 여자들 중 에스더는 헤개의 눈에 들어 헤개의 호의를 받고 궁녀들의 숙소 가운데에서 더 좋은 곳으로 옮겨진다. 말하자면 왕비가 되기 위한 예선을 통과하고 본선에 진출한 셈이다. 에스더 4:14의 모르드개의 말, "네가 이때를 위하여 왕비의 자리에 오른 것인지 누가 알겠느냐?"의 관점에서 바라보면 에스더가 헤개의 눈에 들어 호의를 받은 것은 단순히 에스더의 용모가 뛰어나고 헤개의 눈에 매력적인 여인이어서가 아니라 위기 가운데 있는 유대인을 구원할 때를 위해 보이지 않는 하나님이 역사한 일이었다(Smith, 239).

헤개는 에스더에게 화장품과(3절 주해 참조) 그녀의 몫을 주는데 "그녀의 몫"으로 번역된 '마노테하'(מָנוֹתֶהָ)는 화장품 이외에 에스더가 왕비 후보자로서 필요한 옷, 장신구, 생활필수품 등을 의미한다(*HALOT* I, 599). ESV, NASB, NIV, NRSV 등에서는 "그녀의 몫"('마노테하')을 음식으로 이해하는데 "음식"은 왕비 후보들 모두에게 마땅히 공급되는 것이므로 헤개의 눈에 든 왕비에게 특별히 주는 항목으로 보기는 어렵다. 에스더에게 주어진 "보여진"(הָרְאֻיוֹת, '호르우요트') 일곱 여자는 헤개의 눈에 들어 뽑힌 후보에게 주어질 것이라고 미리 보여준 일곱 명의 여종들일 것이다.

10절 모르드개는 조실부모했던 사촌 동생 에스더를 길렀고(7절) 에스더는 모르드개의 영향 아래 생활했다. "백성"(עַם, '암')과 "친족"(מוֹלֶדֶת, '몰레데트')은 의미상 긴밀히 연결된 단어로 평행구조를 이루므로(Berlin, 27) 모르드개가 에스더에게 그녀의 백성과 친족을 말하지 말라는 것은 에스더가 유대인임을 드러내지 말라는 지시로 이해할 수 있다. 모르드개가 에스더에게 이 지시를 한 것은 그가 유대인임을 부끄러워해서가 아니라, 에스더가 페르시아 본국 출신이 아닌 바벨론의 포로로 끌려온 이방 민족의 후예라는 사실이 왕비가 되는 데 있어서 불리하게 작용할 수 있다는 전략적 판단 때문이었을 것이다.

11절 에스더가 내시 헤개의 눈에 들어 왕비가 되기 위한 1차 관문을 통과하여 궁녀들의 집의 좋은 곳으로 옮겨진 것은 모르드개에게 매우 흥분되는 일이었을 것이다. 에스더가 부모를 잃은 후 부모의 역할을 하며 에스더를 키운 모르드개는 궁녀들의 숙소에 있는 에스더의 일거수 일투족과 왕비를 뽑는 절차가 어떻게 진행되고 있는지 무척 궁금했을 것이고, 수산성에 거주했던 모르드개는 "매일"(בְּכָל־יוֹם וָיוֹם, '베콜욤 바욤') 궁녀들의 집 뜰 앞에서 서성거렸다. 모르드개가 궁녀들의 집에 들어가지 못하고 집 뜰 "앞에서"(לִפְנֵי, '리프네') 서성거린 것으로 보아 일반인이 궁녀들의 집에 들어가는 것은 허락되지 않았음을 알 수 있다(Macchi, 128). 모르드개는 그 궁녀들의 숙소 뜰 앞에서 궁녀들과 에스더에 관한 이런저런 소식과 소문을 들었을 수도 있고, 어쩌면 때에 따라서 에스더가 궁녀들의 숙소 뜰로 나와 모르드개를 만났을 수도 있다.

12절 헤개에게 뽑혀 궁녀들의 집 가운데 좋은 곳으로 옮겨진 에스더는 그곳에서 아하수에로 왕에게 나아가기 전에 무려 열두 달의 준비 기간을 거쳐야 했다. 그것은 궁녀들의 법에 의거한 것으로 1차 관문을 거친 궁녀들은 여섯 달 동안은 몰약의 기름으로, 또 다른 여섯 달 동안은 향품과 화장품으로 자신을 정결하게(מְרוּקֵיהֶן) 해야 했다. "그녀들의 정결"(מְרוּקֵיהֶן)에서 "정결"로 번역된 '마루크'(מָרוּק)는 문지름(rubbing)과 긁어냄(scraping)을 의미한다(BDB, 599). 그 열두 달을 채우면 궁녀들은 아하수에로 왕에게 나아갈 수 있었다. 젊은 여자가 왕에게 "나아가는 것"(לָבוֹא)은 왕과의 동침을 위해 나아감을 의미한다(Bush, 365). 젊은 여자는 저녁에 왕에게 나아가고 다음 날 아침에 왕에게서 돌아오는 것이 관례였다(14절).

13절 이 절 서두의 "이렇게"는 '바제'(בָּזֶה, "이것 안에서")를 번역한 것으로 "이렇게"는 앞 절에서 젊은 여자가 왕에게 나아갈 때 열두 달 동안 준비하여야 하는 것을 말한다. "그녀가 그녀에게 주어지도록 말한 모든 것"(כָּל־אֲשֶׁר תֹּאמַר יִנָּתֵן לָהּ)은 그녀가 요청한 모든 것을 의미한다. 열두 달의 준비 기간 후에 왕에게 나아가는 궁녀의 요청에 궁녀를 관리하는 내시 헤개는 최대한 협조했음을 보여준다. 궁녀는 "왕의 집"(בֵּית הַמֶּלֶךְ)에 가는, 즉 왕에게 나아가는 이때를 위하여 열두 달을 준비했기 때문에 헤개는 이때에 궁녀가 최상의 모습으로, 최상의 상태로 왕에게 나아갈 수 있도록 힘써 도왔던 것이다. 예컨대 궁녀가 화려한 옷이나 장신구나 향수를 요청했다면(NLT; Fox, 35) 헤개는 이에 응했던 것이다.

14절 궁녀는 왕과의 동침을 위해 저녁에 왕에게 나아갔고 다음 날 아침에는 두 번째 여자들의 집으로 와서 첩들을 관리하는 내시 사아스가스의 관할하에 있게 된다. 여자들의 첫 번째 집이 "여자들을 지키는"(שֹׁמֵר הַנָּשִׁים, 3절) 내시 헤개의 관할하에 있었다면, 여자들의 두 번째 집은 "첩들을 지키는"(שֹׁמֵר הַפִּילַגְשִׁים) 내시 사아스가스의 관할하에 있었다. 왕을 만나기 이전에는 단순히 "여자들"(נָשִׁים, '나쉼')로 일컬어졌는데 왕과 하룻밤을 보낸 여자들은 "첩들"(פִּילַגְשִׁים, '필라그쉼')로 구별되어 일컬어진다. 왕과 하룻밤을 지낸 첩이 다시 왕께 나아갈 수 있는 길은 왕이 그녀로 인해 즐거워하여 그녀를 다시 부르는 것 외에는 다른 방법이 없었다. 심지어 왕비도 왕이 부르기 전에 나아갈 수 없었다(에 4:11).

15절 에스더가 궁녀들의 집의 좋은 곳으로 옮긴 후 준비 기간 열두 달을 채우고 왕에게 나아갈 순서가 됐다. 여기서 에스더의 아버지가 처음으로 소개되는데 이는 에스더가 왕에게 나아가는 시점에서 에스더에 대한 보다 공식적인 소개(formal introduction)의 차원으로 이해할 수 있다(Berlin, 28). 에스더 아버지의 이름, 아비하일(אֲבִיחַיִל)은 '아비'(אֲבִי, "나의 아버지")와 '하일'(חַיִל, "힘")이 합쳐진 말로 "나의 아버지는 강하다"를 의미하는데, 여기와 민수기 3:35에서는 남자의 이름으로 사용된 반면 역대상 2:29와 역대하 11:18에서는 각각 아비술의 아내와 유다 왕 르호보암의 장모의 이름으로 나타나 이 이름이 남녀 모두에게 사용된 이름임을 알 수 있다(Moore, 1971: 24).

왕에게 나아가는 밤에 궁녀들은 자신이 필요한 모든 것을 요청할 수 있었는데(13절) 에스더는 내시 헤개가 말한 것 외에는 다른 것을 요청하지 않았다. 내시인 헤개는 왕의 취향을 누구보다도 잘 알고 있었을 것이기 때문에 에스더가 헤개가 말한 것 외에 다른 것을 요청하지 않은 것은 지혜로운 행동이었다(Smith, 240). 또한 에스더가 자신을 위한 특별한 것을 요청하지 않은 것은 한편으로는 에스더의 검소함과 절제력을 보여주는 것이고 다른 한편으로는 에스더가 특별한 옷이나 장신구 등으로 치장하지 않아도 충분히 아름답다는 것을 말해주는 것이다.

에스더의 뛰어난 아름다움은 에스더가 "그녀를 보는 모든 이들의 눈에 호의를 얻은 것"(וַתְּהִי אֶסְתֵּר נֹשֵׂאת חֵן בְּעֵינֵי כָּל־רֹאֶיהָ)을 통해 알 수 있다. 앞서 헤개의 눈에 들어 헤개의 "호의"(חֶסֶד, '헤세드')를 받았던 에스더는(9절) 이제 에스더를 보는 모든 이들의 "호의"(חֵן, '헨')를 얻는다. 여기서 "호의"는 에스더의 내면적 아름다움으로 인한 것이라기보다는 용모의 아름다움으로 인한 것인데, 그 이유는 "그녀를 보는 모든 이들의 눈"에 호의를 얻은 것이라고 기록하고 있기 때문이다.

16절 와스디가 폐위된 것이 아하수에로 통치 3년(1:3)이었고 그로부터 4년이 지난 아하수에로 7년(주전 479년)에 에스더가 왕에게 나아간다. 정확히 말하면 수동태를 표현하는 니팔 유형의 동사, '바틸라카흐'(וַתִּלָּקַח, "그리고 그녀가 인도되었다")가 보여주듯이 에스더가 왕에게 인도된 것이다. 에스더가 왕에게 인도된 달이 "데벳"(טֵבֵת)월로 기록되어 있는데 "데벳"은 바벨론에서 기원하여 페르시아에서 수용한 명칭으로 지금의 11-12월에 해당한다(Berlin, 29; Smith, 240). 에스더가 인도된 곳은 "그의 왕국의 집"(בֵּית מַלְכוּתוֹ)인데 이는 13절에 기록된 "왕의 집"(בֵּית הַמֶּלֶךְ), 즉 왕궁이다(Bush, 366). 와스디가 폐위된 이후 4년 동안이나 왕비를 정하지 못한 이유는 아하수에로 왕이 약 2년간 그리스와의 전쟁에 참여했기 때문일 것이다(Moore, 1971: 24).

17절 헤개와 자신을 보는 모든 이들의 호의를 얻었던 에스더(9절, 15절)는 결국 왕의 호의를 얻었다. "호의와 친절"(חֵן וָחֶסֶד, '헨 바헤세드')은 '헨'(חֵן)과 '헤세드'(חֶסֶד)가 엄연히 다른 단어라서 구분하여 번역했지만 9절에서는 '헤세드'를 "호의"로 번역했다. 즉, 여기서 '헤세드'의 의미 역시 "호의"로 볼 수 있으며 그렇다면 무어가 언급한 대로 '헨 바헤세드'는 두 단어를 연결하여 하나의 뜻을 나타내는 이사일의(hendiadys)로 이해할 수 있다(Moore, 1971: 25). 아울러, 여기서는 접속사(וָ, '바')로 연결된 두 단어를 "큰 호의"로 이해할 수 있다.

에스더가 궁녀들의 집의 좋은 곳으로 옮겨진 것이(9절) 왕비가 되기 위한 예선을 통과한 것이었다면 왕과 하룻밤을 지낸 후 왕의 사랑을 받게 된 것은 결선을 통과한 것이었다. 왕비를 찾기 위한 4년간의 긴 시간은 이제 종지부를 찍게 됐다. 왕은 모든 궁녀들과 첩들보다 에스더를 더 사랑하여 그녀에게 큰 호의와 친절을 베풀었고 에스더를 와스디 후임의 왕비로 삼았다. 에스더 4:14의 모르드개의 질문, "네가 이때를 위하여 왕비의 자리에 오른 것인지 누가 알겠느냐?"의 관점으로 본다면 에스더가 아하수에로로부터 큰 사랑을 받아 왕비가 된 것은 이후 유대인의 구원을 위해 보이지 않는 하나님이 손이 작동한 것이다.

18절 와스디 왕비가 폐위된 뒤 4년 만에 새 왕비를 맞이한 것은 아하수에로 왕에게 큰 기쁨이 아닐 수 없었다. 아하수에로 왕은 "에스더 잔치"(מִשְׁתֵּה אֶסְתֵּר)로 이름한 큰 잔치를 베풀어 이 기쁨을 그의 관료들 및 종들과 나누었고 그가 통치하는 모든 지역에 휴일을 제정하고 선물을 제공했다. "휴일"은 '하나하'(הֲנָחָה)를 번역한 것인데(BDB, 629; NASB; NIV; NRSV) '하나하'는 구약의 '하팍스 레고메논'(*hapax legomenon*: 구약에 한 번만 나타나는 단어)으로 그 의미가 정확하지 않다. 이 단어는 세금 면제(release from taxes)로 이해되기도 하지만(*HALOT* I, 252; TNK; ESV) 2:18의 문맥에서는 "휴일"로 보는 것이 자연스럽다(Breneman, 319). "선물"로 번역된 '마쓰에트'(מַשְׂאֵת)의 원래의 의미는 "몫"(portion)인데 왕이나 높은 지위의 사람이 수여할 때에는 "선물"(present)로 이해된다(BDB, 673). 선물은 "왕의 손에 따라"(כְּיַד הַמֶּלֶךְ) 제공됐는데 이는 왕이 풍성하게 선물을 제공했음을 의미한다(1:7 주해 참조).

해설

유대인 포로의 후손이자 일찍이 부모를 잃어 사촌 오라버니에게 양육을 받은 에스더가 대페르시아 제국의 왕비가 됐다. 수많은 궁녀들과 첩들 사이의 치열한 경쟁을 뚫고 이전 왕비 와스디가 폐위된 후 4년 만에 에스더가 왕비의 관을 쓰게 된 것이다. 물론 에스더는 젊었고 몸매가 아름다웠으며 용모가 좋았다(7절). 에스더는 궁녀를 관리하는 내시 헤개의 눈에 들었고(9절) 그녀를 보는 모든 이들에게 호의를 얻었으며(15절) 결국 왕의 사랑을 얻었다(17절). 표면적으로 보면 에스더가 왕비가 된 것은 용모가 뛰어나고 모든 이들의 호의를 얻을 만큼 매력적이어서 가능한 것이었지만 에스더가 왕비가 될 수 있었던 이유는 에스더 4:14의 모르드개의 말, “네가 이때를 위하여 왕비의 자리에 오른 것인지 누가 알겠느냐”의 관점에서 볼 필요가 있다. 모르드개는 페르시아 제국의 모든 유대인들이 멸절당할 위기에서 유대인을 구하기 위해 에스더가 왕비의 자리에 올려진 것이라 생각했다. 에스더가 유대인을 구하기 위하여 왕비의 자리에 올려졌다는 것은 에스더 홀로 올라간 것이 아니라 누군가 에스더를 그 자리에 올린 것인데 그 올린 자를 에스더 2:1-18은 명시적으로 언급하고 있지 않다. 그러나 문맥에서 충분히 유추해볼 수 있는데 그는 바로 보이지 않는 손, 여호와이시다.

에스더 2:1-18은 우리에게 표면적 현상을 바라보는 가운데 그 현상을 일으키는 보이지 않는 하나님의 손을 바라보는 훈련을 하게 하는 유용한 텍스트이다. 인생의 여정 가운데 에스더가 페르시아의 왕비가 되는 것과 같은 놀랍고 극적인 일들도 일어나고 그와 반대로 잔잔한 물결과 같은 일상적인 일들도 일어난다. 그것이 드라마틱한 일이건 일상적인 일이건 우리가 물리적으로 바라보는 것은 표면, 즉 겉으로 보이는 일이다. 그러나 그 일의 내면에는 보이지 않는 하나님의 손이 있다. 하나님의 백성들은 그 하나님의 계획과 역사하심이 무엇인지 부지런히 묵상하며 각자의 삶 가운데 하나님의 뜻을 발견하여야 한다.

제2장
에스더 2:19-3:15
하만의 유대인 진멸 계획

1. 아하수에로를 구한 모르드개의 제보(2:19-23)

에스더가 페르시아의 제국의 왕비로 뽑힌 것은 이후에 있을 유대인의 구원을 위한 중요한 준비 단계였다. 에스더가 왕비의 자리에 있었으므로 후에 있을 하만의 유대인 멸절 계획을 무산시킬 수 있었다. 유대인의 구원과 유대인의 대적자들에 대한 복수에 있어서 에스더와 함께 중요한 역할을 한 또 한 명의 유대인이 있었는데 그가 모르드개였다. 이 단락은 왕비도 아닌 평민의 신분에 있던 모르드개가 왕의 인정을 받을 수 있었던 이유가 되는 사건을 기록한다. 그것은 모르드개가 왕을 암살하려던 사람을 왕실에 제보한 사건이다. 이 제보로 인하여 모르드개는 후에 왕의 인정을 받고 유대인을 대적한 자들에게 복수할 수 있었다.

번역

19 처녀들이 두 번째로 소집되었을 때 모르드개는 왕의 문에 앉아 있었

다. 20 에스더는 모르드개가 그녀에게 명령한 대로 그녀의 친족과 그녀의 백성을 말하지 않았다. 에스더는 그녀가 그에게 양육받을 때처럼 모르드개의 말을 행하였다. 21 그때에 모르드개가 왕의 문에 앉아 있을 때 문지방을 지키는 왕의 두 내시 빅단과 데레스가 화가 났다. 그래서 그들은 아하수에로 왕을 대적하여 손을 뻗고자 하였다. 22 그런데 그 일이 모르드개에게 알려졌고 그가 왕비 에스더에게 말하였고 에스더는 모르드개의 이름으로 왕에게 말하였다. 23 그리고 그 일은 조사되었고 밝혀져서 그들 둘은 나무에 매달려 죽임을 당했다. 그리고 그것은 왕 앞에서 실록에 기록되었다.

주해

19절 에스더가 아하수에로 왕의 왕비로 뽑힌 후 에스더서의 저자는 일상의 어느 한때를 기록하는데 그때는 "처녀들"(בְּתוּלוֹת, '베툴로트')이 두 번째로 소집된 때였다. 본문에서 어디로 소집됐는지 말하고 있지 않지만, 아마도 에스더서에서 첫 번째로 젊은 처녀들이 왕실의 내시 헤개에게 소집됐듯이(8절) 두 번째도 헤개에게 소집됐을 것이다. 앞서 8절에서는 "젊은 여자들"(נְעָרוֹת)이 헤개에게 모집됐다고 했는데 이는 젊은 처녀들을 의미한다. 왜냐하면 왕의 신하들이 "젊은 여자, 처녀"(נַעֲרָה־בְתוּלָה)를 헤개에게 보낼 것을 제안하고(3절) 왕이 그대로 시행했기 때문이다(4절). 이 절에서 두 번째로 소집된 이들을 "처녀들"(בְּתוּלוֹת)로 기록했는데 이는 젊은 처녀들, 즉 "젊은 여자들, 처녀들"(נְעָרוֹת־בְּתוּלוֹת)을 줄여서 표현한 것으로 이해할 수 있다. 그렇지만 젊은 처녀들이 두 번째로 소집된 이유는 기록하고 있지 않다. 처녀들이 첫 번째 소집된 것은 왕비를 뽑기 위한 것이었는데 에스더가 왕비로 뽑혔기 때문에 처녀들을 두 번째 소집한 이유는 아마도 왕비를 뽑기 위한 것은 아니고 궁녀와 첩을 보강하기 위해서일 것이다(Keil and Delitzsch, 341).

이때 모르드개가 왕의 문에 앉아 있었다는 것은 모르드개가 단순히 물리적으로 왕궁 문 앞에 앉아 있는 것이 아니라 왕궁 문에서 임무를 수행하는 왕실 직원임을 암시한다(Fox, 38-9). 에스더가 왕비가 되기 전에는 모르드개가 궁녀들의 집 뜰에 왔다 갔다 하면서 에스더의 소식을 들었었는데, 이제 모르드개가 왕의 문에 앉았다는 것은 왕실의 관리자가 됐음을 말해준다. 이는 어쩌면 에스더가 왕비가 된 후에 자신의 사촌 모르드개에게 왕실에서 일할 수 있는 자리를 제공한 것일 수도 있다(Baldwin, 70). 에스더 3:2에서 왕이 왕의 문의 모든 종들은 하만에게 절하라고 명령할 때 모르드개도 그 종 가운데 하나였음을 볼 때 모르드개가 왕궁 문에서 임무를 수행하는 종이었음을 알 수 있다. 모르드개는 왕의 문에 앉아 있으면서 에스더에 대한 소식뿐만 아니라 왕실과 관련한 다양한 소식과 소문을 들었을 것이고 왕의 대적들에 대한 소식도 들을 수 있었다(21-22절; Smith, 243; Reid, 84).

20절 에스더는 헤개의 관리 아래 궁녀들과 함께 지낼 때에도 모르드개의 지시를 따라 자신이 유대인임을 밝히지 않았는데(10절) 왕비가 된 이후에도 그녀가 유대민족 출신임을 말하지 않았다. 아무리 왕비라 할지라도 와스디의 경우에서 본 것처럼 한 번에 폐위될 수 있기 때문에 에스더는 긴장을 늦출 수 없었고, 자신이 포로로 끌려온 유대인의 후손이라는 것이 알려져서 득이 될 것이 없다는 것을 에스더 자신도 알았을 것이다. 에스더는 자신이 유대인이라는 것을 밝히지 않는 것뿐만 아니라 다른 일에 있어서도 부모가 없었던 자신을 키워준 모르드개의 지시를 따라 행했다. 이 절에서 흔하지 않은 단어, '마아마르'(מַאֲמַר, "말")가 사용됐는데 에스더가 모르드개의 "말"(מַאֲמַר)을 행한 것은 전임 왕비 와스디가 아하수에로 왕의 "말"(מַאֲמַר)을 행하지 않은 것과 대비된다(Macchi, 134). 에스더가 모르드개의 조언을 따라 행한 것은 앞으로 있을 사건의 전개에 있어서도 중요하다(에 4:8-17; Moore, 1971: 30). 왕비가 된 이후에도 모르드개가 왕의 문에 앉아 있었기 때문에 모르드개와 소통하는 것은 어렵지 않았을 것이다.

21절 모르드개가 왕의 문에 앉아 있던 어느 날 왕의 내시인 빅단과 데레스가 화가 나서 왕을 대적하려 했던 일이 있었다. 빅단과 데레스가 화가 난 이유는 알려지지 않았고 왕을 대적하고자 한 것으로 보아 왕에게 화가 나 있음을 알 수 있다. "왕을 대적하여 손을 뻗는 것"(לִשְׁלֹחַ יָד בַּמֶּלֶךְ)에 사용된 단어 '바멜레크'(בַּמֶּלֶךְ)의 전치사 '베'(בְּ)는 "대적하는"(against)을 의미하며 "왕을 대적하여 손을 뻗는 것"은 왕을 죽이는 것, 즉 왕을 암살하는 것을 의미한다(Moore, 1971: 31). 숙어로 사용된 "대적하여 손을 뻗는 것"(לִשְׁלֹחַ יָד בְּ)은 3:6에서 하만이 모르드개를 죽이고자 한 것(לִשְׁלֹח יָד בְּמָרְדֳּכַי)과 9:2에서 유대인들이 그들을 해치려 했던 자들을 죽이고자 한 것(לִשְׁלֹחַ יָד בִּמְבַקְשֵׁי רָעָתָם, "그들의 해를 찾는 자들을 대적하여 손을 뻗는 것")에 사용됐다(참조, 삼상 24:7).

빅단(בִּגְתָן, '비그탄')은 6:2에서는 다른 형태, '비그타나'(בִּגְתָנָא)로 나타난다. 또한 빅단이 1:10의 왕에 앞에서 섬기는 일곱 명의 내시 가운데 하나인 "빅다"(בִּגְתָא, '비그타')일 가능성도 있는데 그렇다면 왕의 지근에서 섬기는 빅단이 왕을 암살하는 일은 상대적으로 어렵지 않았을 것이다(Smith, 243). 두 내시의 역할은 "문지방을 지키는 것"(שֹׁמְרֵי הַסַּף)으로 기록됐는데 이는 두 내시가 왕의 개인 숙소를 지키는 임무를 부여받았던 것으로 이해할 수 있다(Clines, 292). 그렇다면 두 내시는 왕을 암살하기에 좋은 자리에 있었던 것이다. 데레스는 6:2에서 왕이 지난 날들의 기록을 보는 가운데 이 절과 같은 형태(תֶּרֶשׁ)로 빅단과 함께 언급되고 그 외 에스더서의 다른 부분에는 나타나지 않는다.

22절 빅단과 데레스가 왕을 암살하려는 계획은 모르드개에게 알려졌다. 왕의 문 앞에 앉아서 에스더와 소통할 뿐만 아니라 왕실에 관한 여러 소식과 소문을 들었던 모르드개가 왕을 암살하려는 내시들이 있음을 듣게 된 것이다. 왕을 암살하려는 시도는 극비 중에 진행됐을 것이고 모르드개가 확보한 정보는 거의 알려지지 않은 고급정보였을 것이다. 모르드개는 이 암살 계획을 에스더에게 알린다. 모르드개는 에스더가 이 제보를 왕에게 말할 때 에스더가 왕의 더 큰 신임을 얻을 것을 알았을 것이다(Fox, 40).

에스더가 아하수에로 왕의 왕비가 됐다는 것은 아하수에로 왕이 모르드개에게 더 이상 남이 아님을 의미한다. 모르드개에게 아하수에로는 자신이 머물고 있는 페르시아 제국의 왕일 뿐 아니라 사촌 매제였다. 페르시아 제국의 왕일 뿐 아니라 자신의 사촌 매제가 암살의 위험에 처했기 때문에 모르드개가 에스더에게 암살 계획을 제보한 것은 지극히 당연한 것이었다. 만약에 아하수에로가 암살될 경우, 자신이 딸처럼 기른 에스더도 왕비의 자리에서 내려올 가능성이 높았기 때문에 이 제보는 페르시아 왕이자 자신의 사촌 매제인 아하수에로를 위한 것임과 동시에 자신의 사촌 동생 에스더를 위한 것이기도 했다. 이 제보를 받은 에스더는 모르드개가 왕의 상급을 받게 하기 위하여 모르드개의 이름으로 왕에게 제보 내용을 보고했고 후에 모르드개는 이 제보로 인하여 왕에게 큰 상급을 받게 된다(6:1-11).

23절 왕실은 아하수에로 왕 암살에 관련한 모르드개의 제보를 조사했고 그 제보는 사실로 드러나 왕실의 두 내시, 빅단과 데레스는 나무에 매달렸다. 여기서 나무에 매달렸다는 것(וַיִּתָּלוּ)은 단순히 나무에 매달린 것이 아니라 나무에 매달려 죽임을 당한 것을 의미한다(BDB, 1067). 왕을 암살하려고 기도한 죄는 분명 중대한 죄로 다루어졌을 것인데 그 죄를 지은 자들을 나무에 매달려 죽게 한 것을 볼 때에 나무에 매달려 죽게 하는 처형은 마치 로마 시대의 십자가 처형이 극한 처형이었던 것과 마찬가지로 페르시아 시대의 극한 처형이었을 것이다. 이후에 5:14에서는 하만의 아내와 친구들이 하만에게 절하지 않은 모르드개를 50규빗 높이의 나무에 매달아 죽이라고 제안하는데 그것도 극한 처형으로 제안된 것으로 보인다. 그리고 그 후에 하만과 그의 아들들이 나무에 매달려 처형을 당한다(7:9-10; 8:7; 9:14, 25; Macchi, 135).

흥미롭게도 왕은 제보를 통해 자신의 생명을 구한 모르드개에게 즉각적인 상급을 수여하지 않았고 모르드개의 제보와 암살 기도자들에 대한 처형은 "날들의 일들의 책"(סֵפֶר דִּבְרֵי הַיָּמִים), 즉 실록에 기록될 뿐이었다(참조, 6:3). 그러나 모르드개가 제보에 대한 즉각적인 상급을 받지 않은 것은 후에 하만이 유대인을 멸절하려고 계획한 때에 큰 상을 받게 되는 계기가 된다(6:1-11). 에스더서를 전체적으로 조망할 때 모르드개에게 즉각적으로 상급이 주어지지 않은 것은 하나님의 섭리 가운데 더 중요한 때를 위해 연기된 것으로 볼 수 있다. 아하수에로 왕은 모르드개의 제보로 빅단과 데레스가 계획한 암살의 위기를 모면했지만 이후 주전 465년에 그의 경호실장이었던 아르타바누스(Artabanus)에게 암살당함으로 20년간의 통치의 막을 내렸다(Yamauchi, 1990: 239)

해설

에스더가 왕비의 자리에 오른 후 에스더 저자의 시선은 모르드개에게 옮겨졌다. 모르드개가 왕의 문에 앉아 있었다는 것은 그가 아하수에로 왕 암살 계획을 듣게 됨을 준비하는 서술이었다. 에스더가 왕비의 자리에 올랐지만 조실부모한 에스더를 키운 모르드개는 여전히 에스더에게 지대한 영향을 끼치고 있었다. 에스더는 왕비가 된 이후에도 긴장을 늦추지 않고 모르드개의 지시를 따라 그가 유대인이라는 것을 밝히지 않았으며 여전히 모르드개의 말을 따라 행했다.

어느 날 왕의 문에 앉아서 왕실에 관련한 여러 소식과 소문을 들었던 모르드개는 두 내시가 왕을 암살할 계획을 세우고 있다는 정보를 듣게 된다. 왕의 암살 계획은 극비리에 진행됐을 것이기 때문에 이러한 정보는 왕의 문에 앉아 있는 자라고 쉽게 얻을 수 있는 정보는 아니었을 것이다. 이러한 극비의 정보를 모르드개가 어떻게 얻을 수 있었을까? 에스더서는 그 경로에 대해서 말하고 있지 않다. 그러나 에스더서의 보이지 않는 하나님의 손을 기억한다면 모르드개가 이 극비의 정보를 얻은 것을 우연으로 치부하기 어렵다. 모르드개에게 이 극비의 정보를 알게 하신 이는 여호와 하나님이시고, 이는 모르드개가 앞으로 아하수에로 왕의 인정을 받는 데 중요한 계기가 된다.

보이지 않는 하나님의 손은 여기서 그치지 않는다. 모르드개가 왕의 생명을 구한 제보를 했으므로 모르드개가 왕에게 큰 상급을 받을 것이라고 예상할 수 있다. 그러나 모르드개의 제보와 암살을 계획했던 두 내시가 나무에 매달려 죽임당하는 것이 실록에 기록될 뿐 모르드개는 아무런 상급도 받지 않았다. 이는 모르드개가 이후 더 결정적인 순간에 아하수에로 왕으로부터 큰 영광을 받는 계기가 된다(6:1-11). 이 상급의 지연도 우연히 일어난 것이 아니라 보이지 않는 하나님의 손이 작용한 것이다.

비록 에스더서에 하나님의 이름이 한 번도 나타나지 않지만 에스더서는 보이지 않는 하나님의 손의 역사를 잘 감지할 수 있는 책이다. 독자는 에스더서 전체 내용을 알고 있을 때 하나님의 보이지 않는 역사를 보다 잘 감지할 수 있다. 즉, 훗날 일어날 사건의 관점에서 앞서 일어난 일들을 바라보면 우연이 아니라 하나님의 보이지 않는 손의 역사임을 알아차릴 수 있다. 그리스도인의 삶도 마찬가지이다. 보이지 않아도 그리스도인의 삶 가운데 하나님의 역사가 있다. 다만 우리가 그 하나님의 역사를 분별하는 데 어려움을 느끼는 것은 지금의 일 가운데 있는 보이지 않는 하나님의 역사가 이끄시는 미래를 잘 알지 못하기 때문이다.

2. 하만의 유대인 진멸 계획(3:1-15)

2장은 수산성에 거주하는 유대인 에스더와 모르드개에게 일어난 좋은 일을 기록했다. 에스더는 페르시아 제국의 왕비가 됐고 모르드개는 왕을 암살하려는 계획을 제보하여 그의 이름이 실록에 기록되는 영광을 얻었다. 그러나 3장에서는 분위기가 사뭇 달라진다. 수산성에서 승승장구하던 유대인들에게 큰 위기가 닥쳤고 그것은 비단 수산성뿐만 아니라 페르시아 전역의 유대인에게 미치는 위기였다. 페르시아 제국의 2인자 하만이 자신에게 절하지 않는 모르드개가 유대인이라는 사실을 알고 모르드개뿐만 아니라 모르드개의 족속인 유대인 전체를 몰살하기 위해 왕의 재가를 얻어 구체적인 계획까지 수립한 것이다.

번역

1 이 일들 후에 아하수에로 왕이 아각 사람 함므다다의 아들 하만을 승격시켰다. 그가 그를 높여 그와 함께 있는 모든 관료들 위에 그의 영광스러운 자리를 두었다. 2 그리고 왕의 문에 있는 모든 왕의 종들이 하만에게 엎드려 절하였으니 이는 왕이 그를 위하여 명령하였기 때문이다. 그러나 모르드개는 엎드리거나 절하지 않았다. 3 그러자 왕의 문에 있는 왕의 종들이 모르드개에게 말했다. "너는 왜 왕의 명령을 거역하느냐?" 4 그러나 날마다 그들이 그에게 말할 때 그가 그들의 말을 듣지 않았다. 그러자 그들은 모르드개의 말이 견딜 수 있는지 보기 위하여 하만에게 말하였는데 이는 그가 그들에게 그가 유대인임을 말했기 때문이다. 5 그리고 하만은 모르드개가 그에게 엎드려 절하지 않음을 보고 분으로 가득 찼다. 6 모르드개 개인만 대적하여 손을 뻗는 것은 그의 눈에 모욕적이었는데 이는 그들이 그에게 모르드개의 백성을 말했기 때문이다. 하만은 아하수에로의 모든 왕국 안에 있는 모든 유대인들, 모르드개의 백성을 멸절하고자 하였다. 7 아하수에로 12년 첫째 달, 즉 니산월에 하만 앞에서 부르, 즉 제비를 던지니 날부터 날까지 그리고 달부터 달까지, 12월, 즉 아달월이었다. 8 하만이 아하수에로 왕에게 말했다. "당신의 왕국의 모든 지역의 백성 가운데 흩어져, 분리된 한 민족이 있습니다. 그들의 법은 모든 백성과 다르고 그들은 왕의 법을 행하지 않습니다. 따라서 그들을 놔두는 것은 왕에게 이롭지 않습니다. 9 만약

왕에게 좋으시다면 그들을 멸하는 것이 쓰이게 하소서. 그러면 제가 왕
의 금고에 넣을 은 만 달란트를 그 일을 하는 사람들의 손에 달아 주겠
습니다." 10 그러자 왕이 그의 손에 있는 그의 인장반지를 뺐다. 그리고
그가 유대인들의 대적, 아각 사람 함므다다의 아들 하만에게 그것을 주
었다. 11 그리고 왕이 하만에게 말했다. "그 은과 그것을 할 백성이 네
눈에 좋은 대로 너에게 주어졌다." 12 그리고 왕의 서기관들이 첫째 달
13일에 소집되었다. 그리고 왕의 제후들과 각 지역의 지사들과 각 백성
과 각 지역의 관료들에게 그것의 철자로 각 백성마다 그의 언어로 하만
이 명령한 모든 것을 따라 기록되었다. 그것은 아하수에로 왕의 이름으
로 기록되었고 왕의 인장반지로 인 쳐졌다. 13 그리고 조서들이 달리는
사람들의 손에 의하여 왕의 모든 지역들에 전해졌다. 이는 모든 유대인
들을 소년부터 노인까지, 어린이들과 여인들을 12월, 즉 아달월 13일 하
루에 멸절하고 죽이고 멸망시키고 그들의 재물을 약탈하기 위함이다.
14 그 문서의 사본이 법으로 모든 지역에 주어졌고 모든 백성들에게 이
날에 준비되도록 지역에 알려졌다. 15 달리는 사람들은 왕의 말대로 서
둘러 나갔다. 그 법은 수산성에 주어졌다. 그리고 왕과 하만은 마시기
위하여 앉았다. 그리고 수산 성읍은 혼란에 빠졌다.

주해

1절 에스더서는 새로운 국면에 돌입한다. 이 절은 "이 일들 후에"(אַחַר הַדְּבָרִים הָאֵלֶּה)로 시작하는데 여기서 말하는 "이 일들"(הַדְּבָרִים הָאֵלֶּה)이란 에스더 1-2장에 기록된 일련의 일들을 말한다. 그 가운데 중요한 일들로는 아하수에로 왕이 베푼 큰 잔치에서 왕의 말

에 복종하지 않은 왕비 와스디가 폐위된 후 에스더가 후임 왕비로 뽑히고 왕의 암살 계획을 제보한 모르드개가 실록에 기록된 일을 들 수 있다. 에스더서에서 이때까지 소개된 주요 인물로 아하수에로와 와스디, 에스더와 모르드개를 들 수 있는데, 여기에 에스더서의 또 한 명의 주요 인물, 하만이 소개된다.

하만은 "아각 사람"(הָאֲגָגִי) 함므다다의 아들로 소개된다. "아각 사람"(אֲגָגִי, '아가기')은 구약에서 하만이 속한 족속으로 에스더서에만 나타나고 다른 책에서는 나타나지 않아 아각 족속이 하만이 속한 족속이라는 것 외에 다른 것은 알려진 바가 없다. 그러나 아각(אֲגַג)은 사무엘상 15장에서 사울과 싸웠던 아말렉 족속의 왕이었고(삼상 15:8) 사울이 진멸의 명령에 순종하지 않고 살려두었었는데 사무엘이 죽인 왕으로 알려져 있다(삼상 15:33).

구약에서 "아각"이 나오는 또 하나의 구절이 있는데 그것은 민수기 24:7이다. 민수기 24:7은 발람의 예언 중 한 부분으로서 이스라엘의 왕이 아각(אֲגַג)보다 높을 것을 예언한 구절이다. 여기서 아각은 아말렉 족속의 왕으로 보이고 이 구절은 이스라엘이 출애굽 할 때 아말렉 족속이 이스라엘의 후미를 공격한 이래(출 17:8-16; 신 25:17-18) 이스라엘의 왕이 이스라엘과 적대적 관계에 있는 아말렉의 왕보다 높을 것을 예언한 것으로 볼 수 있다. 민수기 24:7과 사무엘상 15:8에서 아말렉의 왕이 아각으로 기록됐다면 아각은 이집트의 왕 바로나 블레셋 그랄의 왕 아비멜렉(창 20:2; 26:1)과 같이 한 개인의 이름이 아니라 한 족속의 왕을 일컫는 일반명사로 볼 수 있다(Keil and Delitzsch, 343).

"아각"이 아말렉 족속의 왕이기 때문에 "아각 사람"(אֲגָגִי)을 아말렉 사람으로 볼 수 있을까? "아각"을 고유한 개인 이름이 아니라 아말렉 왕을 칭하는 일반명사로 볼 때 그 가능성은 한층 높아진다. 아말렉 사람 중 왕, 아각의 후손을 '아가기'(אֲגָגִי, "아각 사람")라 부를 수 있고, 아니면 더 넓게 아각을 왕으로 둔 아말렉 사람을 '아가기'로 부를 수도 있다. 그렇다면 "아각 사람"으로 소개된 하만을 아말렉 왕족의 후손 혹은 더 넓게 아말렉 족속의 후손으로 볼 수 있다.

하만을 아말렉 사람으로 보는 중요한 이유는 2절에서 모르드개가 하만에게 절하지 않기 때문이다. 2절은 왕의 종들이 모두 하만에게 엎드려 절했지만 모르드개만 절하지 않은 것을 기록하며 그 이유에 대해서는 언급하지 않는데 저자는 하만이 아각 사람, 즉 아말렉 사람임을 1절에서 말함으로 그 이유를 암시하였다. 모르드개는 하만이 이스라엘 민족이 출애굽 할 때 이스라엘의 후미를 쳐서 이스라엘의 대적이 된(신 25:17-18) 아말렉 족속의 후손임을 알고 절하지 않았을 것이다. 또한 베냐민 지파의 후손인 모르드개는(2:5) 베냐민 지파 출신인 사울 왕이 아말렉 족속의 왕, 아각과 싸웠던 것도(삼상 15:1-9) 기억하며 하만에게 절하지 않았을 것이다.

하만은 왕의 두터운 신뢰를 받는 인물로 왕은 하만을 모든 관료들보다 높은 자리, 즉 2인자의 자리에 앉혔다. '키세'(כִּסֵּא)는 일반적으로 왕의 보좌를 의미하는데 여기서 하만의 자리가 '키쓰오'(כִּסְאוֹ, "그의 자리")로 기록된 것은 페르시아 제국 내에서 하만의 영광스러운 지위를 단적으로 보여준다.

2절 하만에 대한 왕의 신뢰는 2절에서도 계속된다. 아하수에로 왕은 하만을 자신의 왕국의 2인자로 세웠을 뿐만 아니라 왕의 문에 있는 그의 모든 종들에게 하만에게 엎드려 절하라고 명령했다. 왕의 문에 있는 종들은 왕궁의 문을 관리하는 왕궁 직원들을 말한다(2:19 주해 참조).

모르드개는 왕의 명령에 복종하지 않았는데 이는 1절에서 설명한 바와 같이 아각 사람 하만이 이스라엘 민족과 적대적 관계에 있었던 아말렉 족속의 후손임을 알고 그에게 엎드려 절하지 않은 것이다. 모르드개가 엎드려 절하지 않은 것을 완료형 동사가 아니라 미완료 동사를 사용하여 표현한 것은(וּמָרְדֳּכַי לֹא יִכְרַע וְלֹא יִשְׁתַּחֲוֶה) 모르드개의 엎드려 절하지 않은 행위가 반복하여 계속된 것을 나타낸다(GKC, §107e). 모르드개가 엎드려 절하지 않은 것이 반복되는 행위였다는 것은 4절에서 모르드개의 동료 종들이 모르드개가 왕의 명령의 불복종하는 이유를 날마다(יוֹם וָיוֹם) 반복적으로 물은 것을 통해서도 알 수 있다.

3절 모르드개가 왕의 문의 다른 종들과 달리 반복하여 하만에게 절하지 않자(2절 주해 참조) 동료 종들이 모르드개에게 그 이유를 물었다. 종들의 질문은 단순히 왜 하만에게 절하지 않느냐가 아니라 그것이 왕의 명령인데 어떻게 왕의 명령을 거역할 수 있느냐는 것이었다. 이들의 질문은 모르드개의 불복종을 책망한 것이었다. 4절에서 모르드개가 "그들의 말을 듣지 않았다"(וְלֹא שָׁמַע אֲלֵיהֶם)는 것은 동료 종들의 말이 모르드개를 향한 책망이자 권고임을 보여준다.

모르드개는 왕의 암살을 계획했던 자들을 왕실에 제보하여 왕의 목숨을 구할 만큼 왕에게 충성하는 자였다(Clines, 284). 더욱이 에스더가 아하수에로 왕의 왕비가 됨으로 모르드개와 아하수에로 왕은 사돈 관계가 됐다. 그렇다면 모르드개가 왕의 다른 종들보다 왕의 명령에 더 협조적이어야 했는데 모르드개가 왕의 명령에 복종하지 않은 것은 그만한 이유가 있었던 것이다. 그것은 하만이 출애굽 이후 대대로 내려오는 유대인의 대적인 아말렉 족속의 후손이라는 것이었다(1절 주해 참조). 비록 모르드개가 포로의 후손으로 이방 땅 수산성에 거주하고 있었지만 투철한 민족의식이 있던 그는 아말렉 족속의 후손에게 도저히 엎드려 절할 수 없었던 것이다.

4절 모르드개가 그의 동료 종들이 날마다 하는 말을 듣지 않았다는 것은 모르드개가 엎드려 절하지 않은 것이 단회적인 것이 아니라 반복적인 것임을 말해준다. 그래서 2절에서 모르드개가 엎드려 절하지 않은 것이 완료형이 아니라 미완료 동사로 사용된 것이다(2절 주해 참조). 또한 모르드개가 동료 종들이 하는 말을 듣지 않았다는 것은 동료 종들이 물은 것은 단순히 모르드개가 왜 절하지 않는지 그 이유를 물은 것이 아니라 왕의 명령을 거역하여 절하지 않은 것을 책망하며 엎드려 절할 것을 권고한 것이었음을 말해준다(Berlin, 36). 모르드개가 그 말을 듣지 않았다는 것은 바로 동료 종들의 질문 형식의 권고를 듣지 않았음을 말한다. 왕의 문을 지키는 모르드개의 동료 종들은 왕의 명령을 거역하는 모르드개의 독선적인 행위와 자신들의 거듭된 권고를 무시하는 모르드개의 고집을 못마땅하게 여기고 하만에게 모르드개가 엎드려 절하지 않음을 말했다.

모르드개의 동료 종들이 하만에게 말한 또 하나의 이유는 모르드개가 그들에게 자신이 유대인임을 말했기 때문이다. 모르드개가 그의 동료들에게 자신이 유대인임을 말한 것과 모르드개가 하만에게 절하지 않은 것은 어떤 상관관계가 있을까? 에스더서에는 이를 밝히고 있지 않지만 모르드개는 자신이 유대인이기 때문에 유대인과 적대관계에 있는 아말렉 족속의 후손, 아각 사람 하만에게 절할 수 없다고 말했을 것이다(Fox, 46). 모르드개의 동료들은 "모르드개의 말"(דִּבְרֵי מָרְדֳּכַי)이 견딜수 있는지 보길 원했는데 여기서 "모르드개의 말"은 모르드개가 그들에게 자신이 유대인이라고 말한 것을 말한다(Macchi, 152). 즉, 모르드개의 동료들은 모르드개가 자신이 유대인이어서 아말렉의 후손 하만에게 절할 수 없다고 말한 것이 모르드개가 절하지 않고 계속 버틸 수 있는 근거가 될 수 있는지 보길 원했다. 물론 모르드개의 동료 종들은 유대인의 대적 하만에게 절하지 않는다는 모르드개의 말이 하만이 받아 줄 수 있는 근거가 되지 못한다고 생각했을 것이다.

5절 왕의 문에서 근무하는 왕의 종들 가운데 모르드개만 하만에게 절하지 않았기 때문에 모르드개는 눈에 띄었을 것이지만 하만이 절하지 않는 모르드개를 유심히 본 것은 왕의 문에서 일하는 왕의 종들이 하만에게 모르드개가 자신이 유대인이기 때문에 하만에게 절하지 않음을 고한 이후이다. 하만은 왕의 문의 종들이 자신에게 절할 때 모르드개만 엎드려 절하지 않는 모습에 화가 났다. 히브리어, '바임말레 하만 헤마'(וַיִּמָּלֵא הָמָן חֵמָה)를 직역하면 "하만이 분으로 가득 찼다"로서 하만의 화가 최고조에 올랐음을 나타낸다. 잠언 19:19에서는 "노하기를 맹렬히 하는 자는(גְּדָל־חֵמָה) 벌을 받을 것이라"고 말하여 큰 분을 내는 것의 어리석음을 지적한다. 하만이 이렇게 분을 낸 것은 모르드개가 유대인이기 때문에 자신에게 절하지 않았다는 이유가 하만에게 용납되지 않았음을 보여준다. 흥미롭게도 '하만'(הָמָן)은 "분"을 의미하는 '헤마'(חֵמָה)와 발음이 유사하여 히브리어로 읽으면 언어유희의 효과도 나타난다(Reid, 91).

6절 모르드개를 향한 하만의 분은 모르드개 개인을 넘어 모르드개가 속한 유대인들에게 확장됐다. 하만은 모르드개가 유대인이기 때문에 자신에게 절하지 않았다면 다른 유대인들도 모르드개와 같이 자신을 대적하며 무시할 수 있을 것이라고 생각했을 것이고, 모르드개 한 명이 아니라 페르시아 제국에서 유대인 전체를 멸절시키고자 한 것이다

(Clines, 294).

2:21에서 살펴보았듯이 히브리어 숙어 '리슐로아흐 야드 베'(לִשְׁלֹחַ יָד בְּ, "대적하여 손을 뻗는 것")는 죽이는 것을 의미한다. 하만에게는 모르드개만 죽이는 것이 "모욕적"(וַיִּבֶז)이었는데 그 이유는 모르드개의 동료 종들이 하만에게 모르드개가 유대인임을 말했기 때문이다. 조금 더 구체적으로 말하면 모르드개의 동료 종들이 하만에게 모르드개가 유대인이기 때문에 하만에게 절하지 않았다고 말했기 때문에 다른 유대인들도 잠재적으로 하만을 대적하며 무시할 수 있는 사람들인 것인데, 이를 알고도 유대인들을 가만히 놔두는 것은 하만에게 모욕적인 것, 즉 그의 자존심이 허락하지 않는다는 것이었다. 하만은 단순히 모르드개에게 화가 많이 난 나머지 모르드개의 민족 유대인을 멸절하려고 한 것이 아니라, 모르드개가 유대인이라는 이유로 자신에게 절하지 않았기 때문에 유대인들 전체를 멸절하고자 한 것이다. 모르드개가 유대인이기 때문에 자신에게 절하지 않았다고 해서 페르시아 제국의 유대인 전체를 멸절하고자 한 하만의 계획은 페르시아 제국의 2인자의 권력을 남용해도 한참 남용한 것이었다.

7절 하만 앞에서 제비(lot), 즉 부르를 던진 때는 아하수에로 왕 12년으로 이는 에스더가 왕비가 된 지 5년 후였다(2:16-17). "부르"(פּוּר, '푸르')는 바벨론 제국에서 사용한 아카드어, '푸루'(*pūru*)에서 온 것으로 제비(lot), 운명(fate)의 의미를 지닌다(Lewy, 1939a: 144). 에스더서의 저자는 제비를 의미하는 히브리어로 잘 알려진 '고랄'(גּוֹרָל)을 사용하여 '푸르 후 학고랄'(פּוּר הוּא הַגּוֹרָל, "부르 그것은 제비")이라고 표현함으로 "부르"의 의미를 밝힌다. 이후 절기의 이름이 된 "부림"(פּוּרִים)은(9:26) 아카드어에서 온 '푸르'에 히브리어 복수형 어미 '임'이 붙여진 형태로 "제비들"을 의미한다(Fox, 47).

작은 돌 주사위와 같은 부르를 던지는 것은 고대 메소포타미아에서 행해진 풍습인데 그리스 역사가 헤로도토스와 크세노폰(Xenophon)에 의하면 페르시아 시대에도 부르를 던지는 풍습이 있었다(헤로도토스 3.128; Xenophon, *Cyropaedia* I. 6.45). "하만 앞에서"(לִפְנֵי הָמָן) 누가 제비를 던졌는지는 기록하고 있지 않고 '힢필 푸르'(הִפִּיל פּוּר)로 표현했는데 이를 직역하면 "그가 부르를 떨어지게 했다"이다. "하만 앞에서" 제비를 던졌기 때문에 제비를 던진 이는 하만이 아닌 다른 인물로 점성가나 마법사일 가능성이 크다(Moore, 1971: 38). 13절의 조서에서 유대인을 멸절시키고자 한 날을 아달월 13일로 기록한 것을 보아 제비를 던진 것은 유대인을 멸절하기 위한 달과 날을 결정하기 위한 것이었다. 제비를 던진 달이 첫째 달, 니산월이고 유대인의 멸절을 위해 잡힌 달이 마지막 달, 아달월이기 때문에 유대인 멸절의 날은 제비를 던진 때로부터 약 11개월 후였다.

본문에서 부르를 던진 때는 1년의 첫째 달인 니산월인데 고대 아시리아에서는 한 해의 첫째 달에 그해의 중요한 일의 때를 정하기 위하여 제비를 던지는 풍습이 있었다(Breneman, 329). 니산월의 "니산"(נִיסָן)은 바벨론력에서 온 이름으로 포로기 이후에 사용된 명칭이다. 니산월에 상응하는 포로기 이전 유대력의 명칭은 "아빕"(אָבִיב)월로서(출 13:4) 이스라엘 백성이 애굽에서 나온 달로 잘 알려져 있다. 아빕월 혹은 니산월은 현대력으로 3-4월에 해당하는 시기이다.

제비를 던지는 과정 가운데 나온 표현, "날부터 날까지 그리고 달부터 달까지"(מִיּוֹם לְיוֹם וּמֵחֹדֶשׁ לְחֹדֶשׁ)의 정확한 의미는 알려져 있지 않다. 문맥에서 그 의미를 추정한다면 "모든 날과 달 가운데에서"로 이해할 수 있다. 무어가 언급했듯이 모든 달의 모든 날을 대상으로 몇 백 번의 제비를 던졌다기보다는 제비를 던져서 나온 한 날을 정했을 것이다(Moore, 1971: 38). 13절의 기록을 봤을 때 제비를 던져 정해진 날은 아달월 13일이었다. 그러나 이 절에서는 제비를 던져 결정된 날은 생략하고 결정된 달이 아달월인것만 기록하였다.

8절 모르드개가 속한 유대민족을 멸절하기 위해 페르시아 제국의 2인자 하만은 아하수에로 왕의 재가를 받아야 했다. 하만은 이미 페르시아의 유대인들을 멸절할 날까지 잡아 놓은 상태에서 왕에게 유대인을 멸절해야 할 이유를 말한다. 그것은 모르드개가 왕의 명령을 어기고 자신에게 절하지 않는데 그 이유는 모르드개가 속한 유대민족과 하만 자신이 속한 아각인들, 즉 아말렉 민족이 역사적으로 적대적 관계이기 때문에 자신은 모르드개 한 명만 죽이는 것으로 만족하지 않고 페르시아의 모든 유대인들을 멸절해야겠다는 것이 아니었다. 하만은 이와 같은 사실적인 이유가 페르시아의 모든 유대인을 멸절하기 위한 명분으로 충분하지 않다는 것을 알았을 것이다. 그래서 그는 유대인들이 페르시아 제국의 백성들 가운데 분리되어 있고 유대인들의 법이 페르시아 제국의 다른 민족의 법과 달라 왕의 법을 따르지 않는다고 거짓으로 말하며 이러한 유대인들을 이렇게 계속 내버려 두는 것이 왕에게 이롭지 않다고 말했다.

하만의 말 가운데 유대인들이 분리됐다는 것(מְפֹרָד)은 물리적으로 다른 민족들과 떨어져 산다는 것을 말하는 것이 아닌데, 이는 유대인들이 분리됐다고 말하기 전에 흩어져 있음(מְפֻזָּר)을 말함을 통해 알 수 있다. 유대인들은 물리적으로 한곳에서 분리되어 사는 것이 아니라 페르시아 전역에 흩어져 있었다. 하만이 여기서 유대인들이 분리됐다고 말하는 것은 사회, 문화적으로 분리됐음을 말하는 것이다(Fox, 48). 하만은 유대인들이 왕의 법을 지키지 않은 어떤 구체적인 행위도 제시하지 않았다. 모르드개가 하만에게 절하라는 명령을 지키지 않은 것을 왕의 법을 지키지 않은 것이라 할지라도(Jobes, 121) 유대인들이 집단적으로 왕의 법을 지키지 않는다는 하만의 말은 거짓이다.

"흩어져, 분리된 한 민족이 있습니다"(יֶשְׁנוֹ עַם־אֶחָד מְפֻזָּר וּמְפֹרָד) 에서 "있습니다"로 번역된 '예쉬노'(יֶשְׁנוֹ)는 흔하지 않은 형태로 불변화사 '예쉬'(יֵשׁ)에 3인칭 남성단수 대명사 접미사, '노'(נוֹ)가 결합된 형태이다.[1] 여기서 '노'(נוֹ)는 예기 접미사(proleptic suffix)로 바로 다음에 나오는 '암'(עַם, "백성")을 미리 접미사로 나타낸 것이다(*HALOT* I, 442).

9절 8절에 이어 하만의 말이 계속된다. 앞 절에서 하만이 페르시아의 유대인들이 왕의 법을 지키지 않고 왕에게 이롭지 않다고 말한 의도가 이 절에 나타난다. 그것은 유대인들을 멸하기 위함이었다. 하만이 왕에게 제안한 것은 유대인의 법을 고치거나 유대인 지도자들을 징계하는 정도가 아니라 페르시아의 유대인들을 다 멸하는 것이었다. 자신의 이러한 계획이 확정되길 원했던 하만은 조서를 내릴 것을 왕에게 요청하며 이 조서가 페르시아 전역에 전달되고 유대인 멸절을 집행하는 데 필요한 비용, 은 일만 달란트를 왕의 금고에 보내겠다고 말한다.

하만은 왕의 재가를 받기 위하여 왕이 비용의 부담을 갖지 않도록 자신이 유대인 멸절에 필요한 비용을 마련해 왕의 금고에 보내겠다고 말한 것이다(Smith, 250). 여기서 "그 일을 하는 사람들"(הַמְּלָאכָה עֹשֵׂי)은 왕의 금고를 맡아 관리하는 사람들을 말한다. 일만 달란트는 지

1. '예쉬노'(יֶשְׁנוֹ)는 구약성경에서 이곳 외에 신명기 29:14과 사무엘상 14:39; 23:23에 나타난다(GKC, §100o; Joüon & Muraoka, §102k).

금의 단위로 환산하면 약 333톤이 넘는 무게로(Bush, 381) 페르시아 제국의 다리오 1세 때에 한 해 세금이 은 14,560달란트였던 것을 고려하면, 1년 세금의 약 68%를 차지하는 큰 액수이다(헤로도토스, 3.95; Fox 52). 유대인을 멸절하기 위한 구체적인 비용, 은 일만 달란트를 언급한 것은 하만이 왕에게 말하기 전에 유대인 멸절을 위한 계획을 치밀하게 세웠음을 보여준다.

10절 유대인을 멸절해야 한다는 하만의 요청에 왕은 즉각적으로 반응한다. 왕은 유대인들이 분리됐다는 구체적인 내용이 무엇인지, 페르시아의 다른 백성들의 법과 유대인의 법이 다른 점이 무엇인지, 유대인이 왕의 법을 행하지 않은 것이 무엇인지 묻지도 않고 조서에 찍을 자신의 인장반지를 빼서 하만에게 주었다. 인장반지는 조서에 찍는 왕의 도장으로(8:8, 10) 인장반지를 빼서 주었다는 것은 유대인을 멸절하려는 하만의 계획을 재가한 것을 의미한다. 실제로 바벨론 지역에서 페르시아 시대의 금과 철 인장반지가 발견되기도 했다(Berlin, 41). 한 민족을 멸절하는 것이 간단한 문제가 아님에도 불구하고 왕이 이렇게 빠르게 재가하는 것은 하만에 대한 왕의 신뢰가 매우 두터움을 보여준다. 한편 하만은 에스더서의 저자에 의하여 직접적으로 "유대인들의 대적"(צֹרֵר הַיְּהוּדִים)이라는 호칭을 얻었고 이 호칭은 8:1; 9:10, 24에서 하만에게 반복된다(Fox, 52).

11절 하만의 유대인 멸절 계획 집행을 위한 아하수에로 왕의 지원은 계속된다. 왕은 하만에게 필요한 은과 백성이 "주어졌다"(נָתוּן), 즉 수동형 분사로 표현하는데 이는 왕이 필요한 비용과 인력을 허락했음을 의미한다. 왕이 하만에게 "그 은이 너에게 주어졌다"(הַכֶּסֶף נָתוּן לָךְ)라고 말하는데 여기서 말하는 은은 하만이 왕에게 왕의 금고에 지불하겠다고 한 은 일만 달란트를 말하는 것으로 보인다. 즉, 하만이 유대인 멸절에 필요한 은 일만 달란트를 왕에게 지불하겠다고 하자 왕이 그 은을 하만에게 돌려주며 유대인 멸절에 사용하라고 한 것으로 볼 수 있다. 물론 이 절에서만 보면 왕이 하만이 지불하겠다는 은을 받지 않고 자신의 은을 하만에게 주겠다는 것으로 이해할 수 있다. 그러나 4:7에서 모르드개가 하만이 왕의 금고에 지불하겠다고 한 돈(은)의 액수를 말한 것으로 보아 약속한 그 은은 취소되지 않은 것으로 보인다(Bush, 382). 만약 왕이 하만이 지불하겠다고 한 돈을 받지 않겠다고 했다면 4:7에서 모르드개가 하만이 금고에 지불할 액수를 말하지 않았을 것이다. 또한 왕은 필요한 은뿐만 아니라 유대인을 멸절하기 위해 필요한 인력도 "네 눈에 좋을 대로"(כַּטּוֹב בְּעֵינֶיךָ), 즉 하만이 원하는 대로 주겠다고 말하며 하만의 계획에 대한 전적인 지원을 약속한다.

12절 하만이 유대인을 멸절하기 위한 날을 정하기 위해 부르를 던진 때는 아하수에로 왕 12년의 첫째 달, 니산월이었고(7절) 그 후에 왕에게 유대인을 멸절할 것을 건의하여 왕의 재가를 받아냈다. 그 후 유대인 멸절을 위해 왕의 조서가 기록된 때가 첫째 달 13일이었으므로 부르를 던진 날과 왕의 재가를 받은 날과 왕의 조서가 기록된 날이 모두 첫째 달, 니산월의 날들이었음을 알 수 있다. 이는 왕의 재가 이후 얼마 되지 않아 왕의 조서가 신속하게 기록됐음을 말해준다.

첫째 달 13일은 니산월 13일로서 유대인의 유월절인 니산월 14일의 하루 전날이었다. 즉, 유대인들의 명절 하루 전날에 유대인을 멸절하는 조서가 작성된 것이다. 조서 작성을 위해서 "왕의 서기관들"(סֹפְרֵי הַמֶּלֶךְ)이 소집됐고 그들은 페르시아 제국의 모든 지역의 지도자들과 백성에게 각각의 다양한 언어로 조서를 작성했다. 페르시아의 서기관

(סֹפֵר)은 학식이 많은 학자가 아닌 공식 문서의 글씨를 쓰는 필경사였다(Moore, 1971: 41; Oppenheim, 253-56). 다양한 언어로는 페르시아인들의 엘람어, 바벨론의 아카드어, 인도의 산스크리트어, 아람인들의 아람어, 유대인들의 히브리어, 그 외에 이집트어, 헬라어, 페니키아어 등을 들 수 있다(Smith, 251). 복수의 서기관들이 소집된 중요한 이유는 조서를 여러 가지 언어로 작성해야 했기 때문이었을 것이다. 하만이 명령한 것의 주요 내용은 부르를 던져 얻은 아달월 13일에 왕의 법을 행하지 않는(8절) 유대인들을 멸절하라는 명령이었을 것이다(7절, 13절). 그 조서는 아하수에로 왕의 이름으로 기록됐고 아하수에로 왕이 빼준 인장반지로 인 쳐졌다.

13절 페르시아의 여러 민족의 언어로 기록된 조서는 "달리는 사람들"(הָרָצִים), 배달자들에 의하여 페르시아 전역, 127개 지역에(1:1) 전해진다. 물론 여기서 "달리는 사람들"(הָרָצִים)은 그냥 달려서 조서를 전달한 것은 아니고 말을 타고 신속하게 달리는 자들이었다(8:10, 14). 조서를 배달한 달리는 사람들은 조선시대의 파발꾼과 같은 역할을 수행했다.

이 조서에서 명하는 것은 11개월 후, 그해의 마지막 달인 아달월 13일 하루 동안에 남녀노소 할 것 없이 모든 유대인을 죽이고 그들의 재물을 빼앗으라는 것이었다. 여기서 비슷한 의미의 세 동사, "멸절하고 죽이고 멸망시키기 위하여"(לְהַשְׁמִיד לַהֲרֹג וּלְאַבֵּד)를 반복한 것은 유대인들을 철저히 멸하라는 것을 강조한 것이다(Paton, 209). 유대인들을 멸절할 뿐만 아니라 그들의 재물을 약탈하라는 것은 유대인 멸절을 집행하는 이들에게 동기부여가 됐을 것이다(Berlin, 43). 어쩌면 분에 가득 찬 하만에게 11개월은 기다리기에 긴 시간일 수 있었지만 부르를 던져 결정된 달이기 때문에 하만은 아달월 13일에 거사를 치르도록 조서를 작성했다. 7절에서는 부르를 던져 나온 달만 기록하고 날은 언급하지 않았는데 이 절에서 그날이 13일임을 밝힌다.

14절 아하수에로 왕의 인장반지로 인 쳐진 조서의 사본은 페르시아의 모든 백성들이 지켜야 할 법조문이었다. 이 문서를 받은 페르시아 전역의 모든 백성들은 "이날에"(לַיּוֹם הַזֶּה)에, 즉 아달월 13일에 유대인 멸절이라는 거사를 치러야 함을 알게 됐다.

15절 13-14절에서 왕의 조서가 달리는 사람들(הָרָצִים), 즉 파발꾼에 의하여 페르시아의 각 지역에 배달되어 페르시아 전역의 백성들이 유대인 멸절 계획을 알게 됐음을 기록했다. 그런데 15절은 다시 시간을 되돌려 달리는 사람들이 왕의 명령을 따라 서둘러 나갔다고 기록하는데, 15절은 왕의 조서가 전해진 곳들 중 하나로 수산성에 전해진 것을 기록한 것이다. 이 조서가 수산성에 전해지자 수산 성읍은 큰 혼란에 빠졌다. 수산성(שׁוּשַׁן הַבִּירָה)은 왕실과 정부가 있는 곳으로, 수산 성읍(הָעִיר שׁוּשָׁן)은 주로 일반 백성이 거주했던 곳으로 볼 수 있다(Fox, 55).

유대인 멸절 계획에 수산 성읍이 큰 혼란에 빠졌다는 것은 수산 성읍의 주민들이 유대인에 대해 적대적이지 않았음을 보여준다(Macchi, 159). 이 당시 수산 성읍에 유대인이 몇 명 거주했는지는 알려지지 않았지만 수산 성읍에 거주하는 유대인의 수가 많건 적건 간에 한 족속이 남녀노소 가릴 것 없이 한날에 죽임을 당한다는 소식은 성읍이 혼란에 빠질 정도의 놀라움과 공포의 소식이었다. 비단 모르드개가 거주하는 수산성뿐만 아니라 페르시아 전역의 유대인들 모두가 그해 아달월 13일에 멸절될 것이라는 것은 성읍을 혼란에 빠뜨리기에 충분한 소식이었다.

이러한 혼란스러운 수산 성읍의 모습과 대비되는 모습이 함께 기록되어 있는데 그것은 왕과 하만이 마시기 위해 앉아 있는 모습이다. 하만은 자신의 계획대로 일이 진행됨을 보며 자신의 제안을 흔쾌히 수용한 왕께 감사를 표하며 왕과 함께 술을 마셨을 것이다. 페르시아의 한 족속을 진멸하라는 잔혹한 조서에 수산 성읍뿐만 아니라 페르시아의 모든 지역의 백성들이 혼란에 빠졌을 것인데 이러한 혼란에 아랑곳하지 않고 하만과 함께 술을 마시는 아하수에로 왕의 모습에서 그의 어리석음을 볼 수 있다(Smith, 251).

해설

3장에 기록된 하만의 모습은 인간이 얼마나 악해질 수 있는 존재인가를 보여준다. 하만이 대페르시아 제국에서 일인지하 만인지상(一人之下 萬人之上)의 2인자의 위치에 올랐다는 것은 그가 대단한 능력의 소유자임을 말해준다. 에스더서에서는 하만이 나라에 어떤 공을 세워 2인자의 자리에 올랐는지에 대해서 말하고 있지 않지만 그는 큰 능력을 가지고 페르시아 제국에 지대한 공을 세웠을 것이다.

그러나 하만의 이러한 위대함은 그의 인격과 비례하지 않았다. 하만은 왕의 문을 관리하는 종들 가운데 모르드개가 자신에게 절하지 않음과 그 이유가 자신이 유대인의 대적 아말렉 족속의 후손이라는 것 때문임을 알고 모르드개뿐만 아니라 페르시아 내에 있는 모르드개의 민족, 유대인 전부를 멸절하려는 계략을 세운다. 아무리 제국 내의 2인자라고 하지만 페르시아 제국 내의 한 민족을 남녀노소 할 것 없이 몰살시키겠다는 마음은 거악이 아닐 수 없다. 그는 이 거악을 실행하기 위해 치밀하게 준비한다. 페르시아의 제비인 부르를 던져 유대인 멸절을 위한 구체적인 날짜까지 잡았다. 그는 이 계략에 대한 왕의 재가를 받기 위해 유대인 멸절의 구실을 거짓으로 조작했다. 하만이 조작한 구실은 유대인의 법은 페르시아의 다른 민족의 법과 달라서 유대인들이 페르시아 제국의 법을 행하지 않고 왕에게 이롭지 않다는 것이었다. 그는 거짓으로 왕께 보고하며 자신의 악을 이루기 위해 자신의 은 일만 달란트를 내겠다고 말했다. 안타깝게도 하만은 선을 도모하는 데에 자신의 재물을 헌신한 것이 아니라 악을 도모하는 데 헌신한 것이었다.

하만의 거악이 실행에 옮겨지는 단계를 밟게 된 데에는 아하수에로 왕도 책임을 면할 수 없다. 아하수에로 왕은 페르시아 제국 내에 한 민족을 몰살해야 하는 이유로 하만이 제시한 것을 확인해 보지도 않고 자신의 인장반지를 내주었다. 아무리 자신이 신뢰하는 신하가 한 말이라 할지라도 하만이 내세운 명분이 한 민족을 멸절시킬 만큼 중차대한 것인지 적어도 사실관계를 확인한 후에 그의 인장반지를 내주어야 했다. 하만의 거짓 진술을 그대로 받아들여 한 민족의 멸절을 재가한 아하수에로 왕의 결정은 어리석음을 넘어 악한 것이었다. 이렇게 한 나라의 권력을 쥔 1인자와 2인자가 함께 악을 도모할 때 그 악으로 인한 혼란은 걷잡을 수 없이 커 나갔다. 그래서 15절의 마지막 두 문장이 기술하듯 왕과 하만이 마시기 위해 앉아 있을 때 수산 성읍은 큰 혼란에 빠진 것이었다.

왕의 재가를 받은 하만은 그가 계획한 거악을 신속하게 진행했다. 왕에게 재가를 받은 그달 13일에 서기관들이 소집되어 페르시아 전역의 여러 민족의 다양한 언어로 남녀노소 유대인 멸절에 관한 조서가 작성됐고 그 조서들은 파발꾼에 의하여 신속하게 각 지역으로 전달됐으며 페르시아는 큰 혼란에 빠졌다. 조서를 받은 각 지역의 사람들은 자신들의 지역에 함께 살아가는 모든 유대인들을 자신들의 손으로 죽여야 하는 부담을 갖게 됐다. 하만의 유대인 멸절 계획은 페르시아 내의 유대인과 비유대인 사이에 큰 벽을 세운 것이었다. 이러한 하만의 총체적 악은 잠언 6:16-19에서 솔로몬이 말했듯이 여호와가 그의 마음에 싫어하시는 것이었다.

> 여호와께서 미워하시는 것 곧 그의 마음에 싫어하시는 것이 예닐곱 가지이니 곧 교만한 눈과 거짓된 혀와 무죄한 자의 피를 흘리는 손과 악한 계교를 꾀하는 마음과 빨리 악으로 달려가는 발과 거짓을 말하는 망령된 증인과 및 형제 사이를 이간하는 자이니라.

이와 같이 하만은 하나님의 백성을 멸절하기 위해 치밀한 계획을 세우고 왕의 재가를 받아 신속하고 추진력 있게 거악을 도모했지만, 이후에 보이지 않는 하나님의 손에 의하여 그의 계략은 수포로 돌아간다.

제3장
에스더 4:1-9:19
유대인의 구원과 유대인 대적의 몰락

1. 모르드개의 요청과 에스더의 결심(4:1-17)

에스더가 페르시아 제국의 왕비의 자리에 오른 것은 모르드개에게 믿기 어려울 만큼 기쁜 일이었을 것이다. 그러나 얼마 지나지 않아 이번엔 모르드개에게 믿기 어려울 만큼 슬픈 일이 벌어진다. 그것은 자신이 아말렉의 후예, 페르시아 제국의 2인자 하만에게 절하지 않았다는 이유로 페르시아의 모든 유대인이 멸절을 당할 위기에 처한 것이었다. 안타깝게도 페르시아 제국의 한 민족을 몰살하고자 세운 믿기 어려운 계략에 아하수에로 왕이 동의했고 왕의 동의 이후에 유대인 멸절 계획은 조서로 기록되어 페르시아 전역에 전달됐다. 이 소식을 들은 모르드개의 괴로움은 이루 다 말할 수 없었을 것이다. 모르드개는 재를 뒤집어 쓰고 베옷을 입고 수산 성읍에서 울부짖었고 이 소식을 들은 에스더는 자초지종을 듣기 위해 사람을 보낸다. 모르드개는 유대인을 이 멸절의 위기에서 구하기 위해 에스더가 왕비로서 역할을 해 줄 것을 엄중히 요청하고 에스더는 이 요청에 회답한다.

번역

1 모르드개가 되어진 모든 것을 알았을 때 모르드개는 그의 옷을 찢고
베와 재를 뒤집어썼다. 그리고 성읍 가운데에 나가 크고 비통한 울부짖
음으로 울부짖었다. 2 그리고 모르드개가 왕의 문 앞까지 갔다. 그러나
베옷을 입고 왕의 문으로 들어갈 수는 없었다. 3 모든 지역마다 왕의 명
령과 그의 법이 이른 곳에는 유대인들의 큰 애통과 금식과 울음과 울부
짖음이 있었다. 많은 이들을 위해 베와 재가 펼쳐졌다. 4 그리고 에스더
의 젊은 여자들과 그녀의 내시들이 와서 그녀에게 말했다. 그러자 왕비
는 몹시 괴로워했다. 그녀는 모르드개에게 입힐 옷들을 보내 그가 걸친
그의 베를 벗기려고 했지만 그는 받지 않았다. 5 그러자 에스더가 왕의
내시들 가운데 그가 그녀 앞에 시중들게 한 하닥을 불렀다. 그리고 그
녀가 모르드개에 관하여 이것이 무엇이고 왜 이런 것인지 알아볼 것을
그에게 지시하였다. 6 그리고 하닥이 왕의 문 앞에 있는 성읍의 광장에
있는 모르드개에게 나갔다. 7 그리고 모르드개는 그가 겪은 모든 것과
하만이 유대인들을 멸망시키기 위하여 왕의 금고에 지불하겠다고 말
한 돈의 정확한 액수를 그에게 말하였다. 8 그리고 그는 그들을 멸절하
기 위하여 수산에 주어진 그 법 문서의 사본을 그에게 주었다. 이는 에
스더에게 보이고 그녀에게 말하고 그녀가 왕에게 가서 그에게 간청하
고 그녀의 백성을 위해 그의 앞에서 요청하는 것을 지시하기 위해서였
다. 9 그리고 하닥이 와서 에스더에게 모르드개의 말을 전하였다. 10 그
리고 에스더가 하닥에게 말하고 모르드개를 향하여 그에게 지시하였
다. 11 "왕의 모든 종들과 왕의 지역의 백성은 부름받지 않고 왕의 안뜰
로 왕에게 가는 모든 남자나 여자에게 왕이 그에게 금 지팡이를 건네서

그가 사는 경우를 제외하면 그의 법은 하나, 죽이는 것이 있다는 것을
알고 있습니다. 나는 이 삼십 일 동안 왕에게 오라고 부름받지 못했습
니다." 12 그리고 그가[1] 모르드개에게 에스더의 말을 전했다. 13 그리고
모르드개가 에스더에게 회답하라고 말했다. "모든 유대인들 중에서 너
만 왕의 집에서 피할 것을 생각하지 말라. 14 왜냐하면 만약 네가 이때
끝내 침묵하면 유대인들에게 안도와 구원은 다른 곳으로부터 일어날
것이다. 그러나 너와 너의 아버지의 집은 멸망할 것이다. 네가 이때를
위하여 왕비의 자리에 오른 것인지 누가 알겠느냐?" 15 그러자 에스더
가 모르드개에게 회답했다. 16 "가서 수산에 찾아진 모든 유다 사람을
모으십시오. 그리고 나를 위하여 금식하십시오. 삼일 낮과 밤에 먹지도
말고 마시지도 마십시오. 나와 나의 젊은 여자들도 그와 같이 금식할
것입니다. 그리고 나는 법에 따른 것이 아니지만 왕에게 갈 것입니다.
내가 멸망한다면 나는 멸망할 것입니다." 17 그러자 모르드개가 가서
에스더가 그에게 지시한 모든 것대로 행했다.

주해

1절 왕의 인장반지로 인 쳐진 유대인 멸절에 관한 조서가 페르시아 전역에 전달되어 백성에게까지 그 소식이 전해졌다. 당연히 수산성에 거주하던 모르드개도 그 소식을 알게 됐다. 모르드개는 하만이 왕의 금고에 지불하겠다고 한 액수까지 알 정도로 하만의 계략을 구체적으로 알고 있었다(7절). 자신으로 인해 촉발된 하만의 계략을 알고 모르드개는 옷을 찢고 베와 재를 뒤집어 쓰고 성읍에 나가 울부짖었는데 이것은

1. 마소라 텍스트에는 "그들"(וַיַּגִּידוּ)로 나타난다.

왕의 조서에 관한 공개적인 시위였다(Berlin, 45).

옷을 찢고 베와 재를 뒤집어 쓰는 것은 유대인들이 큰 슬픔 가운데 있을 때 행했던 오랜 관습이다. 족장시대의[2] 인물 욥은 갑작스러운 노략과 자연재해로 그의 자녀와 종들과 재산을 잃었을 때 겉옷을 찢고 재 가운데 앉았으며(욥 1:20; 2:8) 욥의 친구들도 자신들의 겉옷을 찢고 티끌을 날려 자신들의 머리에 뿌렸다(욥 2:12). 야곱은 피로 물든 요셉의 채색옷을 보고 요셉이 죽은 줄 알고 옷을 찢고 굵은 베로 허리를 동이고 아들을 위해 애통했다(창 37:31-34). 유대인뿐만 아니라 페르시아인들도 큰 슬픔을 당했을 때 울부짖었는데, 헤로도토스는 『역사』에서 아하수에로가 헬라와의 전쟁에서 패배했을 때 수산성에 있는 페르시아인들이 옷을 찢고 울부짖은 것을 기록했다(헤로도토스, 8.99).

또한 옷을 찢고 베옷을 입으며 재를 뒤집어 쓰는 행위는 유대인들과 고대근동지역의 사람들이 하나님 앞에서 회개하며 간구할 때 행하던 행위이기도 했다. 다니엘은 여호와의 목소리를 듣지 아니하고 율법을 범한 이스라엘의 죄를 자복할 때에 베옷을 입고 재를 덮어쓰고 여호와께 긍휼과 용서를 구했다(단 9:3-19). 욥은 여호와와 대화한 이후에 무지한 자신이 여호와 앞에서 했던 경솔한 말을 거두어들일 때 티끌과 재 가운데에서 회개했다(욥 42:6). 니느웨 사람들은 요나가 니느웨의 멸망을 선포하자 굵은 베옷을 입고 재 위에 앉아 하나님께 부르짖으며 회개했다(욘 3:4-8). 모르드개가 자신의 옷을 찢고 베와 재를 뒤집어 쓴 것은 큰 슬픔을 당하여서 행한 행위일 뿐만 아니라 온 유대인의 멸절의

2. 욥기 42:11에는 욥 시대의 화폐로 '케시타'(קְשִׂיטָה)가 나오는데 이는 구약에서 흔하지 않은 화폐로 족장 시대의 인물 야곱이 사용한 화폐 단위이다(창 33:19; 수 24:32).

위기를 가져온 자신이 행한 일을 후회하며 뉘우치는 행위이기도 했을 것이다. 하만이 유대인의 원수였던 아각 사람, 즉 아말렉 족속의 후예이기 때문에 그에게 절하지 않은 것이지만 그것으로 인해 페르시아 제국 내에 온 유대인이 몰살당할 위기에 처했으므로 모르드개는 큰 죄책감에 빠졌을 것이다.

2절 성읍 가운데서 시위하던 모르드개는 왕의 문 앞에까지 이르렀다. 유대인 멸절의 조서가 왕의 인장반지로 인 쳐졌기 때문에 이 절망스러운 상황에 대해서 호소할 궁극적인 대상은 왕이었다. 물론 베옷을 입고 울부짖으며 시위하는 모르드개가 왕실에 들어가는 것은 허락되지 않았다. 그러나 모르드개는 왕실 문 앞에서의 자신의 시위가 왕에게 아니면 적어도 유대인 왕비 에스더에게는 전달될 것을 예측하며 바랐을 것이다. 페르시아 시대에 왕에게 간절히 청할 것이 있을 때 왕의 문 앞에서 울부짖었던 경우는 헤로도토스의 『역사』에도 기록되어 있다. 다리오 1세 시절 파종 때에 물이 부족하면 페르시아인들이 왕궁 문으로 나아가 제방의 수문을 열 수 있는 권한을 가진 왕에게 수문을 열어줄 것을 호소하곤 했다(헤로도토스, 3.117).

3절 유대인 멸절에 관한 조서는 모르드개뿐만 아니라 페르시아 전역의 모든 유대인들에게 청천벽력과 같은 소식이었다. 아달월 13일에 남녀노소 할 것 없이 모든 유대인들을 멸절시킨다는 이 비통한 소식에 페르시아 전역의 유대인들은 슬퍼하며 금식하고 울부짖었다. 구약에서 자주 볼 수 있듯이 여기서 금식은 간절한 기도를 동반했을 것이다(Moore, 1971: 47).

그들이 금식할지라도 내가 그 부르짖음을 듣지 아니하겠고 …. (렘

14:12)

> 그때에 내가 아하와 강가에서 금식을 선포하고 우리 하나님 앞에서 스스로 겸비하여 우리와 우리 어린아이와 모든 소유를 위하여 평탄한 길을 그에게 간구하였으니. (스 8:21)

> 그러므로 우리가 이를 위하여 금식하며 우리 하나님께 간구하였더니 …. (스 8:23)

> 사람이든지 짐승이든지 다 굵은 베 옷을 입을 것이요 힘써 하나님께 부르짖을 것이며 …. (욘 3:8)

페르시아 전역에 흩어진 유대인들은 대부분 그들의 조상 때부터 섬기던 여호와 하나님께 이 조서가 취소되기를 간절히 기도했을 것이다. 유대인들이 금식했다고만 기록하고 여호와께 기도했음을 기록하지 않은 것은 여호와의 이름을 쓰지 않고 보이지 않는 하나님의 손을 강조한 에스더서 저자의 의도적 생략으로 볼 수 있다(Fox, 58). 많은 이들을 위해 베와 재가 "펼쳐졌다"(יֻצַּע)는 것은 유대인들이 그 위에 앉거나 누워서 애통하며 울부짖을 수 있도록 베와 재가 펼쳐져 있음을 말한다(Paton, 215; 참조, 사 58:5, "이것이 어찌 내가 기뻐하는 금식이 되겠으며 이것이 어찌 사람이 자기의 마음을 괴롭게 하는 날이 되겠느냐 그의 머리를 갈대같이 숙이고 굵은 베와 재를 펴는 것을 어찌 금식이라 하겠으며 여호와께 열납될 날이라 하겠느냐").

4절 에스더의 젊은 여자들과 내시들이 에스더에게 말한 내용은 구체적으로 기록되지 않았다. 아마도 그 내용은 유대인 멸절에 관한 조서와 이에 대한 유대인들의 비통함 그리고 그녀의 아버지와 같은 사촌 모르드개가 베와 재를 뒤집어 쓰고 왕의 문에서 울부짖는다는 소식이었을 것이다. 여기서 에스더의 "젊은 여자들"(נַעֲרוֹת)은 에스더의 시녀들을 말한다. 왕비 에스더는 이 소식을 듣고 몹시 괴로워했다. 자신의 남편, 아하수에로 왕이 자신의 동족을 멸절하라는 조서를 내렸다는 사실에 그의 마음은 무너졌을 것이다. 이 조서는 하만의 거짓 계략에 설득되어 아하수에로 왕이 내린 것이지만 왕이 자신의 남편이기 때문에 에스더도 이 조서에 대한 도의적 책임을 느끼고 몹시 고통스러웠을 것이다.

에스더는 이 고통 가운데 우선 왕실 문 앞에서 베옷을 입고 울부짖고 있는 모르드개를 걱정하여 베옷 대신 그가 입을 옷을 보냈다. 자신을 아버지처럼 길러 준 모르드개가 왕실 문 앞에서 베옷을 입고 죄책감에 빠져있는 모습을 보기 어려웠을 것이다. 그러나 모르드개는 에스더가 보낸 옷을 받지 않는다. 문제가 해결되지 않은 상태에서 모르드개는 베옷을 벗으려 하지 않았을 것이다. 클라인스는 에스더가 모르드개에게 입을 옷을 보낸 것은 모르드개가 보낸 옷으로 갈아입고 왕궁에 들어와 에스더 자신과 대화하게 하기 위한 것이라고 보았지만(Clines, 300) 그럴 가능성은 크지 않아 보인다. 만약에 보낸 옷으로 갈아입는다고 왕궁에 들어가서 에스더와 만날 수 있었다면, 모르드개는 베옷 대신 에스더가 보낸 옷을 입고 왕궁에 들어가 에스더와 유대인 멸절의 문제에 관련하여 긴밀히 대화했을 것이다. 모르드개는 에스더와 직접 만날 수 없어서 에스더가 보낸 내시, 하닥을 통해 간접적으로 소통했다(4:5-17).

5절 에스더는 베옷 대신 그녀가 보낸 옷을 입을 것을 거절한 모르드개에게 내시, 하닥을 보내 모르드개로부터 촉발된 유대인 멸절 계획에 관하여 묻는다. 에스더는 왕비의 신분이었지만 유대인 멸절을 지시한 조서에 관해 자세히 알고 있지 못했던 것으로 보인다. 하닥은 "그가 그녀 앞에 시중들게 한"(אֲשֶׁר הֶעֱמִיד לְפָנֶיהָ) 내시였는데 여기서 "그"는 아하수에로 왕이다. 즉, 하닥은 에스더를 시중들도록 왕이 임명한 내시였다. "이것이 무엇이고 왜 이런 것인지"는 '마제 베알 마제'(מַה־זֶּה וְעַל־מַה־זֶּה)를 번역한 것으로 '알마'(עַל־מַה)는 "왜"(why)를 의미한다(BDB, 552).

6절 왕궁의 문 앞에는 "성읍의 광장"(רְחוֹב הָעִיר)이 있었다. 구약에서 이러한 넓은 광장은 종종 애통의 장소로 언급된다(Moore, 1971: 48; 암 5:16, "… 사람이 모든 광장에서 울겠고 모든 거리에서 슬프도다 슬프도다 하겠으며 …", 사 15:3, "거리에서는 굵은 베로 몸을 동였으며 지붕과 넓은 곳에서는 각기 애통하여 심히 울며"). 모르드개도 왕실 앞의 성읍의 광장에서 베옷을 입고 애곡했는데 흥미롭게도 모르드개는 이후에 같은 장소인 "성읍의 광장"에서 왕의 옷을 입고 왕의 말을 타며 존귀함을 받는다(6:8, 11). 모르드개가 지금 베옷을 입고 울부짖는 모습과 이후 왕의 옷을 입고 왕의 말을 탄 모습은 극명한 대조를 이룬다(Reid, 101).

7절 모르드개가 하닥에게 말한 자신이 겪은 구체적인 일은 하만이 아각 사람, 즉 유대인의 원수인 아말렉 사람임을 알고 그에게 절하지 않은 것과 모르드개의 동료 종들이 이 일을 하만에게 말해 하만이 분노한 것을 포함할 것이다. 그리고 분노한 하만이 모르드개 한 명이 아니라 페르시아의 유대인 전부를 멸절시키고자 거사를 치를 날을 잡고 왕에게 유대인들이 페르시아 제국에 해를 끼친다고 거짓으로 보고하여, 왕이 유대인 멸절을 위한 조서를 재가하여 그 조서가 페르시아 전역에 공포된 것까지 포함할 것이다. 모르드개는 하만이 이 일을 치르기 위하여 왕의 금고에 넣겠다고 한 돈의 정확한 액수인 은 일만 달란트까지(3:9) 구체적으로 말했다. 하만이 은 일만 달란트라는 거금을 왕에게 지불했다는 것은 이 거사의 심각성을 한층 더해 준다(Clines, 300). 3:11 주해에서 설명했듯이 왕은 하만이 이 거사를 치르기 위해 지불하기로 한 돈을 유대인 멸절을 위해 쓰라고 하만에게 돌려주었다.

8절 모르드개는 에스더가 보낸 하닥에게 그가 겪은 일과 유대인 멸절 계획의 진행 상황에 대해 자세하게 말해주었을 뿐만 아니라 수산성에 배포된 유대인 멸절에 관한 사본까지 준비하여 전해 주었다. 에스더가 조서의 사본을 이미 구해서 알고 있었는지에 대해서는 알 수 없지만, 모르드개는 지금 전개되는 하만의 계략을 에스더에게 철저하게 알린 것이다. 모르드개는 하닥에게 이 사본을 에스더에게 보여주며 에스더에게 말해 달라고 부탁하는데 여기서 말해 달라는 것은 조서에 대해 에스더에게 설명해 달라는 것이다.

이렇게 에스더에게 조서를 전달하며 하닥에게 설명을 요청한 것은 에스더가 왕에게 나아가 유대인 멸절을 잘 막게 하기 위한 것이었다. 모르드개는 하닥을 통해 에스더가 왕에게 나아가 유대인들을 위해 왕에게 간곡히 부탁할 것을 엄중히 지시한다. 모르드개가 감히 왕비에게 지시할 수(וּלְצַוּוֹת) 있었던 것은 모르드개가 에스더의 사촌으로서 조실부모한 에스더를 키운 양부와 같은 존재였기 때문이다(2:7). 모르드개는 이전에도 에스더에게 그녀가 유대인임을 말하지 말라고 지시한(צִוָּה) 적이 있다(2:10). 모르드개는 페르시아 제국의 2인자인 하만의 제안을 받아들여 1인자인 아하수에로 왕이 공포한 조서의 실행을 막을 수 있는 자는 왕비 에스더라고 생각했고 에스더에게 왕에게 간청할 것을 지시한 것이다.

9-10절 하닥은 에스더에게 와서 모르드개가 부탁한 모든 말을 전했다. 이때 물론 모르드개가 보낸 조서의 사본도 에스더에게 보여주었을 것이다. 에스더는 모르드개가 전한 말을 다 듣고 다시 하닥을 모르드개에게 보낸다. 10절 하반절, "(그녀가) 모르드개를 향하여 그에게 지시하였다"(וַתְּצַוֵּהוּ אֶל־מָרְדֳּכָי)는 것은 에스더가 하닥을 모르드개에게 다시 보내며 전할 것을 지시했음을 말한다. 모르드개가 에스더에게 당시의 상황에 대해서 설명했을 뿐만 아니라 유대인들을 위하여 왕에게 간청할 것을 지시했기 때문에 에스더는 그 지시의 이행 여부에 대하여 가부간에 답을 해야 했고 그 답을 전하기 위해 하닥을 모르드개에게 보낸 것이다.

11절 이 절은 에스더가 하닥을 통해 모르드개에게 전하는 내용이다. 에스더는 유대인을 위하여 왕에게 간청하라는 모르드개의 지시를 이행하기 어려운 상황을 말한다. 에스더는 모르드개의 지시에 할 수 없다라고 말하지는 않았지만 페르시아의 백성이 다 알고 있듯이 왕의 부름이 없이 왕에게 나아가면 왕이 자신의 금 지팡이를 건네지 않는 한 죽는데, 자신이 왕비이지만 지난 삼십 일 동안 왕의 부름을 받지 못한 어려운 상황을 말했다. 에스더가 말한 "이 삼십 일"(זֶה שְׁלוֹשִׁים יוֹם)은 최근 삼십 일을 말하는 것으로 에스더에 대한 왕의 관심이 떨어졌음을 말해준다(Fox 62).

전 왕비 와스디가 백성 앞에 나오라는 왕의 지시를 거절한 것으로 인해 폐위된 것을 보면 페르시아 시대의 왕비는 비록 왕의 아내이기는 하지만 왕과 상하관계였고 왕이 원하면 언제든지 왕비는 폐위될 수 있는 그러한 관계였다. 그렇기 때문에 에스더도 왕비의 자리에 있지만 부름받지 않았는데 먼저 왕에게 나아가 간청하는 것이 결코 쉬운 일이 아니었다. 쉬운 일이 아닌 정도가 아니라 목숨을 담보로 맡기고 해야 하는 일이었다. 삼십 일 동안 왕에게 부름 받지 못한 것을 통해 당시 페르시아의 왕비는 늘 왕 곁에 있어 한 침실을 쓰는 존재가 아니라 왕이 부를 때에 왕에게 나아가는 존재임을 알 수 있다. 에스더가 이러한 어려운 상황을 말한 후에 그렇기 때문에 왕에게 나아가 간청할 수 없다라고 못 박지 않은 것은 에스더가 모르드개의 지시를 거절한 것이 아니라 이러한 어려운 상황 가운데 어떻게 하여야 할지 모르드개의 조언을 구한 것으로 볼 수 있다.

12절 에스더의 지시를 받은 하닥은 모르드개에게 에스더의 말을 전하는데 마소라 텍스트에는 말을 전한 이가 복수로 기록되어 있다(וַיַּגִּידוּ לְמָרְדֳּכָי, "그리고 그들이 모르드개에 전했다"). 하닥이 에스더와 모르드개 사이에서 전달자의 역할을 수행하고 있기 때문에 3인칭 남성 복수형 동사, '바약기두'(וַיַּגִּידוּ)는 필사자의 오사로 보이며 따라서 필자는 *BHS* 본문비평장치의 제안을 따라 '바약기두'를 3인칭 남성단수형 동사, '바약게드'(וַיַּגֵּד, "그리고 그가 전했다")로 번역했다. 문맥에서 에스더와 모르드개 사이의 전달자가 늘어났다는 언급이나 단서는 없으며 전달자가 에스더와 모르드개 사이의 긴밀한 말을 전달하는 역할을 수행하고 있기 때문에 여러 명이 전달자의 역할을 수행할 가능성은 희박하다.

13절 하닥을 통해 에스더의 말을 들은 모르드개는 하닥을 통해 에스더에게 회답한다. 에스더는 유대인을 위해서 왕에게 간청하라는 모르드개의 지시에 "네"라고 대답하지 않았다. 그렇다고 지시를 따르지 않겠다고 대답한 것도 아니었지만 에스더가 그 지시를 이행하기 쉽지 않은 여건을 설명했기 때문에 모르드개는 에스더가 그 지시를 이행하게 하기 위해 조금 더 강하게 얘기할 필요가 있다고 생각한 것으로 보인다. 모르드개는 에스더에게 왕비의 자리에서 이기적으로 에스더 자신만 살 길을 생각하지 말라고 훈계한다. 모르드개의 강한 톤의 이 말은 모르드개가 에스더의 답변에 실망하고 화가 났음을 암시한다. 모르드개는 에스더가 삼십 일 동안 왕의 부름을 받지 못한 상황에서 왕에게 나아갔다가 왕의 금 지팡이를 받지 못하는 위험에 대하여 논의하고자 하지 않고, 유대인들이 다 죽게 된 상황에서 에스더 자신의 안위만을 걱정하는 것이냐고 책망한 것이다.

14절 13절에 이어 모르드개의 말은 계속된다. 모르드개는 유대인의 하나님 여호와께서 유대인이 이렇게 멸절당하도록 내버려 두지 않으실 것을 믿고 있었다. 이 믿음을 가졌던 모르드개는 에스더에게 왕에게 나아가 간청하는 것을 두려워하여 가만히 있는다면 유대인들은 다른 방법을 통해 구원받을 것이지만 에스더의 집안은 멸망할 것임을 힘주어 말했다. 모르드개는 "침묵하다"를 의미하는 동사, '하라쉬'(חָרַשׁ)의 부정사 절대형, '하하레쉬'(הַחֲרֵשׁ)와 미완료형, '타하리쉬'(תַּחֲרִישִׁי)를 함께 나열하는 구문으로 에스더가 끝내 침묵하는 상황을 상정하고 그때 일어날 일에 대하여 말했다. 모르드개의 이 말은 에스더를 향한 강력한 경고였다. 에스더가 왕에게 부름 받은 지 삼십 일이 됐고 왕에게 나아갔을 때 왕이 금 지팡이를 건네지 않으면 죽임을 당할 수 있다고 말하며 머뭇머뭇하는 것은 옳지 않다고 말한 것이다.

이 절 마지막에서 모르드개는 에스더에게 의미심장한 질문을 던진다. "네가 이때를 위하여 왕비의 자리에 오른 것인지 누가 알겠느냐?" 에스더가 그 치열한 경쟁을 뚫고 왕비의 자리까지 오른 것은 에스더의 용모가 뛰어나서도 아니고 에스더에게 행운이 따라서도 아니고 바로 이때, 유대인 멸절의 위기에서 유대인을 구하기 위함이라는 것이다. 모르드개는 머뭇거리는 에스더에게 결단의 질문을 던졌다. 포로의 후손으로 왕비의 자리까지 오른 것은 유대인을 위기 가운데 구원하라는 사명을 주기 위한 것이니 이제 담대히 그 사명을 감당해야 하지 않겠느냐고 강력히 권고한 것이다.

모르드개의 말 가운데 하나님의 섭리와 인간의 동역이 어떤 관계에 있는가에 관한 교훈을 얻을 수 있다. 모르드개는 멸절의 위기에 처한 유대인이 구원받는 것을 반드시 이루어질 하나님의 섭리라고 믿었다. 에스더에게는 이 하나님의 섭리에 동역할 것을 권고한 것인데 에스더가 동역하지 않는다고 해서 하나님의 섭리가 이루어지지 않는 것은 아니다. 모르드개는 에스더가 동역하지 않더라도 다른 손길을 통해서 하나님의 섭리는 이루어질 것이라고 믿었다. 그러나 하나님이 허락하신 지위나 재능을 가지고 동역의 사명을 감당하지 않으면 그에 합당한 대가를 치르게 된다고 모르드개는 믿었다. 모르드개가 에스더에게 끝내 왕에게 간청하지 않고 침묵하면 에스더와 그의 아버지의 집이 멸망할 것이라고 말한 이유를 바로 여기서 찾을 수 있다. 에스더의 동역 여부가 하나님의 섭리를 바꿀 수 있는 것은 아니다. 즉, 인간은 하나님의 섭리를 좌지우지할 수 있는 존재가 아니라 하나님의 섭리가 무엇인지 분별하고 그 섭리에 동역하도록 부름받은 존재라는 것이다(Breneman, 337).

15-16절 모르드개의 강한 어조의 경고와 권고에 에스더가 회답했다. 본문에는 기록되지 않았지만 이 회답을 전달하는 역할은 계속하여 하닥이 맡았을 것이다. 에스더는 이 회답에서 이전에 모르드개에게 전한

말에서 찾아볼 수 없었던 결연함을 드러낸다. 그는 모르드개가 처음에 지시한 대로 그의 시녀들과 함께 삼 일 동안 금식한 후에 왕께 나아가겠다고 말한다. 에스더가 삼 일 동안 금식한다는 것은 단순히 삼 일 동안 음식을 먹지 않는다는 것을 말한 것이 아니라 금식하며 유대인의 하나님, 여호와께 기도하겠다는 것을 의미한다(3절 참조; Smith, 256).

기도의 힘을 믿었던 에스더는 모르드개에게 수산에 있는 유대인들을 다 모아 에스더 자신과 같이 삼 일 동안 금식할 것을 부탁한다. 이것 또한 금식하며 기도할 것을 부탁한 것이다. 이스라엘인들은 큰 어려움에 봉착했을 때 하나님께 금식하며 나아갔다. 이스라엘 백성은 베냐민 지파와 이스라엘의 다른 지파들과의 비극적 전쟁을 앞두고 금식했고(삿 20:26), 여호사밧은 암몬, 모압, 아람이 유다를 치러오는 위기 가운데 유다 백성에게 금식을 선포했다(대하 20:3)(Moore, 1971: 51). 기도할 내용은 왕실의 법을 어기고 왕께 나아갈 때 왕이 금 지팡이를 내밀어 죽음을 면하고 유대인을 위해 잘 간청할 수 있게 해 달라는 것과 더 나아가 왕이 에스더의 간청을 받아들여 유대인 멸절 계획이 취소되게 해 달라는 것일 것이다.

에스더의 결연한 의지는 16절의 마지막 구절, "내가 멸망한다면 나는 멸망할 것입니다"(וְכַאֲשֶׁר אָבַדְתִּי אָבָדְתִּי)에 잘 드러난다. 왕실의 규정은 왕의 부름 없이 왕에게 나아갔을 때 왕이 금 지팡이를 내밀지 않으면 죽는 것이기 때문에 여기서 "멸망"은 곧 죽음을 의미한다. 모르드개는 에스더에게 전한 두 번째 말에서 에스더가 끝내 침묵하면 에스더와 그녀의 아버지의 집은 멸망할 것(תֹּאבֵדוּ)이라고 했다. 에스더가 "내가 멸망한다면 나는 멸망할 것입니다"(וְכַאֲשֶׁר אָבַדְתִּי אָבָדְתִּי)라고 말한 것은 이 상황에서 멸망하게 된다면 침묵하여 멸망하느니 담대하게 왕에게 나아가서 멸망하는 것을 택하겠다는 의지를 표현한 것이다(Berlin, 50).

에스더가 모르드개에게 첫 번째 회답할 때는 모르드개의 지시를 따르겠다는 답을 피한 채 현실적인 어려움만 토로했었는데 두 번째 회답에서 결연하게 답할 수 있었던 것은 모르드개의 두 번째 보낸 말이 에스더의 마음에 와닿았기 때문일 것이다. 에스더는 모르드개가 경고한 것처럼 자신이 유대인 멸절의 위기 가운데 끝까지 침묵하면 여호와의 저주로 자신의 가문이 멸망할 수 있다는 두려움을 가졌을 수도 있고, 또한 모르드개의 질문처럼 자신이 왕비의 자리에 오른 것은 바로 이때를 위한 것임에 동의했을 수도 있다. 에스더의 심경의 변화를 구체적으로 알 수는 없지만 모르드개의 두 번째 말이 에스더가 결연한 의지로 왕께 나아가겠다고 결정하는 데 중요한 영향을 미쳤을 것이다.

17절 에스더가 왕에게 나아가는 것은 위험을 감수하는 일이지만, 모르드개는 여호와가 유대인을 구원할 것이라고 확신했기 때문에(14절) 에스더가 하나님의 구원의 역사에 동참하겠다고 한 회신을 기쁘게 받았을 것이다. 이 회신에서 에스더는 모르드개의 지시를 이행하겠다는 의사를 표시하며 모르드개에게 유대인을 모아 삼 일 동안 자신을 위해 금식할 것을 부탁했다. 모르드개는 에스더가 지시한 대로 수산에 있는 유대인을 모아 금식하며 기도했다.

흥미롭게도 이전에는 모르드개가 에스더에게 지시했는데(וּלְצַוּוֹת, 8절) 이번에는 에스더가 모르드게에게 지시했다고(צִוְּתָה) 기록되어 있다. 8절에서 언급한 대로 모르드개는 에스더의 사촌이지만 부모를 잃은 에스더를 길렀기 때문에 지시할 수 있는 위치에 있었다. 에스더가 모르드개에게 한 지시는 멸절 위기에 빠진 유대인을 구하는 유대인 왕비로서, 유대인 구원 사역의 통솔자로서의 지시로 이해할 수 있다(Reid, 105).

해설

유대인 포로의 후손이었던 에스더가 대페르시아 제국의 왕비의 자리에 오른 이유는 4장에서 드러난다. 에스더가 왕비의 자리에 오른 이유는 유대인 멸절이라는 미증유의 위기에 유대인을 구원하기 위한 역할을 수행하기 위함이다. 그러나 모르드개가 에스더에게 이 위기의 시기에 유대인을 위하여 왕에게 나아가라고 지시했을 때 에스더는 선뜻 나아갈 용기를 내지 못했다. 왕에게 부름받은 지 한 달이 지났고 왕의 부름 없이 왕에게 나아갔다가 왕이 금 지팡이를 내어주지 않으면 왕실의 법에 따라 죽을 수도 있기 때문이다. 에스더가 처한 상황과 여건을 볼 때 에스더가 왕비라 할지라도 유대인을 구원하는 역할을 감당하기가 만만치 않아 보였다.

이런 상황에서 에스더가 유대인을 구원하는 데 역할을 감당하고자 결심하게 된 이유는 무엇인가? 그것은 바로 자신이 왕비가 된 것은 이때를 위함이라는 모르드개의 말에서 자신의 사명을 선명하게 깨달았기 때문이다. 하나님의 백성이 각자에게 맡겨진 사명을 감당하기 위해서는 무엇보다도 자신의 사명이 무엇인지 자각하는 것이 중요하다. 그 사명을 자각했을 때 에스더는 상황과 여건의 어려움을 넘어 유대인 구원의 사명을 담대히 감당하고자 했다. 하나님의 백성이 사명을 감당할 때 때로는 손해와 위험을 감수해야 하는데 사명을 자각할 때 그 손해와 위험을 감수할 수 있는 용기를 얻을 수 있다.

에스더는 사명을 자각하여 위험을 무릅쓰고 나아갔으며 사명을 감당함에 있어 철저히 하나님을 의지했다. 에스더는 삼 일 동안 금식하고 간절히 기도하며 하나님의 도우심을 구했다. 하나님의 사람은 자기 힘으로 하나님의 일을 감당하는 것이 아니라 겸손하게 하나님을 의지하고 하나님의 도우심을 구하며 자신에게 맡겨진 사명을 감당한다. 또한 하나님의 사명을 감당할 때 하나님이 붙여주신 지체들과 협력하여 하나님의 선한 일을 도모한다. 에스더는 자신이 금식하며 하나님께 간구할 뿐만 아니라 수산성에 있는 하나님의 백성, 유대인들과 함께 금식 기도하며 이 사명을 감당하고자 했다.

2. 왕께 나아가 잔치를 베푼 에스더(5:1-8)

에스더가 모르드개의 지시를 따라 유대인을 위해 왕께 나아가기로 하고 모르드개는 에스더의 지시를 따라 수산에 있는 유대인들을 모아 금식하며 기도했다. 에스더는 금식을 시작한 지 셋째 날에 왕에게 나아갔는데 왕은 목숨을 걸고 왕 앞에 나온 에스더에게 금 지팡이를 내어주며 에스더의 요청 사항이 무엇인지 물었고 에스더는 우선 왕과 하만이 그녀가 베푼 잔치에 와줄 것을 요청한다.

번역

1 셋째 날에 에스더가 왕비의 옷을 입고 왕의 집의 안뜰, 왕의 집 맞은
편에 섰다. 그리고 왕은 그 집 입구 맞은편, 그 왕국의 집 안, 그의 왕국
의 보좌에 앉아 있었다. 2 왕이 뜰에 서 있는 왕비 에스더를 보았을 때
에스더는 그의 눈에 호의를 얻었다. 왕은 에스더에게 그의 손에 있는

금 지팡이를 건넸고 에스더는 가까이 가서 지팡이의 머리에 손을 대었다. 3 그리고 왕이 그녀에게 말했다. "왕비 에스더여, 너에게 무슨 일이 있느냐? 너의 요청이 무엇이냐? 왕국의 반이라도 네게 주어질 것이다." 4 그러자 에스더가 말했다. "만약 왕에게 좋으시다면 왕과 하만은 오늘 제가 그[3]를 위하여 베푼 잔치에 오소서." 5 그러자 왕이 말했다. "에스더의 말대로 행하도록 하만을 속히 데려오라." 그리고 왕과 하만은 에스더가 베푼 잔치에 갔다. 6 그리고 왕이 술의 잔치에서 에스더에게 말했다. "너의 요구가 무엇이냐? 그것이 너에게 주어질 것이다. 너의 요청이 무엇이냐? 왕국의 반이라도 그것이 이루어질 것이다." 7 그러자 에스더가 대답했다. 그녀가 말했다. "저의 요구와 저의 요청은 … 8 만약 제가 왕의 눈의 호의를 찾고, 만약 왕에게 저의 요구를 드리는 것과 저의 요청을 행하는 것이 좋으시다면 왕과 하만은 제가 그들[4]을 위하여 베풀 잔치에 오소서. 그러면 제가 내일 왕의 말씀대로 행하겠습니다."

주해

1절 에스더는 금식을 시작하고 사흘이 되던 날에 모르드개에게 약속한 대로 왕 앞에 나아갔다. 에스더가 모르드개를 통하여 수산에 있는 유대인들에게 삼 일 동안 금식할 것을 요청했고 에스더는 그 금식의 마지막 날에 왕 앞에 나아간 것이다. 에스더는 부름받은 자만 왕 앞에 나아갈 수 있는 왕실의 법을 어기면서 나아간 것이기 때문에, 이는 매우 떨

3. 의미상으로 "왕"을 지칭한다.
4. 의미상으로 "왕과 하만"을 지칭한다.

리는 순간이었다. 에스더는 예를 갖추어 왕비의 옷을 입고 왕의 보좌 앞의 뜰에 섰다. "왕의 집"(בֵּית הַמֶּלֶךְ)은 왕의 보좌가 있는 건물을 말하며 왕의 집의 뜰(חָצֵר)은 보좌 "앞에 있는"(נֹכַח), 즉 보좌를 마주 보고 있는 뜰이었다. 이 절에서 "왕의 집"(בֵּית הַמֶּלֶךְ)은 "왕국의 집"(בֵּית הַמַּלְכוּת)으로도 표현됐다.

2절 왕비의 옷을 입고 떨리는 마음으로 뜰에 서 있는 에스더는 왕의 눈에 호의(חֵן)를 얻었다. 히브리어 '헨'(חֵן)은 "호의"(favor), 즉 "좋게 생각하는 마음"을 의미하기도 하고 "은혜"(grace)를 의미하기도 한다(BDB, 333). 여기서 에스더가 '헨'을 얻은 것은 호의뿐만 아니라 은혜를 얻은 것을 의미한다. 에스더는 왕실의 법을 어기고 왕의 부름 없이 왕에게 나아갔지만 왕은 은혜를 베풀어 그의 금 지팡이를 건네준 것이다. 에스더와 그의 시녀들과 수산에 있는 모든 유대인들이 삼 일간 금식하며 드린 기도가 응답되는 순간이었다(Smith, 259). 에스더는 안도와 기쁨으로 왕이 건네준 지팡이의 끝에 손을 대었다.

3절 에스더는 삼십 일 동안 왕의 부름을 받지 않았기 때문에 왕실의 법을 어기고 왕 앞에 나아가는 것에 큰 부담을 느꼈다(4:11). 한 달 동안 왕의 부름을 받지 못했기 때문에 에스더는 자신에 대한 왕의 사랑이 식어진 것은 아닌가 염려했을 것이다. 그러나 그것은 기우에 불과했다. 왕은 먼저 "너에게 무슨 일이 있느냐?"고 에스더에게 물었다. 이 말은 '마라크'(מַה־לָּךְ)를 번역한 것으로 직역하면 "너에게 무엇인가?"이다. '마라크'는 "너에게 무슨 일이 있느냐?" 이외에도 "너를 위하여 무엇을 원하느냐?", "너에게 무슨 문제가 있느냐?" 등 다양하게 번역할 수 있다. 이 질문 후에 아하수에로 왕은 에스더에게 왕국의 반이라도 주겠다고 말함으로써 에스더에 대한 사랑이 변치 않았음을 보여주었다. "왕국의 반이라도 주겠다"는 표현은 일종의 관습적인 표현으로 신약에서도 갈릴리와 베뢰아 지방을 다스렸던 분봉 왕 헤롯이 동생의 부인 헤로디아의 딸이 춤을 춘 후에 그 딸에게 나라의 절반이라도 주겠다고 말한 적이 있다(막 6:23; Reid 107). 왕의 말은 멸망한다면 멸망하리라고 말하며 왕 앞에 나아간 에스더에게 기대 이상의 것이었다. 일단 유대인을 멸절하기 위한 하만의 계략을 막는 데 청신호가 켜진 것이다.

4절 에스더가 드디어 왕에게 간청할 기회를 얻었다. 그러나 에스더는 서두르지 않았다. 에스더는 왕에게 유대인의 법이 페르시아의 법과 달라 왕에게 해를 끼친다는 하만의 거짓말에 근거한 조서를 취소해야 한다고 곧바로 말하지 않았다. 에스더는 유대인을 위기 가운데에서 구원하는 자신의 임무를 더 확실하게 수행하기 위해 일단 왕과 하만을 자신이 베푼 잔치에 초대했다. 물론 이 초대가 에스더가 마음에 품은 요청 사항은 아니다. "내가 그를 위하여 베푼 잔치"(הַמִּשְׁתֶּה אֲשֶׁר־עָשִׂיתִי לוֹ)에서 "그"는 문맥에서 왕을 지칭한다(Fox, 69). 에스더는 왕과 하만을 초대하되 이 잔치가 왕을 위하여 준비된 잔치임을 말한 것이다.

5절 에스더가 준비한 잔치는 바로 당일이었기 때문에 왕은 신하를 통해 하만을 속히 불러 하만과 함께 에스더의 잔치에 갔다. 왕이 에스더의 초대에 신속히 임하는 것은 왕비 에스더를 그만큼 존중하고 사랑하고 있음을 보여주는 것이다.

6절 에스더가 준비한 잔치는 "술의 잔치"(מִשְׁתֵּה הַיַּיִן)였다. 잔치에는 의례히 술이 준비되지만 이 잔치가 "술의 잔치"로 불려진 것을 볼 때 이 잔치에 특별히 더 많은 음주가 있었던 것으로 보인다. 술을 꽤 많이 마셨을 왕은 기분이 좋은 상태에서 에스더에게 물었을 것이다. 왕은 에스더에게 금 지팡이를 건넬 때에 에스더가 요청하면 왕국의 반이라도 주어질 것(וְיִנָּתֵן)이라고 말했는데 이번에도 비슷하게 에스더가 왕국의 반을 요청해도 에스더의 요청이 이루어질 것(וְתֵעָשׂ)이라고 말한다. 술에 취해서 기분이 좋았을 왕은 이번에는 한 번만 말한 것이 아니라 에스더에게 "너의 요구"(שְׁאֵלָתֵךְ)가 "주어질 것"(וְיִנָּתֵן)이고 "너의 요청"(בַּקָּשָׁתֵךְ)이 "이루어질 것"(וְתֵעָשׂ)이라고 같은 의미의 말을 거듭하여 말했는데, 이는 왕이 에스더의 요청을 들어주고자 하는 의지를 이전보다도 더 강력하게 드러낸 것이다. 왕이 술의 잔치에서 에스더의 요청이 무엇이냐고 물어본 것은 에스더의 요청이 단순히 에스더가 베푼 잔치에 와달라는 것이 아닌 다른 것임을 알고 있다는 것을 말해준다(Fox, 69).

7-8절 6절에서 왕이 에스더에게 "너의 요구"(שְׁאֵלָתֵךְ)와 "너의 요청"(בַּקָּשָׁתֵךְ)이 무엇이냐고 물은 대로 에스더는 왕에게 "저의 요구"(שְׁאֵלָתִי)와 "저의 요청"(בַּקָּשָׁתִי)을 언급하지만 여기서 즉답을 피하고 머뭇거린다. 필자의 번역에서 생략표(…)는 에스더의 머뭇거림을 번역한 것이다(Moore, 1971: 57). 여기서 "요구"(שְׁאֵלָה)와 "요청"(בַּקָּשָׁה)은 서로 구분되는 개념이 아니라 동의어의 반복으로 6절에서 왕이 에스더의 요청을 들어주고자 하는 의지를 강조하기 위해 같은 의미의 말을 반복했고 에스더도 왕의 말에 따라 두 단어를 언급한 것이다. 에스더는 이번에도 왕에게 자신의 요청이 무엇인지 말하지 않고 다음 날 잔치에 왕과 하만을 초대하며 그때 왕에게 말하겠다고 대답한다. 에스더가 "내일 왕의 말씀대로 행하겠습니다"(אֶעֱשֶׂה כִּדְבַר הַמֶּלֶךְ וּמָחָר)는 왕이 물은 대로 내일 자신의 요청을 말하겠다는 것을 의미한다. 에스더는 왕에게 자신의 요청을 즉시 말하지 않고 시간을 끌면서 왕으로 하여금 그 요청에 대한 궁금증을 자아내는데, 이는 왕이 그 요청을

들었을 때 에스더의 요청을 더 잘 수용하게 하려는 의도가 있었던 것으로 보인다.

에스더는 왕에게 예의를 갖추어 매우 조심스럽게 왕이 세 가지를 허락하여서 내일 자신이 초대하는 잔치에 오시면 자신의 요청을 알려 드리겠다고 말한다. 에스더가 말한 세 가지는 첫째, 에스더가 왕의 눈에 호의를 찾는 것과 둘째, 에스더가 왕에게 요구드리는 것을 왕이 좋게 여기는 것과 셋째, 에스더의 요청을 행하는 것을 왕이 좋게 생각하는 것이다. 왕의 집 뜰에서 왕의 눈에 호의(חֵן)를 얻은(נָשְׂאָה) 에스더가(2절) 이번에 왕의 눈에 호의(חֵן)를 찾기(מָצָאתִי)를 바라는데, 왕의 눈에 호의를 얻는 것(נָשָׂא)과 찾는 것(מָצָא)은 모두 왕이 좋게 생각하는 것을 의미한다. 에스더가 말한 "저의 요구를 드리는 것"(לָתֵת אֶת־שְׁאֵלָתִי)과 "저의 요청을 행하는 것"(וְלַעֲשׂוֹת אֶת־בַּקָּשָׁתִי)은 "드리는 것"(לָתֵת)의 주체는 에스더이고 "행하는 것"(וְלַעֲשׂוֹת)의 주체는 왕이라는 점에서 차이가 난다.

에스더는 왕의 집의 안뜰에서 "그"(לוֹ)를 위하여 베푼 잔치, 즉 왕을 위하여 베푼 잔치에 왕을 초대했는데(4절) 이번에는 "그들"을 위하여 베풀 잔치, 즉 왕과 하만을 위하여 베풀 잔치에 왕과 하만을 초대한다. 4절에서는 에스더가 말할 때 초대받는 자로 그 자리에 있던 자가 왕 한 명이었기 때문에 단수, "그"를 사용한 것이라면 이번에는 왕과 하만이 함께 있기 때문에 복수 "그들"을 사용한 것으로 보인다.

해설

이 단락은 유대인을 구하기 위해 에스더가 본격적으로 행동하기 시작한 부분이다. 유대인 멸절을 위한 날짜가 잡히고 유대인 멸절을 집행하기 위한 왕의 조서가 페르시아 전역에 전달됐을 때 유대인들은 큰 공포와 슬픔 가운데 휩싸였다. 그러나 이러한 비통한 상황 가운데 희망의 빛이 비치기 시작했다. 이렇게 희망의 빛이 비칠 수 있었던 것은 자신의 사명을 자각한 한 사람이 그 사명을 감당하기 시작함으로 가능했다. 모든 족속에게 임할 복이 아브라함 한 사람의 순종으로부터 시작했듯이(창 12:3) 사명자 한 명이 그의 사명을 감당하기 시작할 때 암흑 가운데에 있는 유대인에게 서광이 비치기 시작한 것이다.

이 단락에 기록된 사명자 에스더는 두 가지 측면에서 하나님의 사명자들에게 귀감이 된다. 첫째, 에스더는 사명자로서 자신이 나아가야 할 자리에 용기있게 나아가는 사명자였다. 에스더가 나아가야 할 자리는 왕궁의 안뜰, 왕의 보좌 앞이었다. 그 자리는 단순히 요청을 가지고 왕 앞에 서는 자리가 아니라 삶과 죽음의 갈림길의 자리였다. 그 자리는 죽음의 자리일 수 있었지만 에스더는 자신의 사명이 그 자리에 서는 것임을 알고 기도로 준비한 후에 용기를 내어 그 자리에 섰다. 사명자들이 사명을 감당할 때 때로는 손해와 희생, 크고 작은 위험이 동반된다. 그러나 신실한 사명자는 그러한 손해와 희생과 위험으로 인해 사명 앞에서 뒤돌아 가는 것이 아니라 에스더와 같이 용기를 가지고 담담히 그 사명을 감당한다.

이 단락에 보여진 에스더의 두 번째 귀감의 모습은 사명을 감당하되 지혜롭게 감당했다는 것이다. 에스더는 왕이 금 지팡이를 건네주며 에스더의 요청을 물어보고 왕국의 절반이라도 줄 것이라고 말할 때 그 자리에서 곧바로 에스더가 품고 있었던 소원을 왕에게 말하지 않았다. 그 소원을 조금이라도 빨리 왕에게 말하고 싶은 마음도 있었겠지만 에스더는 절제하며 왕과 하만을 자신이 준비한 잔치에 초대했고, 그 잔치에서 왕이 에스더의 요청을 물었을 때에도 다음 날 잔치에 오면 그때 그녀가 갖고 있던 요청을 말하겠다고 대답했다.

이렇게 에스더가 그의 요청을 즉각적으로 말하지 않고 연기한 것은 예수께서 말씀하신 뱀같이 지혜로운 행동이었다(마 10:16). 에스더는 왕의 보좌에서 왕국의 반이라도 주어질 것이라는 말을 들었지만 그때 자신의 요청을 즉각 말하지 않고 뒤로 미룸으로 술의 잔치에서 왕에게 같은 말을 이끌어 냈다. 왕은 에스더가 준비한 술의 잔치에서 "너의 요구가 무엇이냐? 그것이 너에게 주어질 것이다. 너의 요청이 무엇이냐? 왕국의 반이라도 그것이 이루어질 것이다"라고 말함으로 에스더가 아직 말하지 않은 요청 사항에 대한 큰 관심이 있다는 것과 그 요청 사항을 들어주겠다는 의지를 강하게 표현했다. 즉, 에스더는 자신의 요청을 말하는 것을 미룸으로써 왕이 그 요청을 더 잘 들어줄 수 있도록 지혜롭게 준비작업을 해나간 것이다.

3. 모르드개를 죽이려는 하만의 계획(5:9-14)

하만은 에스더가 왕에게 말하기 위해 품고 있는 것을 전혀 모르고 있었다. 하만은 왕비의 잔치에 왕과 함께 초대받아 즐기고 다음 날도 왕비의 잔치에 왕과 함께 초대받아 기쁜 마음으로 집에 돌아오는데 왕의 문에서 여전히 자신에게 경의를 표하지 않는 모르드개를 보았다. 하만은 집에 돌아와 그의 친구들과 아내 세레스에게 왕비의 잔치에 이틀 연속 초대받은 것을 기쁘게 얘기함과 동시에 모르드개로 인해 자신의 기분이 몹시 상했음을 말했다. 그러자 그의 아내와 친구들이 모르드개를 나무에 매달 것을 제안했고 하만은 이들의 말대로 모르드개를 매달 높은 나무를 만든다.

번역

9 그리고 그날에 하만은 나갔다. 그는 기뻤고 마음이 좋았다. 그런데 하만이 왕의 문에서 모르드개를 보았을 때 그는 그의 앞에서 일어서지도 않고 떨지도 않았다. 그러자 모르드개로 인하여 하만은 분이 가득 찼다. 10 그러나 하만은 참고 그의 집으로 돌아왔다. 그리고 그는 사람을 보내 그의 친구들과 그의 아내 세레스를 데려왔다. 11 그리고 하만은 그들에게 그의 부의 영광과 그의 아들의 많음과 왕이 그를 크게 한 모든 것과 그가 왕의 관료들과 종들 위에 그를 높인 것을 말하였다. 12 그리고 하만이 말하였다. "또한 왕비 에스더가 그녀가 베푼 잔치에 나 외에는 왕과 함께 데려가지 않았고 내일도 왕과 함께 내가 그녀에게 초대받았소. 13 그러나 내가 유대인 모르드개가 왕의 문 앞에 앉아 있는 것을 볼 때마다 이 모든 것이 나에게 이롭지 않네." 14 그러자 그의 아내 세레스와 그의 모든 친구들이 그에게 말했다. "50규빗 높이의 나무를 만들게 하고 아침에 왕에게 말하시오. 그리고 모르드개를 그것에 매달게 하시오. 그리고 왕과 함께 그 잔치에 즐겁게 가시오." 그 말이 하만 앞에 좋았고 그는 나무를 만들었다.

주해

9절 하만은 왕비 에스더가 베푼 술의 잔치(6절)에서 기쁜 마음으로 나와 집으로 돌아온다. 하만이 기쁘고(שָׂמֵחַ) 마음이 좋았던(טוֹב לֵב)

이유는 술로 인한 것일 뿐만 아니라 왕비의 잔치에 이틀 연속 초대받은 것과 더 나아가 그 초대의 대상이 왕과 자신뿐인 점 때문이었을 것이다. 그런데 하만이 왕실에서 나오는데 왕의 문에서 모르드개를 본다. 모르드개는 왕의 문을 관리하는 왕의 종이었기 때문에(2:19 주해 참조) 이때에도 왕의 문에서 근무를 하고 있었을 것이다. 모르드개가 왕의 문에서 근무 중이었다면 이때에는 베옷을 벗었을 것이다(Macchi, 193). 모르드개가 하만을 보았을 때 "일어서지도 않고 떨지도 않았다"(וְלֹא־קָם וְלֹא־זָע)는 것을 볼 때 모르드개는 이때 앉아 있었음을 알 수 있다(13절). 하만이 지나가면 절을 해야 하는데(3:2) 모르드개는 절을 하지도 않고 자리에서 일어나지도 않은 것이었다. 모르드개는 페르시아의 2인자 하만에게 절하라는 왕의 명령을 거역하면서 떨지도 않았다.

자신에게 절하지 않고도 너무나 당당한 모르드개의 모습에 하만은 화가 치밀어 올랐다. 본문은 하만이 분으로 "가득 찼다"(וַיִּמָּלֵא)고 표현하여 하만의 분이 최고조에 달했음을 나타냈다. 하만은 유대인 멸절의 조서가 페르시아 전역에 공포된 이후에도 자신에게 절하지 않은 모르드개의 모습에 이전보다 더 많이 화가 났을 것이다. 어쩌면 하만은 모르드개가 자신에게 절하며 자신으로 인해 촉발된 유대인 멸절의 조서를 취소해 달라고 빌며 간구하는 것을 기대했을지도 모른다. 그런데 이전과 변함없는 모르드개의 모습은 잔치에서 기분 좋게 돌아오는 하만의 마음에 찬물을 끼얹기에 충분했다.

10절 모르드개가 자신에게 여전히 절하지 않은 것으로 인해 하만은 화가 많이 났지만 일단 참고 집으로 돌아왔다. 집에 돌아온 하만이 아내와 친구들을 부른 이유는 이 절 이후를 볼 때 두 가지임을 알 수 있다. 하나는 자신이 왕비에게 왕과 함께 이틀 연속 초대받은 것을 기쁘게 자랑하기 위함이었고 다른 하나는 여전히 자신에게 절하지 않은 모르드개로 인해 화가 난 것을 말하기 위함이었다. 하만이 집에 와서 아내 세레스를 부르기 위해 사람을 보냈다는 것은 페르시아 2인자였던 하만의 집이 컸기 때문에 하만이 자신의 집무실로 아내를 부른 것일 수 있고, 아니면 잠시 다른 곳에 가 있던 아내를 사람을 보내 부른 것일 수도 있다.

11절 하만은 비록 모르드개로 인해 기분이 상했지만 여전히 왕비가 베푼 술의 잔치에서 마신 술로 인해 기분이 좋았고 자신이 왕비가 베푼 잔치에 왕과 함께 초대받은 것으로 인한 흥분이 가라앉지 않은 것으로 보인다. 그는 들뜬 마음으로 자신의 친구들과 아내에게 자신의 부와 많은 아들들, 왕이 다른 관료들보다 자신을 높인 것을 자랑삼아 얘기했다. 하만은 왕의 금고에 은 일만 달란트를 지급할 수 있을 정도로 부유했다(3:9). 이스라엘인들에게 아들들은 하나님의 복이었던 것처럼(시 127:3, "보라 아들들은 여호와의 기업이요, 태의 열매는 보답이니라", 저자 사역) 페르시아에서도 아들이 많은 것은 자랑할 복이었다. 헤로도토스는 『역사』에서 페르시아에서 많은 아들을 생산하는 것이 큰 덕임을 알려준다.

> 페르시아인들에게 전쟁에서 용감한 것 다음으로 부각되는 남성적 덕성은 아들을 많이 생산하는 것이다. 왕은 아들을 가장 많이 생산하는 자에게 해마다 선물을 보낸다. (헤로도토스, 1.136)

에스더 9:10은 하만에게 10명의 아들이 있음을 알려준다. 하만에게 온 아내와 친구들은 이미 이러한 하만의 영광에 대해서 알고 있는 사람들이었을 것이지만, 하만은 다시 한번 자신의 영광과 높음을 자랑하고 싶었던 것이다. 왕비가 왕과 하만을 이틀 연속 초대한 것으로 인해 하만의 자만심은 더 커졌을 것이다. 그러나 결국 이러한 하만의 부는 에스더에게 넘어가고(8:1) 하만의 아들들은 유대인들에게 죽임을 당한다(9:10).

12절 하만이 우쭐했던 것은 왕비 에스더가 왕 이외에 초대한 사람이 자신 한 명뿐이라는 것이었다. 그것도 이틀 연속 왕비에게 왕과 함께 초대받았으니 하만은 자신이 왕과 왕비와 강하게 결속되어 있다고 생각했을 것이고 이 사실을 그의 아내와 친구들에게 자랑스럽게 말했다. 하만은 에스더가 자신에 대해서 어떤 감정을 갖고 있는지 눈치채지 못하고 에스더의 거듭된 초대를 자랑스럽게 말했는데, 이는 에스더가 하만 앞에서 그만큼 자신의 감정을 철저하게 숨겼음을 의미한다(Moore, 1971: 60).

13절 하만이 아내와 친구들을 불러서 하고 싶은 첫 번째 말이 자랑이었다면(11-12절), 두 번째 말은 분개함이었다. 그것은 모르드개로 인하여 유대인 멸절에 관한 조서까지 공포됐는데 왕의 문 앞에 있는 모르드개는 자신을 보아도 절하기는커녕 일어나 경의를 표하지도 않고 앉아 있음으로 인한 것이었다(9절). 자신을 일인지하 만인지상(一人之下萬人之上)이라고 생각하며 자신만만했던 하만에게 끝까지 굽히지 않은 모르드개는 하만의 모든 소유와 영광으로 인한 기쁨을 꺾어버릴 만큼 거슬리는 것이었다.

'쇼베'(שֹׁוֶה)의 정확한 의미는 알려지지 않았다(Reid, 113). "이롭지 않다"로 번역된 '에넨누 쇼베'(אֵינֶנּוּ שֹׁוֶה)는(3:8 주해 참조) 문맥에서 "의미가 없다" 혹은 "가치가 없다"로 이해할 수 있다. 유대인 멸절에 관한 조서가 공포된 이후에 모르드개가 하만에게 보인 모습은 그 이전보다 하만의 화를 더 돋우었을 것이다. 왜냐하면 많은 사람들이 하만 앞에서 모르드개가 어떻게 반응하는지 예의 주시했을 것이기 때문이다. 그런데 많은 사람들이 주시하는 가운데 모르드개가 끝까지 하만에게 절하지 않은 것은 하만의 자존심과 권위를 크게 실추시키는 일이었다.

14절 모르드개가 하만 앞에서 여전히 절하지 않은 것으로 극도로 화가 나 있는 하만에게 하만의 아내와 친구들은 빨리 시행할 수 있는 해결책을 제시한다. 10절에서는 "그의 친구들과 그의 아내 세레스"(אֹהֲבָיו וְאֶת־זֶרֶשׁ אִשְׁתּוֹ)로 기록됐었는데 여기서는 순서가 바뀌어 "그의 아내 세레스와 그의 모든 친구들"(זֶרֶשׁ אִשְׁתּוֹ וְכָל־אֹהֲבָיו)로 기록되어 하만의 아내가 이 해결책을 내는 데 주도적인 역할을 했음을 암시한다 (Berlin, 55). 그 해결책은 약 11개월 후, 유대인의 멸절 일인 아달월 13일까지 기다리지 말고 모르드개를 당장 내일, 그것도 왕비의 잔치에 가기 전에 죽이라는 것이었다. 하만의 심기를 거스르던 모르드개를 없앤 후에 왕비의 잔치에 가서 맘껏 즐기라는 것이었다.

그들은 다음 날 아침에 50규빗, 약 22미터 높이의 높은 장대를 만들어 왕에게 재가를 얻은 후 모르드개를 그 장대에 목 매달아 죽일 것을 제안한다. 하만만 잔인한 것이 아니라 그의 아내와 친구들도 하만 못지않은 잔인함을 보여준다. 높은 장대에 매달아 죽이는 것은 수산성의 많은 사람이 하만에게 반항했던 모르드개의 죽음을 볼 수 있게 하기 위함이었다. 그렇게 할 때 차오를 대로 차오른 하만의 분이 풀릴 수 있을 것이라 생각했을 것이다. "만들게 하고"와 "매달게 하십시오"로 번역된 '야아쑤'(יַעֲשׂוּ)와 '베이틀루'(וְיִתְלוּ)는 지시형으로 직역하면 "그들에게 만들게 하라"와 "그들에게 매달게 하라"로 여기서 그들은 하만이 부릴 수 있는 일꾼들을 말한다. 모르드개를 당장 내일 없앨 뿐만 아니라 자신에게 반항하고 자신의 권위를 실추시켰던 모르드개가 처형당한 것을 널리 알릴 수 있는 그 제안을 듣고 하만은 높은 장대를 만들었다. 물론 지시형, '야아쑤'(יַעֲשׂוּ, "만들게 하고")의 의미를 확인했듯이 장대는 하만이 직접 만든 것이 아니고 하만의 지시를 받은 일꾼들이 만들었다.

해설

유대인 멸절의 조서가 페르시아 전 지역에 발표된 이후에 모르드개와 하만의 조우는 많은 이들의 시선을 끌 만한 일이었다. 많은 이들은 '과연 모르드개가 자신으로 인해 유대인에게 큰 위기가 찾아왔음을 생각하여 하만에게 절하고 조서를 취하해 달라고 빌 것인가? 아니면 끝까지 하만에게 절하지 않고 자신의 소신을 지킬 것인가?'에 대해 궁금해하며 바라보았을 것이다. 모르드개는 후자를 택했다. 모르드개가 조서가 발표된 이후에도 하만에게 절하지 않은 것은 하만에게 빌지 않아도 하나님께서 유대인들을 구원하실 것이라는 믿음이 있었기 때문일 것이다(4:14, "… 유대인들에게 안도와 구원은 다른 곳으로부터 일어날 것이다. …").

이러한 모르드개의 믿음의 행위는 표면적으로 모르드개에게 더 큰 위기의 상황을 초래했다. 분으로 가득 찬 하만의 마음을 달래기 위해 하만의 아내 세레스와 그의 친구들은 당장 내일 아침에 왕의 재가를 받아 왕비가 초대한 잔치에 가기 전에 모르드개를 높은 장대에 매달아 처형할 것을 제안했기 때문이다. 단순히 모르드개를 죽이는 게 아니라 많은 사람이 보는 앞에서 자신에게 절하지 않아 모욕감과 명예에 상처를 준 모르드개를 높은 장대에 매달아 많은 사람이 모르드개의 처형을 보게 하는 것은 하만의 화를 누그러뜨리기에 좋은 제안이었다. 하만은 이 제안을 받아들였고 모르드개의 죽음의 위기는 약 11개월 후 아달월 13일에서 당장 내일로 앞당겨졌다. 모르드개는 급전직하의 위기의 상황에 빠진 것이다. 이러한 상황에서 믿음의 사람 모르드개에게 어떤 일이 펼쳐질 것인가? 높은 장대 위에 매달린 싸늘한 시신이 될 것인가? 아니면 구원의 반전이 일어날 것인가? 이어지는 6장에서는 보이지 않는 하나님의 손에 의한 구원의 반전이 일어난다.

4. 존귀함을 입은 모르드개(6:1-14)

모르드개의 죽음의 위기가 24시간도 남지 않은 시점에서 왕실에서는 대반전이 일어난다. 왕이 실록을 읽다가 모르드개의 제보로 자신이 암살의 위험을 모면했던 일을 발견하고 그때 모르드개에게 특별한 포상이 주어지지 않았음을 알게 된다. 이에 왕은 모르드개에게 포상을 내리려 하는데 때마침 왕에게 찾아왔던 하만에게 모르드개가 포상의 대상이라는 것은 밝히지 않은 채 포상에 대한 조언을 구한다. 하만은 그 포상이 자신을 위한 것인 줄 착각하고 왕에게 조언을 했는데 그 조언대로 모르드개에게 포상이 주어진다. 이 얼마나 극적인 반전인가? 이 반전의 기록에서 하나님의 이름은 나타나지 않는다. 그러나 그 어떤 사건보다도 배후에서 역사하시는 하나님의 정교하심이 돋보이는 서사이다.

번역

1 그날 밤에 왕의 잠이 달아났다. 그래서 그가 날들의 일들을 기념하는
책을 가져오라고 말했다. 그리고 그것들이 왕 앞에서 읽혔다. 2 그리고

쓰여진 것이 발견되었는데 그것은 모르드개가 문지방을 지키는 두 왕
의 내시, 빅다나와 데레스가 아하수에로 왕을 대적하여 손을 뻗고자 한
것을 말한 것이었다. 3 그러자 왕이 말했다. “이것에 관하여 모르드개
에게 행하여진 영예와 큰일이 무엇이냐?” 그러자 그를 섬기는 왕의 신
하들이 말했다. “그에게 행하여진 것은 없습니다.” 4 그러자 왕이 말했
다. “뜰에 누가 있느냐?” 그때 하만이 그가 그를[5] 위하여 세운 나무에
모르드개를 매달아 죽이는 것을 왕께 말하기 위하여 왕의 집 바깥뜰에
왔다. 5 그리고 왕의 신하들이 그에게 말했다. “보십시오. 하만이 뜰에
서 있습니다.” 그러자 왕이 말했다. “그를 오게 하라!” 6 그러자 하만이
들어왔고 왕은 그에게 말했다. “왕이 그의 존귀를 기뻐하는 사람에게
무엇을 해야 하겠느냐?” 이에 하만은 속으로 그에게 말했다. ‘왕이 나
보다 더 존귀하게 하기를 기뻐하는 사람이 누구이겠는가?’ 7 그래서 하
만이 왕에게 말했다. “왕이 그의 존귀를 기뻐하는 사람 … 8 그들이 왕
이 입는 왕의 옷과 왕이 타는 말과 그의 머리에 씌울 왕관을 가져오게
하십시오. 9 그리고 존귀한 왕의 관료들 중의 한 사람의 손에 그 옷과
말을 주게 하십시오. 그리고 그들이 왕이 그의 존귀를 기뻐하는 사람에
게 입히고, 그 성읍의 광장에서 그 말 위에 그를 태우고 그의 앞에서 외
치게 하십시오. ‘왕이 그의 존귀를 기뻐하는 사람에게 이렇게 행하여질
것이다!’” 10 그러자 왕이 하만에게 말했다. “서둘러라! 네가 말한 옷과
말을 가져다가 왕의 문에 앉아 있는 유대인 모르드개에게 그렇게 하라.
네가 말한 모든 것에서 아무것도 떨어지지 않게 하라.” 11 그리고 하만
은 옷과 말을 가져다가 모르드개에게 입히고 성읍의 광장에서 그를 태
우고 그의 앞에서 외쳤다. “왕이 그의 존귀를 기뻐하는 사람에게 이렇

5. 여기서 “그”는 모르드개를 말한다.

게 행하여질 것이다!" 12 그리고 모르드개는 왕의 문으로 돌아왔고 하만은 슬퍼하며 머리가 가려진 채 그의 집으로 서둘러 갔다. 13 그리고 하만은 그의 아내 세레스와 그의 모든 친구들에게 그에게 일어난 모든 것을 이야기했다. 그러자 그의 지혜자들과 그의 아내 세레스가 그에게 말하였다. "만약 당신이 그 앞에서 무너지기 시작한 이가 유대인들의 후손 모르드개라면 당신은 그를 이기지 못하고 그 앞에서 철저히 무너질 것입니다." 14 그들이 그와 계속 말하고 있을 때 왕의 내시들이 도착했다. 그리고 그들은 하만을 에스더가 베푼 잔치에 데려가기를 서둘렀다.

주해

1절 6:1을 시작하면서 공간적 배경이 하만의 집에서 왕실로 바뀐다. "그날 밤"(בַּלַּיְלָה הַהוּא)은 바로 전 절(5:14)에서 하만과 그의 아내와 친구들이 모르드개를 죽이기로 모의한 날의 밤이다. 이 절에는 겉으로 보기에 우연히 일어난 것으로 보이는 일 두 가지가 기록됐다. 첫째는 하만과 그의 아내와 친구들이 모르드개를 죽이기로 계획한 밤에 왕의 잠이 달아난 것, 즉 잠이 오지 않은 것이다. 평소와 달리 이날따라 왕은 잠이 오지 않았는데 이것은 표면적으로는 우연으로 보이지만 보이지 않는 하나님의 손의 역사임을 이후 일어나는 일들을 통해 알 수 있다(Breneman, 343). 우연으로 보이는 두 번째 일은 왕이 "날들의 일들을 기념하는 책"(סֵפֶר הַזִּכְרֹנוֹת דִּבְרֵי הַיָּמִים), 즉 실록을 가져오라고 하여 읽힌 것이다. 이 책은 에스더 2:23의 "날들의 일들의 책"(סֵפֶר דִּבְרֵי הַיָּמִים)으로 여기서는 책의 이름이 조금 더 자세히 기록됐다(Berlin,

57). 이 실록은 왕실의 일기와 같은 것으로 왕실에서 일어난 일들을 일별로 적은 책이다.

왕이 잠이 안 올 때 할 수 있는 일은 여러 가지가 있을 수 있다. 정원에 나가 산책을 할 수도 있고 요기하기 위해 음식을 주문할 수도 있을 것이다. 음악하는 사람을 불러 잠을 청할 수도 있고 왕비나 후궁을 부를 수도 있을 것이다. 이 외에도 할 수 있는 일이 다양하겠지만 이날 밤에 왕은 실록을 가져오게 하여 그 실록을 읽게 했다. 표면적으로 보기에는 이 일도 우연히 일어난 일로 보인다. 그러나 이것 역시 우연이 아니라 하나님의 보이지 않는 손의 역사 가운데 일어난 일로 해석할 수 있다. 왜냐하면 다음 절에서 알려주듯이 그 실록의 내용을 듣다가 하만이 곧 죽이려고 계획한 모르드개에 관한 내용을 듣기 때문이다.

2절 이 절에도 표면적으로 우연히 일어난 일이 기록됐는데 그것은 실록의 여러 기록 가운데 모르드개가 왕의 암살을 기도한 두 명의 내시를 제보한 기록이 읽혀진 것이다. 하만의 집에서는 모르드개를 다음 날 죽이기로 모의한 날 왕실에서는 모르드개가 왕의 생명을 구한 실록의 기록이 읽혀진 절묘한 우연, 이것은 우연이 아니라 하나님의 섭리 가운데 일어난 일이다. "문지방을 지키는"(מִשֹּׁמְרֵי הַסַּף) 임무는 왕의 숙소를 지키는 임무를 말하며 "왕을 대적하여 손을 뻗는 것"(לִשְׁלֹחַ יָד בַּמֶּלֶךְ)은 왕을 죽이는 것을 의미한다(2:21 주해 참조). 2:21에서 모르드개가 데레스와 더불어 왕께 제보한 인물은 "빅단"(בִּגְתָן)인데 여기서는 "빅다나"(בִּגְתָנָא)로 나타난다. "빅다나"(בִּגְתָנָא)는 철자가 약간 다른 "빅단"(בִּגְתָן)의 이형(variant)이며 빅단과 동일한 인물로 보는 데 큰 문제가 없다(Reid, 117).

3절 모르드개가 에스더를 통하여 빅단과 데레스가 계획한 왕의 암살을 제보하여 왕의 생명을 구했음에도 불구하고 그 일이 왕의 실록에 만 기록되고 모르드개에게 포상이 주어지지 않은 것은 의아한 일이었다(2:23). 그러나 그것은 하나님의 놀라운 섭리 가운데 모르드개를 위하여 적절한 타이밍에 포상이 되도록 연기된 것이었다. 모르드개의 제보가 사실로 밝혀졌을 때에는 모르드개의 포상에 관하여 언급하지 않았던 왕이 모르드개가 생명을 잃을 수 있는 절체절명의 위기 앞에서 그의 포상을 언급한 것은 우연의 일치가 아니라 보이지 않는 하나님의 손의 역사로 해석할 수 있다. 하나님의 상급이 즉각적으로 주어지지 않는 것으로 낙심할 필요가 없는 것은 하나님이 가장 적절한 타이밍을 위해 그 상급의 수여를 미루실 수 있기 때문이다.

4절 왕은 자신의 생명을 구해 준 제보자 모르드개에게 아무런 포상이 없었다는 말을 듣고 모르드개에게 포상을 하기로 생각한 후 그 포상에 관하여 논의할 사람을 찾았다. 왕의 옆에 실록을 읽어 주는 신하들이 있었지만 그들은 포상을 논의할 신하들은 아니었다. 그래서 왕은 뜰에 누가 있느냐고 물었고 때마침 모르드개를 장대 위에 매달아 죽이는 것에 관하여 왕의 재가를 받으려고 온 하만이 바깥뜰에 있었다. 에스더가 왕의 부름 없이 왕에게 나아갈 때 보았듯이 왕의 안뜰에 가기 위해서는 왕의 부름이 있어야 했지만(4:11) 왕의 바깥뜰에 가는 것은 왕의 부름이 없어도 가능했음을 알 수 있다(Berlin, 59). 하만은 그의 아내와 친구들이 제안한 대로 모르드개 처형을 재가받기 위해 늦은 밤에 왕궁에 찾아온 것으로 보인다. 하만이 아무리 페르시아 제국의 2인자이지만 자기 마음대로 한 사람을 처형시키는 권한까지는 갖고 있지 않았음을 알 수 있다.

5절 "뜰에 누가 있느냐"라는 왕의 질문에 신하들은 하만이 뜰에 서 있다고 말했고 왕은 그를 오게 하라고 지시한다. 여기서 하만이 서 있는 곳은 왕의 집 바깥뜰이다(4절, Macchi, 208; 비교, Fox, 76). "오게 하라"로 번역된 '야보'(יָבוֹא)는 미완료 형태인데 문맥에서 단순미래("그가 올 것이다")를 의미하지 않고 지시형(jussive, "그가 오게 하라")으로 사용됐다. 늦은 밤에 서로 다른 의도를 가진 두 사람의 절묘한 조우는 표면적으로는 우연이라 말할 수 있어도 모르드개의 처형을 막고 오히려 모르드개를 높이려는 하나님의 섭리 가운데 일어난 일이다.

6절 "왕이 그의 존귀를 기뻐하는 사람"(אֲשֶׁר הַמֶּלֶךְ חָפֵץ בִּיקָרוֹ אִישׁ)은 왕이 존귀하게 하고 싶은 사람을 의미한다. 왕은 하만에게 자신이 존귀하게 하고 싶은 사람이 모르드개임을 밝히지 않은 채 하만에게 조언을 구한다. 하만은 왕이 존귀하게 하고 싶은 사람이 자신일 것이라고 착각하는데, 이는 하만이 이러한 착각을 할 정도로 왕이 하만을 신뢰하고, 인정하고 있었음을 말해준다. 실제로 왕은 하만을 높여 왕의 문에 있는 종들이 하만에게 엎드려 절하도록 명령했었다(에 3:2). 하만이 왕비에게 이틀 연속 왕과 함께 초대받은 것도 하만의 착각을 북돋아 주었을 것이다. 또 한편으로 하만이 이렇게 착각한 것은 하만이 자기중심적 사람이고 자만심이 많은 사람이기 때문이었을 것이다.

7절 하만은 왕이 물을 때 사용했던 표현, "왕이 그의 존귀를 기뻐하는 사람"(אִישׁ אֲשֶׁר הַמֶּלֶךְ חָפֵץ בִּיקָרוֹ)을 말하는데 이 구절과 8절이 구문상으로 연결되지 않기 때문에 하만이 왕이 물을 때 사용했던 표현을 말하고 번역에서 표시했듯이 잠시 쉰 것으로 이해할 수 있다. 이는 마치 5:7에서 왕이 에스더에게 그녀의 요구와 요청이 무엇이냐고 물었을 때 에스더가 "저의 요구와 요청은 …"이라고 말하며 머뭇거린 것과 비슷한 경우이다(Levenson, 96). 하만은 "왕이 그의 존귀를 기뻐하는 사람", 즉 왕이 존귀하게 하고 싶어 하는 사람을 되뇌며 그 사람이 자기 자신이라 생각하고 자신이 받고자 하는 것을 생각했을 것이다.

8절 하만은 자신이 받고 싶은 존귀함을 말했다. 그것은 다름 아닌 왕과 같이 되는 것이었다. 그는 자신이 이미 가지고 있는 부와 권력이 아닌 대중 앞에서 왕과 같이 높임 받는 것에 관심이 있었다(Fox, 76). 하만은 페르시아의 2인자로서 많은 부와 큰 권력을 누렸지만 대중 앞에서 왕으로 칭송받는 영예는 누려보지 못했기 때문에 그 영예를 누리고자 한 것이다. 그는 왕이 존귀하게 하고 싶은 사람을 위해 왕의 옷과 왕관과 왕이 타는 준마를 준비하게 할 것을 제안한다. 번역에서 이러한 것들을 준비하는 "그들"은 왕의 신하들을 의미한다. 이 절을 시작하는 미완료형 동사, '야비우'(יָבִיאוּ, "그들이 가져오게 하십시오")는 문맥에서 단순히 미래에 있을 일("그들이 가져올 것이다")을 말하는 것이 아니라 지시(jussive)를 의미한다.

9절 하만은 왕이 존귀하게 하고 싶은 자가 자신이라고 생각하고 왕의 옷과 말을 존귀한 왕의 관료에게 주게 하라고 말한다. 하만은 왕의 일반 신하가 아니라 존귀한 관료에게 섬김을 받고 싶었던 것이다. 여기서 "주게 하십시오"로 번역된 '베나톤'(וְנָתוֹן)은 접속사 '베'(וְ)와 부정사 절대형 '나톤'(נָתוֹן)이 결합된 형태로, 8절의 지시형(jussive)으로 사용된 '야비우'("그들이 가져오게 하십시오")에 이어져 지시의 의미를 지닌다(Keil and Delitzsch, 361). 따라서 그 의미는 "그리고 그들이 주게 하십시오"로 이해할 수 있다.

왕이 존귀하게 하고 싶은 자에게 주기 위해 가져온 옷과 말을 귀족들, 즉 "왕의 관료들 중의 한 사람"(אִישׁ מִשָּׂרֵי הַמֶּלֶךְ)에게 주라고 했는 데 이어서 그 옷을 입히고 말을 태우는 주체는 복수로 기록되어 있다(וְהִלְבִּישֻׁהוּ, "그리고 그들이 입히게 하라"; וְהִרְכִּיבֻהוּ, "그리고 그들이 그를 태우게 하라"). 부쉬, 바르드케, 브록킹톤, 하우프트는 칠십인역을 따라 복수 "그들"을 단수 "그"로 수정하여 번역하는데 마소라 텍스트에 기록된 대로 복수로도 이해할 수 있다(Bush, 415; Bardtke, 344; Brockington, 238; Haupt, 144-5). 왕의 옷과 말을 받은 관료는 한 사람이지만 실제로 그 옷을 입히고, 그 말에 태우는 일을 하는 이들은 관료가 부리는 아랫사람들로 볼 수 있기 때문이다.

두 사역형 히필 동사, '베힐비슈'(וְהִלְבִּישֻׁהוּ, "그리고 그들이 입히게 하라")와 '베히르키부흐'(וְהִרְכִּיבֻהוּ, "그리고 그들이 그를 태우게 하라")에 이어서 나오는 칼 동사, '베코르우'(וְקָרְאוּ)도 사역의 의미("그리고 그들이 외치게 하십시오")를 지닌다. 왕이 존귀하게 하고 싶은 사람이 말을 타고 거닐게 될 "성읍의 광장"(רְחוֹב הָעִיר)은 에스더 4:6에 언급된 "왕의 문 앞에 있는 성읍의 광장"(אֲשֶׁר לִפְנֵי שַׁעַר־הַמֶּלֶךְ רְחוֹב הָעִיר)을 말한다. 무어는 이 절의 "성읍의 광장"은 시내의 광장으로 수산성 내의 왕의 문 앞에 있는 "성읍의 광장"보다 큰 다른 광장으로 상정하는데(Moore, 1971: 65) 두 "성읍의 광장"이 동일하게 '레호브 하이르'(רְחוֹב הָעִיר)로 기록되어 있고 왕의 문 앞에 있는 광장이 작다고 단정할 수 없으므로 두 광장은 같은 광장으로 이해할 수 있다.

10절 왕의 말에 반전이 일어난다. 왕은 하만의 제안을 그대로 받아들여 하만이 말한 대로 서둘러 시행하라고 명령하는데 그 대상은 모르드개였다. 하만은 왕의 재가를 받아 모르드개를 이날 일찍 죽이고 자신이 제안한 존귀함을 자신이 받을 것을 기대하고 있었는데, 모르드개를 죽이기는커녕 서둘러 그를 왕과 같이 존귀하게 해야 하는 반전의 상황이 벌어진 것이다. 하만이 말한 왕의 옷을 입히고 왕의 말을 태우는 "존귀한 왕의 관료들 중의 한 사람"(אִישׁ מִשָּׂרֵי הַמֶּלֶךְ הַפַּרְתְּמִים)은 자신이 됐고 "왕이 그의 존귀를 기뻐하는 사람"(אֲשֶׁר הַמֶּלֶךְ חָפֵץ בִּיקָרוֹ הָאִישׁ)은 모르드개가 된 것이었다. 왕이 하만에게 "서둘러라"(מַהֵר)고 말한 것은 왕이 자신의 생명의 은인에게 합당한 포상을 베풀고자 하는 의지가 큼을 드러내 준다.

흥미로운 것은 왕이 모르드개를 말하며 "유대인"(הַיְּהוּדִי)임을 밝혔다는 것이다. 왕은 생명의 은인인 모르드개가 하만이 멸절해야 한다고 했던(3:8-9) 유대인임을 알고 있었던 것이다. 왕은 구체적으로 모르드개가 왕의 문에 앉아 있는, 즉 왕의 문을 관리하는 종이자(2:19 주해 참조) 유대인임을 알고 있었다. 왕은 하만의 제안을 받아들여 유대인 멸절에 관한 조서를 발표했지만 그것과 상관없이 자신의 생명을 건진 유대인 모르드개에게 마땅한 포상을 해야 한다고 생각한 것이다. 그렇다면 왕이 하만에게 "왕이 그의 존귀를 기뻐하는 사람"이라고만 말하고 미리 그가 유대인 모르드개임을 밝히지 않은 이유를 짐작할 수 있다. 그것은 하만이 포상을 받는 자가 유대인임을 알면 그가 제대로 된 포상을 제안하지 않을 수 있기 때문이다. 왕의 인정 가운데 승승장구하며 상승세를 타던 하만은 10절을 기점으로 하강의 국면으로 접어든다. 이 절에서 왕의 마지막 말, "네가 말한 모든 것에서 아무것도 떨어지지 않게 하라"로 번역된 '알 탚펠 다바르 믹콜 아셰르 딥바르타'(אַל־תַּפֵּל דָּבָר מִכֹּל אֲשֶׁר דִּבַּרְתָּ)에서 "아무것"에 해당하는 '다바르'(דָּבָר)는 "아무 말"로도 번역될 수 있다.

11절 하만은 9절에서 자신이 왕에게 제안한 그대로 모르드개에게 왕의 옷을 입히고 왕의 말을 태워서 성읍의 광장에서 왕이 존귀하게 하길 원하는 사람에게 이렇게 할 것이라고 외쳤다. 왕의 생명을 구한 모르드개의 제보에 대한 포상은 운이 없어서 주어지지 않은 것이 아니라 하나님의 섭리 가운데 가장 좋은 타이밍에 가장 좋은 방법으로 주어진 것이다. 수산성의 많은 사람들이 볼 수 있을 만큼 높은 장대 위에 매달려 죽을 수도 있었던 순간에 모르드개는 수산성의 많은 사람들이 볼 수 있는 성읍의 광장에서 왕의 말을 타고 거닐었다. 그것도 자신에게 절하지 않는다고 유대인 전체를 멸절하려는 계획을 세운 하만이 시중드는 가운데 존귀함을 얻었다. 하만이 성읍의 광장에서 모르드개를 시중들며 모르드개가 왕이 존귀하게 하고 싶은 사람이라고 외칠 때 받은 수모는, 이전에 왕의 조서가 발표된 후에 모르드개가 왕의 문 앞에서 하만 앞에 절하지 않아서 받은 수모(5:9)에 비할 수 없을 정도로 큰 것이었다.

12절 모르드개가 왕의 문으로 돌아왔다는 것은 왕의 문을 지키는 종으로서(2:19 주해 참조) 본인의 일터에 돌아왔음을 말한다. 하만은 큰 슬픔 가운데 서둘러 집으로 돌아갔다. 자신의 아내와 친구들에게 자신에게 일어난 믿기지 않는 일을 말하며 슬픔과 답답함을 토로하길 원했을 것이다. 하만은 "머리가 가려진 채" 돌아왔는데 머리를 가리는 것은 구약성경에서 큰 슬픔 가운데 행하던 관습으로 나타난다(Paton, 255). 다윗이 압살롬의 반역으로 예루살렘을 떠나 도망할 때 머리를 가리고 울고 갔으며(삼하 15:30), 예루살렘의 이스라엘인들은 극심한 가뭄으로 인하여 슬플 때 그들의 머리를 가렸다(렘 14:3-4).

13절 모르드개가 왕의 옷을 입고 왕의 말을 타고 하만의 시중을 받은 곳이 많은 사람이 보는 성읍의 광장이었기 때문에 하만의 아내 세레스와 그의 친구들도 그들의 계획과 전혀 다른 방향으로 일이 진행됐음을 알았을 것이다. 그러나 그들은 어떻게 그러한 일이 일어났는지 자세한 내막을 몰랐을 것이고 하만은 그들에게 그날 이른 아침부터 지금까지 자신에게 일어난 일을 모두 다 말했다.

이에 하만의 지혜자들과 하만의 아내 세레스가 하만에게 말하는데 여기서 "그의 지혜자들"(חֲכָמָיו)은 "그의 친구들"(אֹהֲבָיו), 즉 하만의 이야기를 들은 하만의 친구들로 보인다(Berlin, 63). 여기서 저자가 이때까지 "그의 친구들"(אֹהֲבָיו)로 기록했던 이들이 "그의 지혜자들"(חֲכָמָיו)로 바뀌어 칭해진 것은 이어서 기록된 그들과 하만의 아내의 말이 지혜로웠음을 암시한다. 그들은 마치 앞으로 일어날 일을 알고 있는 것처럼 이번에 하만이 무너진 상대가 모르드개라면 앞으로도 철저히 그 앞에서 무너질 것이라고 말한다. 그들이 한 말은 지난 밤에 하만의 비위를 맞추기 위해 모르드개를 장대에 매달아 처형하라고 한 잔인하고 생명을 귀중히 여기지 않는 어리석은 말이 아닌 이후에 실제로 일어날 일로서 의미 있고 지혜로운 말이었다.

지혜자들과 하만의 아내가 이렇게 말한 이유가 적시되어 있지는 않지만, 아마도 하만이 모르드개를 처형할 계획이 무산되고 모르드개가 영예를 얻은 일련의 사건들을 우연의 연속이 아니라 신의 섭리 가운데 일어난 일로 보았기 때문일 것이다(Smith, 266). 하루 사이에 일어난 믿기 어려운 일들을 보면서 그들은 유대인들이 섬기는 신이 역사한 것이라고 생각한 것으로 보인다. 그래서 그들은 당신이 싸울 상대자가 자신들을 위해 역사하는 신을 섬기는 유대인들의 후손 모르드개라면 이기기 어려울 것이라고 말했을 것이다.

14절 하만이 그가 세운 계획이 틀어져 혼란한 가운데 그의 아내와 친구들과 말하고 있을 때 하만을 에스더의 잔치에 모시기 위하여 왕의 내시들이 하만에게 왔다. 하만 혼자 그 잔치에 갈 수 있었지만 왕은 왕비의 특별한 초대이니만큼 그의 내시들에게 하만을 모시고 오라고 특별히 대우한 것이다. 하만이 받은 이러한 특별한 대우는 이제 에스더의 잔치에서 일어날 하만의 추락의 높이를 더 높여준다. 어제까지만 해도 하만은 왕과 함께 이틀 연속 왕비의 잔치에 초대되어 흥분해 있었다. 그러나 내시의 호위 가운데 연회장으로 가는 하만의 마음은 착잡했을 것이다. 무엇보다도 왕이 유대인 모르드개를 존귀하게 한 것에 대한 불편함이 컸을 것이다.

해설

에스더서에는 하나님의 이름이 한 번도 나오지 않지만 하나님의 역사(役事), 즉 하나님의 일하심이 에스더서 전반에 걸쳐 나타난다. 그 가운데에서도 하나님의 역사가 강력하게 드러난 곳이 에스더서 6장이다. 에스더서 6장에는 죽음의 위기 가운데 있던 모르드개가 존귀함을 받기까지 우연으로 보기에는 어려운 여러 일들이 연속하여 계속 일어난다. 첫 번째 일은 하만이 그의 아내와 친구들과 상의하여 정한 모르드개 처형일 전날 밤에 왕의 잠이 달아난 것이다. 두 번째 일은 잠이 오지 않는 왕이 할 수 있는 여러 일들이 있을 텐데 그 가운데 실록을 가져와 읽게 한 것이다. 우연으로 보기 어려운 세 번째 일은 그 많은 실록의 부분 가운데 모르드개의 제보로 왕이 목숨을 구한 부분이 읽혀진 것이다. 네 번째 일은 모르드개가 왕의 목숨을 구한 제보를 했음에도 불구하고 이전에 포상을 받지 않아 그 일에 대한 포상이 이제야 주어지게 된 일이었다. 모르드개가 제보한 그때에 포상이 이뤄졌으면 이번에 다시 포상할 일이 없었을 것인데, 하나님의 섭리 가운데 더 좋은 때를 위하여 제보 직후에 포상이 이루어지지 않은 것이었다. 다섯 번째 일은 왕이 포상을 위해 상의할 참모를 찾았을 때, 하만이 바로 그 자리에 있었다는 것이다. 여섯 번째 일은 모르드개에게 왕의 옷을 입히고 왕의 말을 태워 모르드개를 존귀하게 하는 일이 같은 날 모르드개를 죽이려고 했었던 하만에게 주어졌다는 것이다. 죽음의 위기에 있던 모르드개에게 우연으로 보기 힘든 이러한 일들이 연속하여 일어났다는 것은 무엇을 의미하는가? 그것은 이러한 일들 뒤에 보이지 않는 하나님의 손이 있었다는 것이다.

하만의 지혜자들과 아내도 이러한 일련의 일들이 계속 일어나는 것을 우연으로 치부할 수 없다고 생각했을 것이다. 그래서 이때까지 하만의 편에서 하만의 비위를 맞추었던 그들이 하만이 유대인 모르드개를 이기지 못하리라고 말한 것으로 보인다. 그들도 이러한 우연으로 보기 어려운 일들이 연속하여 일어나는 데에는 어떠한 신적 개입이 있다는 것을 부인하기 어려웠을 것이다.

왕과 함께 왕비의 초대를 두 번이나 받아 의기양양했던 하만은 왕이 존귀하게 하려는 사람이 자신이라 생각하고 왕에게 존귀하게 하려는 사람에게 왕의 옷을 입히고 왕의 말을 태워 성읍의 광장에서 행차하게 하라고 제안했으나, 보이지 않는 하나님은 그 일을 막으셨고 하만이 죽이려고 했던 모르드개를 그 자리에 앉혀 존귀를 받게 하셨다. 한나가 그의 기도에서 고백하듯이 여호와는 낮추기도 하시고 높이기도 하시는 분이셨다(삼상 2:7). 하만으로 모르드개를 시중들게 한 것은 높은 자리에 있던 하만을 낮추시고 낮은 자리에 있던 모르드개를 높이신 여호와의 역사였다. 지금도 하나님은 여전히 인간의 눈에 보이지 않으신다. 그러나 에스더서 6장은 하나님은 보이지 않지만 하나님의 역사(役事)는 인간의 역사(歷史) 가운데 현존함을 강력히 증언한다.

5. 나무에 달려 죽은 하만(7:1–10)

하만은 그가 모르드개를 이기질 못할 것이라는 그의 지혜자들과 아내의 말이 찜찜했지만 왕이 보낸 왕의 내시들과 함께 왕비가 초대한 잔치로 향했다. 에스더가 왕에게 요구하고자 한 것을 말하지 않고 미뤄 왔기 때문에 이 잔치에서 왕의 관심은 에스더가 자신에게 바라는 것이 무엇인지 아는 것에 있었을 것이고, 반대로 하만은 에스더의 요구가 무엇인가에 특별한 관심을 두지 않았을 것이다. 그런데 이 장에서 말한 에스더의 요구가 왕에게 한 요구이지만 직접적으로 하만, 자신에게 관련된 것이었음이 밝혀진다.

번역

1 왕과 하만은 왕비 에스더와 함께 마시기 위하여 왔다. 2 그리고 또한
술의 잔치의 둘째 날에 왕이 에스더에게 말했다. "왕비 에스더여, 너의
요구가 무엇이냐? 그것이 너에게 주어질 것이다. 너의 요청이 무엇이
냐? 왕국의 반이라도 그것이 이루어질 것이다." 3 그러자 왕비 에스더
가 대답하여 말했다. "왕이여, 제가 만약 당신의 눈에 호의를 찾고 왕에
게 좋다면 나의 요구로 나의 생명이, 나의 요청으로 나의 백성이 주어
지게 하소서. 4 왜냐하면 멸절하고 죽이고 멸망시키기 위하여 우리, 즉
나와 나의 백성이 팔렸기 때문입니다. 만약에 우리가 남종들이나 여종
들로 팔렸다면 제가 조용했을 것입니다. 왜냐하면 그 역경은 왕의 고충
과 비교되지 않기 때문입니다." 5 그러자 아하수에로 왕이 말했다. 그

가 왕비 에스더에게 말했다. “누가 그냐, 이 사람?[6] 그의 마음에 그렇게
하고자 그를 가득하게 한 이 사람, 그가 어디 있느냐?”[7] 6 그러자 에스
더가 말했다. “대적이자 원수인 사람은 이 악한 하만입니다. 그러자 하
만은 왕과 왕비 앞에서 공포에 사로잡혔다. 7 그러자 왕이 그의 분노 가
운데 일어나 술 잔치에서 그 궁전의 정원으로 향했다. 그리고 하만은
왕비 에스더에게 그의 목숨을 구하기 위하여 서 있었다. 왜냐하면 그가
왕으로부터 그를 향한 벌이 결정되었음을 보았기 때문이다. 8 그리고
왕은 그 궁전의 정원으로부터 술 잔치의 집으로 돌아왔고 하만은 에스
더가 있는 소파 위에 엎드렸다. 그러자 왕이 말했다. “또한 집 안에서
나와 함께 있는 왕비를 겁탈하려느냐?” 이 말이 왕의 입에서 나왔고 그
들이 하만의 얼굴을 덮었다. 9 그리고 내시들 중 하나인 하르보나가 왕
앞에서 말했다. “또한 보십시오. 하만이 왕을 위해 좋은 것을 말했던 모
르드개를 위해 만든 50규빗 높이의 나무가 하만의 집 안에 서 있습니
다.” 그러자 왕이 말했다. “그 위에 그를 매달아라!” 10 그러자 그들이
그가 모르드개를 위해 세운 그 나무에 하만을 매달았고 왕의 분이 가라
앉았다.

주해

1절 하만은 왕이 보낸 내시들과 먼저 왕에게 간 뒤 왕과 함께 에스더에게 갔다. 왕과 하만이 에스더에게 간 목적을 “왕비 에스더와 함께 마

6. “누가 그냐, 이 사람?”은 ‘미 후 제’(מִי הוּא זֶה)의 직역으로 그 의미는 “누가 그 사람이냐?”이다.
7. “이 사람, 그가 어디 있느냐?”는 ‘베에제 후’(וְאֵי־זֶה הוּא)의 직역으로 그 의미는 “그 사람이 어디 있느냐?”이다.

시기 위하여"(לִשְׁתּוֹת עִם־אֶסְתֵּר הַמַּלְכָּה)로 기록된 것으로 보아 이 잔치도 에스더가 처음 베푼 잔치와 같이 "술의 잔치"(מִשְׁתֵּה הַיַּיִן)로 보인다(5:6; 7:2). 여기서는 특별히 에스더가 "왕비 에스더"(הַמַּלְכָּה אֶסְתֵּר)로 소개되는데 이는 이 장에서 보여지는 에스더의 우월한 지위를 말해준다(Macchi, 223).

2절 여기서 둘째 날은 두 번째 잔치의 둘째 날이 아니라 첫 번째 잔치에 이은 두 번째 잔치의 날을 말한다(Berlin, 65). 왕은 에스더에게 무엇을 원하는지 다시 묻는다. 왕의 질문은 첫 번째 술의 잔치에서 왕이 에스더에게 질문한 것(5:6)과 매우 유사하다. 에스더 5:5과 달리 여기서는 에스더에게 질문할 때 "왕비 에스더여"(אֶסְתֵּר הַמַּלְכָּה)라고 부름으로 에스더의 위상을 더 높여준다. 이는 에스더가 왕의 보좌에 나아갔을 때 왕이 금 지팡이를 건네주며 "왕비 에스더여"(אֶסְתֵּר הַמַּלְכָּה)라고 에스더를 존대했던 것과 같다(5:3).

왕은 에스더에게 금 지팡이를 건네줄 때와(5:3) 첫 번째 술의 잔치에서와(5:6) 마찬가지로 이번에도 "왕국의 반이라도"(עַד־חֲצִי הַמַּלְכוּת)라는 표현을 사용하며 에스더의 요청이 왕국의 반이라도 이루어질 것이라고 말함으로써 에스더의 요청을 들어주겠다는 의지를 강력히 피력한다. 이렇게 강한 왕의 의지가 세 번이나 확인됐으므로 요청을 하는 에스더에게 보다 좋은 상황이 펼쳐진 것이다. 또한 왕은 첫 번째 술의 잔치에서처럼 에스더에게 "너의 요구가 무엇이냐 그것이 너에게 주어질 것이다"라고 말한 후에 다시 한번 "너의 요청이 무엇이냐 왕국의 반이라도 그것이 이루어질 것이다"라고 반복함으로 왕이 에스더의 요청을 들어줄 의지가 강함을 보여준다. 에스더가 왕이 금 지팡이를 건네줄 때 그녀의 요청을 즉각적으로 말하지 않고 이렇게 두 번을 미루어 왕의 강력한 의지를 거듭 확인하고 왕이 에스더의 요청을 잘 받아 줄 수 있는 분위기를 만든 것은 에스더의 지혜였다.

3절 에스더의 요청을 적극적으로 들어주겠다는 왕의 말에 에스더가 대답한다. 에스더는 이전에 왕이 금 지팡이를 건네주며 에스더의 요청이 무엇이냐고 물었을 때와(5:3) 에스더가 베푼 첫 번째 술의 잔치에서 에스더의 요청이 무엇이냐고 물었을 때와(5:6) 마찬가지로 예의를 갖추어 말한다. 에스더는 "왕이여"(הַמֶּלֶךְ)라고 부르며 그녀의 요청을 간곡히 호소한다(Reid, 125).

에스더는 성급하게 그녀의 요청을 말하지 않고 "왕이여, 제가 만약 당신의 눈에 호의를 찾고 왕에게 좋다면"(הַמֶּלֶךְ וְאִם־עַל־הַמֶּלֶךְ טוֹב אִם־מָצָאתִי חֵן בְּעֵינֶיךָ)이라고 말하며 우선적으로 왕을 존중한다. 에스더는 자신의 요구(שְׁאֵלָתִי)는 "나의 생명"(נַפְשִׁי)이고 자신의 요청(בַּקָּשָׁתִי)은 "나의 백성"(עַמִּי)이라고 말하는데 이는 자신의 생명과 자신의 백성을 죽음의 위협으로부터 구해 달라는 요청이다. 에스더는 왕이 약속할 때 사용한 용어, "너의 요구"(שְׁאֵלָתֵךְ)와 "너의 요청"(בַּקָּשָׁתֵךְ)을 그대로 받아서 "나의 요구"(שְׁאֵלָתִי)와 "나의 요청"(בַּקָּשָׁתִי)이라고 말하는데, 이는 왕에게 약속한 것을 그대로 지켜달라는 바람을 표현한 것이다(Smith, 269).

4절 에스더는 앞 절에서 왜 자신의 생명과 자신의 백성이 주어지게 해 달라고 했는지, 즉 왜 자신의 생명과 자신의 백성을 구하여 달라고 했는지 그 이유를 말한다. 그 이유는 자신과 자신의 백성이 멸절되도록 팔렸다는 것(נִמְכַּרְנוּ)이다. 에스더는 같은 의미의 세 단어를 사용하여 "멸절하고 죽이고 멸망시키기 위하여"(לְהַשְׁמִיד לַהֲרוֹג וּלְאַבֵּד)라고 말함으로써 유대인을 멸절하려는 시도가 강력하게 진행되고 있음을 드러낸다. 이 세 단어는(לְהַשְׁמִיד לַהֲרוֹג וּלְאַבֵּד, "멸절하고 죽이고 멸망시키기 위하여") 에스더 3:13에서 왕의 조서가 각 지역에 전달된 목적을 나타낼 때 사용된 단어이기도 하다. 에스더의 백성이 팔렸다는 것(נִמְכַּרְנוּ)은 금전적인 대가를 받고 팔렸다는 것이 아니라 "넘겨졌다" (be betrayed)는 것을 의미한다(*HALOT* I, 581-582, 참조, 삿 2:14; 3:8; 4:2; 10:7). 한편으로 이 표현은 간접적으로 하만이 유대인 멸절을 위해 내놓은 은 일만 달란트를 상기시킨다(Smith, 269). 에스더는 자신의 백성이 남종이나 여종으로 팔렸다면(נִמְכַּרְנוּ), 즉 남종이나 여종의 처지가 됐다면 조용했을 것이라고 말한다. 여기서 "팔렸다면"은 위의 경우와 달리 금전적인 거래가 있는 팔림을 의미한다.

에스더가 "조용했을 것"(הֶחֱרַשְׁתִּי)이라는 것은 이렇게 왕에게 요청하지도 않았을 것을 의미한다. 왜냐하면 그 정도의 역경이라면 왕이 신경 쓰게 하지 않았을 것이기 때문이다. 구약에서 한 번 나타나는 단어(*hapax legomenon*)인 '네제크'(נֵזֶק)는 아람어에서 온 단어로 일반적으로 짐(burden)을 의미하며(*HALOT* I, 684), 추상적으로 고충/골칫거리(trouble), 짜증(irritation)의 의미를 지니는데(Macchi, 225) 이 문맥에서는 "고충"으로 이해된다. 이 말은 그 정도의 역경을 가지고 왕을 골치 아프게 하지 않았을 것이라는 의미이다(Moore, 1971: 70; Berlin, 66). 에스더는 지금 왕에게 자신의 민족이 종으로 팔리는 정도가 아니라 멸절당하게 된 심각한 위기에 처했음을 강조하고 있다.

5절 왕이 에스더에게 "너의 요청이 무엇이냐?"고 물었을 때(2절) 에스더의 대답은 죽음과 멸절의 위기에 처한 자신과 자신의 백성을 구해 달라는 것이었다(3-4절). 그런데 이 에스더의 대답 가운데 누가 에스더와 에스더의 민족을 죽음과 멸절로 몰아갔는지는 말하지 않았다. 그 자는 바로 앞에 앉아 있는 하만이었기 때문에 에스더는 하만의 이름을 말하는 것을 최대한 미뤘을 것이다. 그런데 에스더의 요청을 듣고 있던 왕이 분을 내며 에스더와 에스더의 민족을 죽음으로 몰아간 사람이 누구냐고 단도직입적으로 물었다. 에스더를 죽이려고 한 것은 아하수에로 왕의 입장에서는 자신의 부인을 죽이려고 한 것이기 때문에 화를 참을 수 없었을 것이다.

본문에는 아하수에로 왕이 에스더에게 말한 것을 '바요메르'(וַיֹּאמֶר, "그리고 그가 말했다")를 두 번 사용하여 반복 기록하고 있는데 이는 화자의 엄중함을 드러내는 용법이다(Reid, 126; Macchi, 226; 참조, 창 22:7; 삼하 24:17; 스 10:2). 본문의 직역 중 "누가 그냐, 이 사람?"에서 "이 사람"은 지시대명사, '제'(זֶה)를 직역한 것으로 문맥에서 "이 사람"은 에스더가 3절과 4절에서 말한 에스더와 그녀가 속한 민족을 멸절시키려 한 사람을 의미한다. 이어서 나오는 절, '베에제 후'(הוּא וְאֵי־זֶה, "이 사람, 그가 어디 있느냐?")의 '제'(זֶה, "이 사람")도 앞의 "이 사람"과 같은 사람을 지칭한다. "그의 마음에 그렇게 하고자 그를 가득하게 한"(אֲשֶׁר־מְלָאוֹ לִבּוֹ לַעֲשׂוֹת כֵּן)에서 그를 가득하게 했다는 것(מְלָאוֹ)은 그 자신을 가득하게 했다는 것으로 문맥에서 그렇게 하기를 갈망했음을 의미한다.

이 왕의 질문으로 인해 에스더와 왕과 하만 사이의 긴장은 절정에 이른다. 에스더가 3-4절에서 자신과 자신의 백성이 멸절당할 상황에 처했다고 말했을 때 왕이 이러한 일을 하고자 한 사람이 누구냐고 물어본 정황을 생각해 보면 왕은 에스더가 유대인이라는 사실을 모르고 있었던 것으로 보인다. 왕이 에스더가 유대인이라는 사실을 알았다면 에스더가 자신의 민족이 멸절당할 위기에 처했다고 말했을 때 왕은 얼마 전에 하만이 제안해서 자신이 승인했던 유대인 멸절의 조서를(3:8-13) 기억했을 것이다. 에스더는 이때까지도 모르드개의 지시를 따라(2:10) 자신이 유대인임을 왕에게 말하지 않은 것으로 보인다. 하만 역시 두 번째 술의 잔치에 초대받았을 때까지도 에스더가 유대인이라는 사실을 알지 못한 채 왕비에게 왕과 함께 두 번 연속 초대받았다는 것으로 우쭐했던 것이다(5:12). 그러나 에스더가 3절과 4절에서 자신의 백성이 멸절당할 위기에 처했다는 말을 할 때 하만은 왕과 달리 에스더가 유대인임을 눈치챘을 것이고 왕이 에스더의 백성을 멸절하려고 하는 사람이 누구냐고 물었을 때 두려움에 휩싸였을 것이다.

6절 이 절은 에스더의 대답의 절정의 순간이다. 에스더는 하만을 바로 앞에 두고 왕에게 자신의 민족을 멸절하려고 한 사람이 바로 하만이라고 말한다. 유대인을 멸절하려고 했던 하만은 에스더와 유대인에게 에스더가 말했듯이 대적(צַר)이자 원수(אוֹיֵב)이고 페르시아 제국의 한 민족을 멸절하려 한 악한(הָרָע) 사람이다. 왕비 에스더가 유대인일 것이라고는 예상하지 못했던 하만에게는 청천벽력과 같은 반전이었다. 하만은 같은 날 이른 아침에 왕이 존귀하게 하려는 사람이 자신인 줄 알았다가 자신이 미워하던 모르드개로 밝혀지는 불쾌한 반전을 겪었는데, 에스더가 유대인이라는 반전은 불쾌함을 넘어 자신의 존립이 흔들리는 중차대한 일이었다. 이 반전으로 하만은 자신의 지위는 물론 자신의 목숨까지도 위태롭게 됐다. 하만은 에스더의 대답에 "왕과 왕비 앞에서"(מִלִּפְנֵי הַמֶּלֶךְ וְהַמַּלְכָּה) 공포에 사로잡힌다. 자신을 대적, 원수라고 칭한 왕비 앞뿐만 아니라 왕비를 위해 실제로 처분을 내릴 왕 앞에서 떨지 않을 수 없었을 것이다.

7절 왕은 왕비 에스더와 에스더의 민족인 유대인을 멸절의 위기에 몰아넣은 이가 하만이라는 에스더의 대답에 놀라지 않을 수 없었다. 자신의 부인과 부인의 민족을 멸절하려는 이가 자신이 총애하여 나라의 2인자의 자리에 올려놓은 하만이었기 때문이다. 물론 하만은 에스더가 유대인이라는 사실을 알지 못했을 것이지만 결론적으로 왕비를 죽음의 위기에 몰아넣은 이는 하만이었다.

왕은 이 사실을 에스더에게서 듣고 일어나 “궁전의 정원”(גִּנַּת הַבִּיתָן)으로 나갔다. “궁전의 정원”은 왕이 수산성안에 있는 백성을 위하여 7일 동안 잔치를 베풀었던 장소이기도 하다(1:5). 왕이 술 잔치의 집에서 궁전의 정원으로 나간 정확한 이유는 기록되지 않았지만 아마도 자신의 부인과 부인을 멸절하려는 계획을 세운 이가 하만이라는 말에 왕이 큰 충격을 받고 화가 나 그대로 자리에 앉아 있을 수 없어 밖으로 나간 것으로 보인다. 왕은 에스더의 말에 화가 나서 즉각적으로 하만에게 호통치며 질책할 수도 있겠지만 자신이 사랑하는 부인인 왕비 에스더를 죽이려 했던 자가 자신이 둘도 없이 총애하던 하만이었다는 말에 크게 혼란스러웠을 것이다. 왕은 이 혼란스러운 상황에서 일단 생각을 정리하기 위해 궁전의 정원으로 나갔을 것이다. 또한 왕이 왕의 정원으로 나간 이유는 이러한 상황을 어떻게 대처할 것인가에 대하여 참모들의 조언을 구하기 위해서였을 것이다(Smith, 270). 이전에도 왕은 중요한 일을 앞두고 그의 참모들의 의견을 구하는 모습을 보였다. 자신의 청을 거절한 와스디를 어떻게 처리할 것인가에 대해서도 참모들의 의견을 구했고(1:15) 왕이 존귀하게 하고 싶은 사람에게 무엇을 해야 하는가에 관해서도 참모의 의견을 구했다(6:6).

이때 하만은 목숨을 구하기 위해 에스더 앞에 서 있었다. 하만은 에스더가 왕에게 한 요청으로 자신의 목숨을 잃을 수 있음을 직감했을 것이다. 하만은 왕이 그에게 벌을 내릴 것을 확신했다. 이러한 상황에서 하만이 할 수 있는 일은 에스더에게 용서를 구하고 자신을 위해 왕에게 중재할 것을 요청하는 것이었다(Jobes, 165).

8절 에스더와 에스더의 민족을 멸절하려는 자가 하만이라는 에스더의 말에 충격을 받고 혼란 가운데 궁전의 정원에 나갔던 왕이 다시 에스더와 하만이 있는 곳으로 돌아왔다. 정원에서 왕이 무엇을 했는지에 관해서는 본문에서 기록하고 있지 않아 알 수 없다. 왕은 궁전의 정원에서 충격과 혼란에 빠졌던 마음을 가다듬었을 것이고 왕의 참모를 불러 이러한 상황에서 하만에게 어떻게 대처하는 것이 좋을지 조언을 들었을 수도 있다.

그런데 왕이 집 안으로 들어왔을 때 하만에게는 엎친 데 덮친 격으로 왕에게 오해를 사는 일이 벌어졌다. 에스더의 소파에 하만이 엎드려 있는 것을 왕이 본 것이었다. 왕이 에스더의 말에 충격을 받고 밖으로 나갔을 때 하만은 에스더에게 용서를 구하기 위해 에스더 앞에 서 있었다(7절). 그런데 여기서 하만이 에스더가 앉아 있는 소파에 엎드려 있었다는 것은 하만이 엎드려 절하며 에스더에게 간곡히 용서를 구하고 왕께 자신을 위해 중재해 줄 것을 요청한 것을 암시한다. 본문에는 하만이 에스더를 소파에서 겁탈하거나 겁탈을 시도했다고 볼 수 있는 근거가 없으며 이 엄중한 상황에서 하만이 에스더를 겁탈할 개연성 역시 없어 보인다.

그러나 왕은 하만이 에스더의 소파에 엎드려 있는 것을 보고 하만이 왕비를 겁탈하려고 했던 것으로 생각하여 하만을 책망했다. 왕의 말은 '하감'(הֲגַם)으로 시작하는데 의문접두사, '하'(הֲ)에 "또한"을 의미하는 '감'(גַם)을 사용하여 왕은 하만에게 에스더와 에스더의 민족을 멸절하려고 시도한 것도 모자라 "또한"(גַּם) 왕비 에스더를 겁탈하려고 한 것이냐고 물으며 책망한 것이다. 왕이 책망하자마자 왕의 주위에 있는 이들이 하만의 얼굴을 덮었다. 본문에서 하만의 얼굴을 덮은 자들이 누구인지 말하지 않고 3인칭 남성 복수 형태로만(חָפוּ) 기록되어 있는데, 이들은 다음 절에서 내시들 중의 하나인 하르보나가 왕에게 말한 것으로 보아 왕의 주위에 있던 내시들로 추측된다. 이들이 하만의 얼굴을 천과 같은 것으로 덮는 것은 수치와 죄를 암시하는 것으로 그리스, 로마의 관습처럼 사형을 준비하는 과정이었을 것이다(Reid, 127-128).

9절 하만의 얼굴을 덮은 것으로 보이는 내시들 가운데 하나인 하르보나가 왕에게 말한다. 여기서 왕에게 말한 하르보나는 1:10에 기록된 왕을 섬기는 일곱 명의 내시 중 한 명이다. 내시들은 이미 하만이 모르드개를 죽이기 위해 자신의 집에 50규빗, 약 22미터 높이의 장대를 세워두었다는 것을 알고 있었고 이를 왕에게 말한다. 이는 다름 아닌 왕에게 하만의 처형 방식을 제안한 것이었다. "하만이 모르드개를 위해 만든 것"(אֲשֶׁר־עָשָׂה הָמָן לְמָרְדֳּכַי)은 모르드개를 죽이기 위해 만든 것을 말한다. 내시들이 바로 앞 절에서 하만의 얼굴을 덮은 직후 이 제안을 한 것으로 보아 하만의 얼굴을 덮은 것은 사형을 준비하는 과정으로 보인다.

왕은 하르보나가 자신에게 얘기한 의도를 이해하고 곧바로 하만을 그 장대 위에 매달 것을 명령한다. 이는 또 한 번의 극적인 반전의 순간이다. 6:7-9에서 하만은 왕이 존귀하게 하고자 하는 자가 자신이라고 생각하고 존귀하게 할 자에게 왕의 옷을 입히고 왕관을 씌우고 왕의 말을 태워 성읍의 광장을 행차하게 하라고 제안했는데, 6:10에서 왕은 하만이 제안한 대로 모르드개에게 행하라고 명령하여 하만은 반전의 쓰라림을 겪었다. 그런데 이번에는 모르드개를 죽이기 위해 만든 장대에 자신이 죽게 된 반전의 상황을 맞이하게 된 것이다. 하만은 잠언 26:27 ("함정을 파는 자는 그것에 빠질 것이요 돌을 굴리는 자는 도리어 그것에 치이리라")의 "함정을 파는 자"와 "돌을 굴리는 자"의 좋은 예이다 (Moore, 1971: 73). 헤로도토스의 『역사』는 사람을 매달아 죽이는 것이 페르시아에서 시행되던 처형 방식이었음을 보여준다. 아하수에로 왕은 조피로스의 딸을 범한 사타스페스를 매달아 죽이라는 명령을 내렸다 (헤로도토스 4.43).

10절 왕의 명령은 신속하게 실행됐다. 왕의 내시들은 하만이 모르드개를 매달아 죽이기 위해 만든 장대에 하만을 매달았다. 하만의 지혜자들과 아내 세레스가 말한 대로(6:13) 하만이 모르드개를 이기지 못하고 철저히 무너지는 순간이었다. 왕은 하만으로 인해 분이 차오를 대로 차오른 상태였다. 자신이 신뢰하여 나라의 2인자의 자리에 올린 하만이 자신의 부인, 왕비 에스더와 에스더의 민족을 멸절하려고 계획을 세웠을 뿐만 아니라 왕비를 겁탈하려 했다고 생각했기 때문에 왕은 하만을 향하여 큰 배신감과 분노를 느꼈을 것이고 그 큰 배신감과 분노는 하만이 장대에 매달려 죽은 후에야 가라앉았다. 구약의 지혜문학에도 하만과 같이 다른 이에게 고통을 주려고 세운 계획에 자신이 빠지는 경우가 나타난다(Fox, 88).

> 그가 웅덩이를 파 만듦이여 제가 만든 함정에 빠졌도다 그의 재앙은 자기 머리로 돌아가고 그의 포악은 자기 정수리에 내리리로다. (시 7:15-16)

함정을 파는 자는 거기에 빠질 것이요 담을 허는 자는 뱀에게 물리리라. (전 10:8)

해설

7장은 에스더서의 대역전 드라마다. 유대인 모르드개를 향한 하만의 개인적인 미움이 유대인 멸절 계획까지 이르는 것은 결코 쉬워 보이지 않았지만 하만은 유대인 멸절을 위한 왕의 조서까지 공포하게 했다. 페르시아가 다스리는 한 민족이 통째로 사라져 버릴 위기가 현실이 된 것이었다. 왕의 인장반지까지 찍힌 유대인 멸절 조서가 공포됐기 때문에 유대인들은 큰 절망에 사로잡혔다. 그러나 유대인이 이러한 위기에서 소생할 수 있었던 것은 자신에게 맡겨진 사명이 무엇인지 깨닫고 위험을 무릅쓰고 그 사명을 이행한 한 사람, 에스더가 있었기 때문이었다.

4:14에서 모르드개는 에스더에게 "네가 이때를 위하여 왕비의 자리에 오른 것인지 누가 알겠느냐?"라는 질문을 통해 왕비 에스더의 사명이 유대인을 위하여 왕께 요청하는 것임을 에스더의 마음에 각인시켰다. 에스더는 왕의 부름이 없이 왕에게 먼저 나아갈 때 죽을 수도 있음을 알면서 위험을 무릅쓰고 왕에게 나아갔고 결국 왕에게 자신과 자신의 백성의 생명을 구하여 달라고 요청하며 유대인 멸절을 계획한 이가 하만임을 밝혔다. 왕은 에스더의 요청을 받아들였고 하늘이 무너진 것과 같은 위기에 처했던 유대인들에게 소망의 빛줄기가 비추어졌다. 물론 유대인 멸절의 조서가 아직 취소되지 않았지만 유대인을 멸절하려는 계략을 치밀하게 세웠던 하만이 그가 만든 장대에 달려 처형당한 것은 유대인들에게는 위기 극복을 위한 전환점이었다.

한 사람이 자신의 사명에 충실할 때 한 민족이 구원을 받는 놀라운 일이 벌어진 것과는 대조적으로 하만은 대페르시아 제국의 2인자의 위치에서 한순간에 형장의 이슬로 사라지게 됐다. 왕의 신임을 받아 높고 힘 있는 자리에 있었지만 하나님의 백성을 대적하여 악을 도모한 하만이 그 높은 자리에서 한순간에 고꾸라진 것이다. 솟아날 구멍이 없어 보이던 유대인들에게는 극적으로 구원의 빛이 비춰었고 무너질 것 같지 않았던 하만이 하루아침에 무너져 버린 것이다. 이 놀라운 대역전의 드라마는 보이지 않는 하나님의 손이 작용함으로 가능했다. 하나님은 위험을 무릅쓰고 자신의 사명에 충실한 자를 사용하시어 억울함에 빠진 자신의 백성을 구원하셨고, 하나님을 경외하지 않고 자신의 힘과 권력만 믿고 하나님의 백성을 대적한 악인을 심판하신 것이다.

6. 유대인을 위한 아하수에로 왕의 칙령(8:1-17)

유대인을 멸절시킬 계획을 치밀하게 세웠던 하만을 처형했지만 에스더의 역할이 다 끝난 것은 아니었다. 에스더가 또 왕에게 요청해야 할 것은 아달월 13일에 유대인을 멸절할 것을 명령한 왕의 조서를 취소하는 것이었다. 에스더와 유대인의 궁극적인 관심은 하만을 죽이는 것이 아니라 유대인을 구원하는 것이었기 때문이다. 이제 에스더는 왕에게 자신이 유대인이라는 것과 자신과 모르드개와의 관계를 말한다. 모르드개는 왕의 목숨을 구한 제보자일 뿐만 아니라 에스더의 양부와 같은 사촌이었기 때문에 더욱더 왕의 신뢰를 받을 수 있었다. 에스더는 왕에게 나아가 이미 공포된 왕의 조서가 회수될 것을 요청했고 왕은 모르드개에게 일임하여 왕의 조서를 다시 쓰게 했다. 그 조서는 유대인을 구하는 것뿐만 아니라 유대인의 대적자들에게 복수하는 또 하나의 반전을 포함했다.

번역

1 그날에 아하수에로 왕이 왕비 에스더에게 유대인들의 대적 하만의 집
을 주었다. 그리고 모르드개가 왕 앞에 왔는데 이는 에스더가 그가 그
녀에게 무엇인지 말했기 때문이다. 2 왕은 하만에게서 되찾은 그의 인
장반지를 빼서 그것을 모르드개에게 주었다. 그리고 에스더는 모르드
개에게 하만의 집을 맡겼다. 3 그리고 에스더는 왕 앞에서 다시 말했다.
그녀는 그의 발 앞에 엎드려 울며 아각 사람 하만의 악과 그가 유대인
들에게 계획한 그의 계획을 폐지해 줄 것을 그에게 간청하였다. 4 그리
고 왕이 금 지팡이를 에스더에게 건넸고 에스더는 일어나 왕 앞에 섰
다. 5 그리고 그녀가 말했다. "만약 왕에게 좋으시고 제가 그 앞에서[8] 호
의를 찾는다면, 또한 왕 앞에서 그 일이 적절하고 그의[9] 눈에 제가 좋으
시다면, 왕의 모든 지역의 유대인들을 멸망시키기 위하여 그가 기록한
것, 즉 아각 사람 함므다다의 아들 하만의 계획인 조서들을 철회하는
것이 기록되게 하소서. 6 왜냐하면 제가 어떻게 화가 제 백성을 찾는 것
을[10] 볼 수 있겠습니까? 또한 제가 어떻게 제 친족의 멸망을 볼 수 있겠
습니까?" 7 그러자 아하수에로 왕이 왕비 에스더와 유대인 모르드개에
게 말했다. "보라 내가 에스더에게 하만의 집을 주었다. 그리고 그들이
그가 유대인들을 대적하여 그의 손을 뻗은 것으로 인해 그를 나무 위에

8. 문맥에서 "그"는 왕을 지칭한다.
9. 문맥에서 "그"는 왕을 지칭한다.
10. "화가 제 백성을 찾는 것"은 "화가 제 백성에게 임하는 것"을 의미한다.

매달았다. 8 이제 너희는 너희 눈에 좋은 대로 왕의 이름으로 유대인들
에 관하여 기록하라. 그리고 왕의 인장반지로 인을 쳐라. 왜냐하면 왕
의 이름으로 기록되고 왕의 이름으로 인 쳐진 칙령은 철회하지 않기 때
문이다." 9 그리고 그때, 셋째 달, 즉 시완월, 그것의 스물 셋째 날에 왕
의 서기관들이 소집되었다. 그리고 모르드개가 명령하는 모든 것대로
인도에서부터 구스까지 127 지역, 각 지역에 그 문자에 따라, 그리고 각
백성에게 그 언어에 따라, 그리고 유대인들에게 그들의 문자와 언어에
따라, 유대인들과 총독들과 도지사들과 지역들의 관료들에게 기록되었
다. 10 그리고 그가 아하수에로 왕의 이름으로 기록하고 왕의 인장반지
로 인쳤다. 그리고 그가 조서들을 말을 타고 달리는 사람들, 즉 왕실의
말들과 암말들의 새끼들을 탄 자들의 손을 통하여 보냈다. 11 그것은 왕
이 모든 성읍에 소집된 유대인들에게 그들의 목숨을 위해 서게 하려고,
아이들과 여자들까지도, 그들을 공격하는 모든 백성과 지역의 군대를
멸절하고 죽이고 멸망시키게 하려고 또한 그들의 재물을 빼앗게 하려
고 준 것이다. 12 아하수에로 왕의 모든 지역에 하루에, 즉 열두째, 아달
월 열셋째에 13 법으로 주어질 그 문서의 사본이 모든 지역과 모든 백
성들에게 드러났고 그날에 유대인들이 그들의 원수들에게 복수하도록
준비되게 하였다. 14 왕실의 말들을 타고 달리는 사람들이 왕의 말대로
서둘러 급히 나가서 그 법이 수산성에 주어졌다. 15 그리고 모르드개가
보라색과 흰색의 왕실의 옷을 입고 큰 금관을 쓰고 붉은 세마포 가운을
입고 왕 앞에서 나갔다. 그리고 수산 성읍은 소리치며 기뻐했다. 16 유
대인들에게는 빛과 기쁨, 즐거움과 영예가 있었다. 17 그리고 왕의 말과
그의 법이 도달한 곳, 모든 지역과 모든 성읍의 유대인들에게 기쁨과
즐거움이 있었다. 잔치가 있었고 좋은 날이었다. 땅의 백성들 가운데

많은 이들이 유대인들이 되었는데 이는 유대인들의 두려움이 그들에게 임했기 때문이다.

주해

1절 "그날"(בַּיּוֹם הַהוּא)은 왕이 하만을 장대에 매달아 처형한 날이다. 이날은 이른 아침부터 많은 일이 있었다. 왕은 이른 아침에 왕을 찾아간 하만에게 자신이 존귀하게 하고 싶은 사람에게 어떻게 대우할까에 관해 물었고 하만을 시켜 모르드개를 존귀하게 했다. 하만은 집으로 돌아갔다가 에스더의 잔치에 참석했고 에스더가 왕에게 그녀의 요청을 말함으로 하만은 처형당했다. 바로 이날에 왕은 에스더에게 하만의 집을 주었다. 하만의 집을 에스더에게 준 것은 하만으로 인해 자신과 자신의 민족의 멸절의 위협 가운데 고통당했던 에스더를 위로하기 위해서였을 것이다.

이날 에스더는 왕의 목숨을 구했던 모르드개가 사실은 자신을 키워준 사촌이라고 말한다. "에스더가 그가 그녀에게 무엇인지 말한 것"(הִגִּידָה אֶסְתֵּר מַה הוּא־לָהּ)은 에스더가 왕에게 모르드개가 자신의 사촌임을 밝힌 것이다. 자신의 생명의 은인인 모르드개가 자신의 부인을 키워준 아버지와 같은 사촌이라는 말에 모르드개를 향한 왕의 호감은 더 높아졌을 것이다.

2절 모르드개가 왕의 목숨을 구한 제보를 했고 에스더의 양부와 같은 사촌이라 할지라도 왕이 하만에게 되찾은 인장반지를 모르드개에게 주었다는 것은 파격이 아닐 수 없다. 왕의 인장반지는 왕의 권위를 의미한다(Berlin, 73). 왕이 승인한 조서임을 표시하는 인장반지는 나라의 2

인자인 하만에게 주어졌었는데 왕이 모르드개에게 인장반지를 준 것은 모르드개를 그만큼 신뢰하고 있음을 보여준다. 왕은 단지 모르드개가 자신의 생명을 구한 은인이어서 고마움의 표시로 혹은 자신의 부인 에스더와 매우 가까운 관계여서 왕의 인장반지를 주지는 않았을 것이다. 왕이 모르드개에게 인장반지를 준 것은 왕이 모르드개의 능력을 인정하고 있음을 보여주는 것이다.

왕은 어떻게 모르드개의 능력을 파악할 수 있었을까? 아마도 앞 절에서 에스더가 왕에게 모르드개에 대해서 말할 때 자신과 모르드개와의 가족관계뿐만 아니라 그가 자신에게 유익한 조언을 주는 멘토이며 능력이 뛰어난 사람이라는 것 등을 말했을 가능성이 높고 왕은 이를 바탕으로 모르드개의 능력을 높이 샀을 것이다(Reid, 131). 왕이 모르드개에게 인장반지를 주었다는 것은 공식적으로 모르드개에게 나라를 총괄하는 책임을 맡긴 것을 의미한다. 에스더는 왕으로부터 받은 하만의 집을 모르드개에게 맡긴다. 여기서 에스더가 모르드개에게 하만의 집을 맡긴 것은(וַתָּשֶׂם) 왕이 에스더에게 하만의 집을 준 것(נָתַן)같이 준 것이 아니라 관리할 책임을 맡긴 것을 의미한다(Macchi, 240). 에스더는 왕실에 있기 때문에 하만의 집을 관리하기가 어려웠을 것이고 모르드개가 왕의 인장반지까지 받을 만큼 왕에게 신뢰를 받았기 때문에 모르드개에게 하만의 집을 맡기는 것에 부담이 없었을 것이다. 모르드개는 왕실 밖에 살았기 때문에 하만의 집을 맡기에 적합한 인물이었다.

3절 하만이 죽었고 모르드개가 왕의 신임을 얻었으며 왕이 하만의 집을 에스더에게 주었지만 에스더에게는 아직 해결해야 할 중요한 일이 있었다. 그것은 아달월 13일로 예정된 유대인 멸절에 관한 조서가 취소되도록 왕에게 요청하는 것이었다. '바토쎄프 에스테르 바테답베르'(וַתּוֹסֶף אֶסְתֵּר וַתְּדַבֵּר)는 직역하면 "에스더가 더했다 그리고 말했다"인데 '바토쎄프'(וַתּוֹסֶף)는 숙어로 "다시 하다"를 의미하므로 이 구절은 "에스더가 다시 말했다"를 의미한다(Moore, 1971: 77). 에스더는 왕 앞에 엎드려 울며 왕의 조서를 폐지해 줄 것을 간청했다. 에스더는 하만이 죽고 왕이 모르드개에게 인장반지를 주었다고 해서 우쭐하거나 방심하지 않았다. 에스더가 울며 엎드려 간청한 것은 에스더가 끝까지 두렵고 간절한 마음을 잃지 않았음을 보여준다. 에스더가 폐지해 줄 것을 요청한 아각 사람 하만의 악과 유대인들을 향한 하만의 계획은 동격 관계로 이해할 수 있다(Fox, 92). 즉, 하만의 악은 다름 아닌 유대인들을 향한 하만의 계획으로 이는 아달월 13일로 예정된 유대인 멸절 계획이다. 하만을 아각 사람으로 소개한 것은 하만이 전통적인 유대인의 대적인 아말렉 족속의 사람임을 드러낸다(3:1 주해 참조).

4절 왕은 자신 앞에 엎드려 울며 간청하는 에스더에게 금 지팡이를 건네준다. 여기서 왕이 금 지팡이를 건네준 의도는 4:11에서 에스더가 말한 금 지팡이를 건네는 의도와 다르다. 4:11에서 에스더가 말한 금 지팡이를 건네는 의도는 왕의 부름 없이 왕 앞에 나온 이를 죽이지 않고 살리기 위함이었다. 이러한 금 지팡이의 기능은 5:2에서 왕의 뜰에 서 있는 에스더에게 왕이 금 지팡이를 건넨 것을 통해 볼 수 있다. 그러나 8:4에서는 에스더가 이미 왕 앞에 엎드려 울며 간청하는 상황이었다. 이때 왕이 에스더에게 금 지팡이를 건넨 것은 눈물을 흘리며 간청하는 에스더를 격려하기 위한 것으로 보인다(Clines, 315). 왕은 지팡이를 건네주며 에스더에게 일어나 구체적인 요청 사항을 말하라는 신호를 보낸 것으로 볼 수 있다(Breneman, 352).

5절 에스더는 이때까지 왕에게 드린 말보다 더 예를 갖추어 왕에게 그녀의 요청을 말한다. 에스더는 자신의 요청을 말하며 네 가지 조건이 성립될 때 요청을 이루어 달라고 말한다. 그 네 가지는 왕에게 좋은 것, 에스더가 왕 앞에서 호의를 찾는 것, 왕 앞에서 이 요청이 적절한 것, 왕의 눈에 에스더가 좋은 것이다. 첫 번째와 네 번째 조건이 비슷하지만, 첫 번째는 이 요청이 왕에게 좋은 것을 말하는 것이고 네 번째는 에스더가 왕에게 좋은 것을 말한다. 이 네 가지 조건이 충족될 때 요청을 들어달라는 것은 이 네 가지 조건 중 하나라도 충족되지 않으면 왕이 요청을 들어주지 않아도 된다고 말한 것으로 이는 왕을 최대한 배려한 것이다.

앞에서도 에스더가 왕에게 이러한 조건들을 내걸었었다. 이전에 왕이 에스더에게 금 지팡이를 건네며 에스더의 요청이 무엇이냐고 물었을 때에 에스더는 "왕에게 좋으시면" 왕을 위해 베푼 잔치에 오시라고 초청했다(5:4). 첫 번째 술의 잔치에서 왕이 에스더의 요청이 무엇이냐고 물었을 때에도 에스더는 자신이 "왕의 눈의 호의를 찾고", "왕에게 자신의 요구를 드리는 것과 요청을 행하는 것이 왕에게 좋으시면" 두 번째 술의 잔치에 올 것을 말했다(5:8). 두 번째 술의 잔치에서 왕이 에스더에게 그녀의 요청이 무엇이냐고 물었을 때에도 에스더는 "왕의 눈의 호의를 찾고, 왕에게 좋다면" 자신의 요청을 이루어 달라고 말했다(7:3). 에스더가 첫 번째 요청에서 한 가지 조건을 말하고 두 번째 요청에서 세 가지 조건을 말하고, 세 번째 요청에서 두 가지 조건을 말했는데 이번에 네 가지 조건을 말했다는 것은 에스더가 왕에게 이 네 번째 요청을 말할 때 가장 정중했음을 나타낸다. 첫 번째부터 네 번째 요청까지 모두 들어있는 조건은 "왕에게 좋다면"(אִם־עַל־הַמֶּ֣לֶךְ ט֔וֹב)이다.

이렇게 정중히 조건들을 말하고 왕에게 요청한 것은 유대인을 모두 멸절하기 위해 하만이 계획하여 왕의 이름으로 공포된 왕의 조서를 철회하는 조서를 쓰는 것이었다. 이 조서는 왕의 이름으로 공포됐지만 실질적으로 이 조서를 계획하고 쓴 이는 하만이었으므로 (3:12) 에스더는 "하만의 계획인 조서들"(הַסְּפָרִים מַחֲשֶׁבֶת הָמָן)을 철회하는 조서를 발표할 것을 요청했다.

에스더는 지혜롭게 이 조서와 왕의 관련성을 언급하지 않고 이 조서는 하만의 계획임을 강조했다(Macchi, 242). 여기서는 이 조서의 실질적인 책임자는 하만임을 강조하기 위해 하만이 누구인가를 자세히 밝힌다. 그는 "아각 사람 함므다다의 아들 하만"이었다. 하만이 이렇게 자세히 소개된 것은 에스더서의 저자가 하만을 처음 소개할 때(3:1)와 왕이 하만에게 인장반지를 빼어 주는 중요한 상황에서였다(3:10). 에스더도 신중에 신중을 기하는 이 중차대한 요청에서 하만이 누구인가에 대해 자세하게 말한 것이다. 왕의 인장반지로 인 쳐진 조서는 일반적으로 철회될 수 없었고(8:8) 예외적으로 철회할 수 있는 한 가지 방법이 있었는데 그것은 발표된 조서를 철회하는 조서를 발표하는 것이었다.

6절 에스더는 하만이 계획한 조서의 철회를 요청한 이유를 말한다. 그것은 하만이 멸망시키려고 한 유대인이 바로 자신이 속한 민족이라는 것이었다. 에스더는 7:4-6에서 자신의 민족을 멸망시키려고 한 자가 하만임을 말했지만 자신의 민족이 유대인임을 말하지는 않았었는데 이제 멸망당할 위기에 있는 유대인이 바로 자신의 친족임을 밝힘으로써 하만의 계략과, 유대인, 자신과의 관련성의 전모를 밝힌다.

에스더는 6절에서 같은 의미의 평행을 이루는 시적인 두 구절을 반복함으로 자신의 민족, 즉 유대인의 멸망을 보고만 있을 수 없음을 왕 앞에서 간절히 말한다(Breneman, 353). 두 구절에서 "화"(רָעָה)는 "멸망”(אָבְדַן)과, “제 백성”(עַמִּי)은 “제 친족”(מוֹלַדְתִּי)과 평행을 이룬다. “화가 제 백성을 찾는 것”은 ‘바라아 아셰르임짜 에트암미’(אֶת־עַמִּי **בָּרָעָה אֲשֶׁר־יִמְצָא**)의 문자적 번역으로 “화가 제 백성에게 임하는 것”을 의미한다. 여기서 ‘라아’(רָעָה)가 여성 명사임에도 남성 동사 ‘임짜’(יִמְצָא)가 사용된 것은 창세기 44:34의 비슷한 구절, ‘바라 아셰르 임짜 에트아비’(בָּרָע אֲשֶׁר יִמְצָא אֶת־אָבִי, “제 아버지를 찾는 화”)에서 남성 명사 ‘라’(רָע)에 남성 동사 ‘임짜’(יִמְצָא)가 사용된 것에 영향을 받은 것으로 보인다(Berlin, 74).

7절 하만이 계획한 유대인 멸절의 조서를 철회하는 조서를 공포해 달라는 에스더의 요청에 아하수에로 왕은 에스더와 그 자리에 함께 있던 모르드개에게 대답한다. 에스더가 자신의 민족, 유대인 멸절의 조서가 철회될 것을 요청했고(5-6절), 모르드개가 자신의 사촌임을 왕에게 말했으므로(1절) 왕은 모르드개가 유대인임을 확실히 알게 됐다. 에스더서의 저자도 이제 왕이 “유대인 모르드개”(מָרְדֳּכַי הַיְּהוּדִי)에게 말했다고 기록한다.

에스더의 요청에 왕은 그 요청을 들어주겠다고 말하기 전에 그 요청을 마땅히 들어줄 것을 암시하는 말을 한다. 왕은 자신이 유대인의 대적 하만을 처형했고 하만의 집을 에스더에게 주었다고 말하는데 이는 자신이 유대인의 대적을 대적하고 유대인과 에스더를 위함을 간접적으로 전달한 것으로 에스더와 모르드개를 안심시키는 발언이었다. 왕이 “보라!”(הִנֵּה)라고 말하며 그의 말을 시작하는 것은 왕이 에스더와 유대인을 위하고 있음을 강조하기 위한 것이다(Moore, 1971: 79). 하만이 “유대인을 대적하여 그의 손을 뻗은 것”(אֲשֶׁר־שָׁלַח יָדוֹ בַּיְּהוּדִיִּים)은 하만이 유대인 멸절을 계획하고 유대인 모르드개를 나무 위에 매달아 죽이려 했던 것을 말한다.

8절 7절에서 자신이 에스더와 유대인을 위하고 있음을 강조한 왕은 유대인 멸절의 조서를 철회하는 조서를 발표해 달라는 요청을 수락한다. 왕은 그 요청을 수락함을 넘어 그 새로운 조서의 기록을 에스더와 모르드개에게 위임한다. 여기서 "너희"(אַתֶּם)는 왕 앞에 있는 에스더와 모르드개를 지칭하는데, 명령형, '키트부'(כִּתְבוּ, "기록하라") 앞에 사용되어 왕이 다른 사람이 아닌 에스더와 모르드개에게 이 조서를 일임함을 강조한다(Smith, 274). "유대인들에 관하여"(עַל־הַיְּהוּדִים) 기록하라는 것은 에스더가 요청했듯이 페르시아 전역에 내려졌던 유대인 멸절에 관한 조서를 취소하여 유대인을 구원할 것을 말한다.

왕은 에스더와 모르드개에게 일임한 조서에 자신의 인장반지로 인을 치라고 말하면서 그 이유까지 말하는 섬세함을 보여준다. 그 이유는 자신의 인장반지로 인을 치면 그 어떤 누구도 그 조서를 철회할 수 없다는 것이다. 그 어떤 지방장관이나 지도자도 왕이 내린 조서를 철회할 수 없다. 왕의 인장반지로 인 쳐진 조서가 철회될 수 있는 유일한 방법은 왕이 그 조서를 철회하는 조서를 내리는 것이다. 왕이 지금 내리라는 조서가 바로 자신이 내린 이전 조서를 철회하는 것이었다.

9절 3:12에서 하만이 주도하여 유대인 멸절의 조서를 쓸 때와 마찬가지로 조서를 쓰기 위하여 서기관들이 소집됐다. 하만이 주도한 조서의 작성을 위해 서기관들이 소집된 날이 첫째 달 13일이었는데(3:12) 에스더와 모르드개가 주도하는 조서를 위해 서기관들이 소집된 날이 셋째 달 스물 셋째 날이므로 하만의 조서가 기록된 후 두 달 열흘, 즉 70일이 지난 시점이었다.

"모르드개가 명령하는 모든 것대로"(כְּכָל־אֲשֶׁר־צִוָּה מָרְדֳּכַי) 조

서가 작성됐다는 것을 통해 이 조서를 위임받은 인물은 에스더와 모르드개이지만 실제로 이 조서를 주도적으로 작성한 이는 모르드개임을 알 수 있다(Berlin, 76). 하만의 주도하에 조서가 기록됐을 때처럼 이번에도 조서는 각 지역의 여러 언어로 기록되어 유대인들과 각 지역의 지도자들에게 전달됐다. 3:12과 비교할 때 이 절에서는 페르시아 전 지역을 구체적으로 "인도에서부터 구스까지 127 지역"(שֶׁבַע וְעֶשְׂרִים וּמֵאָה מְדִינָה מֵהֹדּוּ וְעַד־כּוּשׁ)으로 기록함으로써(참조, 1:1) 유대인 멸절을 철회시키는 조서가 페르시아 전역에 전파됨을 강조했다.

10절 조서는 모르드개가 명령하는 대로 서기관들에 의해 기록됐지만 왕의 조서이기 때문에 왕의 이름으로 기록됐고 왕이 모르드개에게 맡긴 인장반지로 인 쳐졌다. 조서의 전달자에 관하여는 하만이 주도한 조서의 전달자를 기록한 3:13과 유사하지만 3:13보다 자세하게 기록한다. 3:13에는 단순히 조서가 "달리는 사람들의 손에 의하여"(בְּיַד הָרָצִים) 전달됐다고 기록된 반면, 여기에서는 달리는 사람들을 "말을 타고 달리는 사람들, 즉 왕실의 말들과 암말들의 새끼들을 탄 자들"(רָצִים בַּסּוּסִים רֹכְבֵי הָרֶכֶשׁ הָאֲחַשְׁתְּרָנִים בְּנֵי הָרַמָּכִים)로 구체적으로 표현한다. "말을 타고 달리는 사람들"(הָרָצִים בַּסּוּסִים)에 의해 조서가 전달된다는 것은 고대 페르시아에서 가장 신속한 방법으로 조서가 전달됨을 말한다.

이 절에는 일련의 전문적인 단어들이 나타난다. '레케쉬'(רֶכֶשׁ, "말들")는 페르시아 우편제도에 사용되던 말들을 의미하는 단어로 아랏에서 발굴된 도편(ostracon)에 나타난다(Klingbeil, 301-3). '아하쉬테라님'(אֲחַשְׁתְּרָנִים, "왕실의")은 '아하쉬테란'(אֲחַשְׁתְּרָן)의 복수형으로 페르시아어에서 온 단어이고 "왕실의"(royal), "정부의"(governmental) 등을 의미하며, '라마킴'(רַמָּכִים, "암말들")은 '라마카'(רַמָּכָה, "암말")의 복수형으로 같은 어족의 아람어와 아랍어의 용례를 고려할 때 "암말들"로 이해할 수 있다(Berlin, 77).

11절 이 절의 첫 단어인 관계대명사 '아셰르'(אֲשֶׁר)의 선행사는 10절의 "조서들"(סְפָרִים)이다. 저자는 왕이 유대인에게 그 조서들을 전달한 목적을 전치사 '레'(לְ)와 연결된 다섯 개의 부정사로 나타낸다. 첫째는 유대인들이 그들의 목숨을 위해 "서게 하려고"(וְלַעֲמֹד) 한 것인데, 서게 하려고 했다는 것은 문맥에서 보호하려 했다는 것을 의미한다(개역개정, NIV, ESV). 즉, 유대인들이 그들의 목숨을 보호하게 하려고 조서를 전달했다는 것이다. 둘째 목적은 유대인들을 공격하는 자들, 심지어 유대인의 "아이들과 여자들까지도"(טַף וְנָשִׁים) 공격하는 자들을 멸절하는 것(לְהַשְׁמִיד)이고(Gordis, 49-53)[11], 셋째 목적은 그들을 죽이는 것(וְלַהֲרֹג)이며, 넷째 목적 역시 그들을 멸망시키는 것(וּלְאַבֵּד)이다. 그리고 다섯째 목적은 유대인을 공격하는 자들의 재물을 빼앗는 것(לָבוֹז)이다. 그러나 실제로 유대인들은 적들의 재물을 빼앗지는 않았다(9:10, 15, 16). 이제 멸절당할 위기에 있던 유대인들은 이 조서를 통하여 유대인들을 대적하는 자들을 멸망시킬 수 있게 됐다.

12절 이 절은 유대인들의 대적을 죽이는 날을 기록한 절로 11절에 연결된다. 아달월 "열셋째"(שְׁלוֹשָׁה עָשָׂר)는 열셋째 날을 의미하는 것으로 이날은 하만이 주도한 조서에 따라 유대인들을 멸절시키기로 예정

---

11. "아이들과 여자들"(טַף וְנָשִׁים)을 유대인을 공격하는 자들의 아이들과 여자들로 보는 견해도 있으나(Fox, 99-100; Berlin, 76) "아이들과 여자들"을 유대인을 "공격하는 자들"(הַצָּרִים)의 공격의 목적어로 보는 것이 문맥에서 자연스럽다(Baldwin, 98). 유대인들이 대적자들을 죽일 때 아이들과 여자들을 죽였다는 언급이 없으므로 (Clines, 317) 필자는 "아이들과 여자들"을 유대인의 아이들과 여자들로 보았다.

된 날이었다(3:13). 그런데 이제 모르드개가 주도한 새로운 왕의 조서에 따라 이날은 유대인들이 멸절되는 날이 아니라 유대인들의 대적을 멸절시키는 날로 바뀐다(13절).

13절 왕의 조서는 백성들이 지켜야 할 법(דָּת)의 권위를 지닌 문서였다. 조서의 사본이 백성들에게 드러났다는 것(גָּלוּי)은 백성들에게 전달됐음을 말한다. "그날"(לַיּוֹם הַזֶּה)은 문자적으로는 "이날"로 이는 유대인들이 그들의 대적들에게 복수할 아달월 13일을 말한다. 이 조서의 목적 중 하나는 페르시아 각 지역에 퍼져 있는 유대인들이 아달월 13일에 있을 그들의 대적에 대한 복수를 준비시키는 것이었다. 유대인들의 대적이 누구인지는 구체적으로 밝히고 있지 않아 정확히 알 수 없지만 이들은 하만에게 협조하여 유대인 멸절의 계획에 동참한 이들이었을 것이다.

14절 왕의 조서는 페르시아 전역에 신속하게 전달됐는데 왕궁이 있는 수산성도 당연히 포함됐다. 10절의 왕실의 말들을 타고 조서를 전달하던 신하들 중에는 수산성에 조서를 전달한 신하들도 있었을 것이다. 이들은 다른 전달자들보다 상대적으로 가까운 지역에 조서를 전달한 이들이다. 3:15에서 하만이 주도했던 조서를 전달하기 위해 말을 타고 달리던 신하들이 왕의 명령을 따라 서둘러 수산성에 나갔듯이 조서를 전달하는 신하들은 이번에도 왕의 명령을 따라 서둘러 수산성으로 나간다. 이를 통해 기록된 왕의 조서는 지연되지 않고 최대한 신속하게 전달됐음을 알 수 있다.

15절 모르드개는 이전에 왕의 목숨을 구하는 제보를 한 공로로 왕의 옷을 입고 왕관을 쓰고 왕이 타는 말을 타고 성읍의 광장에서 행차했던 적이 있었다(6:8-11). 그때는 왕이 모르드개를 일회적으로 높인 것이었지만 여기서 모르드개가 왕실의 옷을 입고 금관을 쓰고 붉은 세마포 가운을 입은 것은 왕이 모르드개를 하만을 대신하는 신하로 삼아 높인 것을 의미한다. 특히 붉은 세마포 가운은 왕실의 영광을 상징한다(Fox, 104). 바로가 요셉을 총리로 세울 때 요셉에게 세마포 옷을 입히고 금 사슬을 목에 걸어 주었고(창 41:42), 바벨론의 벨사살 왕도 다니엘이 석회벽의 글자를 해독했을 때 자주색 옷을 입히고 금 사슬을 다니엘의 목에 걸어 주었다(단 5:29). 모르드개의 영광스러운 모습은 유대인 멸절의 조서로 인해 모르드개가 옷을 찢고 베와 재를 뒤집어 쓴 채 성읍 가운데에서 울부짖는 모습과 선명한 대조를 이룬다(Jobes, 178).

여기서 금관(עֲטֶרֶת זָהָב)은 권위와 영예를 상징하지만 왕이 쓰는 관은 아니었을 것이다(Moore, 1971: 81). 이전에 하만이 왕이 존귀하게 하고 싶은 이를 위해 제안한 왕관은 '아테레트 자하브'(עֲטֶרֶת זָהָב)가 아니라 '케레트 말쿠트'(כֶּתֶר מַלְכוּת)였다(6:8). 모르드개의 영광스러운 모습에 수산 성읍은 소리치며 기뻐했는데, 이는 수산 성읍에 사는 사람들이 다 유대인이어서 기뻐한 것은 아니다. 수산 성읍의 사람들은 하만의 음모로 장대에 매달려 죽을 위기를 벗어나 살아났을 뿐 아니라 왕의 인정을 받아 존귀하게 된 모르드개의 역전의 모습을 보면서 함께 기뻐했을 것이다.

수산 성읍의 사람들은 유대인 모르드개에 대해서 어느 정도 알고 있었을 것이다. 모르드개가 유대인 멸절의 조서로 인해 성읍 가운데에 나가 베와 재를 뒤집어 쓰고 비통하게 울부짖었을 때 성읍 사람들은 모르드개가 왜 저렇게 비통해 하는지 들었을 것이다. 또한 하만이 50규빗 높이의 장대에 달려 많은 사람들이 보는 앞에서 죽임을 당했을 때 그 장대는 하만이 모르드개를 죽이기 위해 만든 장대라는 이야기를 들었을 것이다. 잠언 11:10은 "의인이 형통하면 성읍이 즐거워하고 악인이 패망하면 기뻐 외치느니라"라고 기록하는데 모르드개를 보며 기뻐 소리쳤던 수산 성읍의 모습은 잠언 11:10의 좋은 예이다(Berlin, 77).

16절 모르드개의 영광스러운 모습, 반전의 모습에 수산 성읍이 함께 기뻐했지만 그중에 다른 이들과 비교할 수 없는 기쁨을 가졌던 사람들은 유대인들이었다. 수산성에 유대인들이 얼마나 거주했는지는 알 수 없지만 에스더가 왕에게 나아가기 전에 수산성에 유대인들을 다 모아 자신의 금식에 동참할 것을 요청한 것을 볼 때(4:16) 수산성에 유대인 그룹이 있었음을 알 수 있다.

이 절의 "빛과 기쁨, 즐거움과 영예"는 4:3에서 유대인 멸절의 조서로 인해 유대인들이 가졌던 "애통과 금식과 울음과 울부짖음"과 대비를 이룬다(Reid, 137). 하만이 주도한 조서로 유대인들이 멸절의 위기에 처했던 것이 유대인들에게 큰 어둠이었다면, 그 멸절의 조서를 철회하는 새로운 조서가 공포된 것은 유대인들에게 큰 빛이었고 모르드개의 빛나는 모습은 그 큰 빛의 전형(embodiment)과 같았을 것이다. 모르드개가 왕의 인정을 받아 영예를 얻은 것은 모르드개 개인의 영예를 넘어 모르드개와 생사를 같이했던 유대인 전체의 영예였다.

17절 수산 성읍뿐만 아니라 유대인 멸절을 철회하는 조서가 도달된 페르시아 모든 곳의 유대인들에게는 수산 성읍의 유대인들과 같은 기쁨과 즐거움이 있었다. 이 기쁨은 마치 다윗의 노래인 시편 30:11의 "주께서 나의 슬픔이 변하여 내게 춤이 되게 하시며 나의 베옷을 벗기고 기쁨으로 띠 띠우셨나이다"에 나타난 기쁨과 같은 것이었다(Berlin, 80). 이 새로운 조서로 인해 그들은 죽음의 위기에서 극적으로 벗어나게 됐다. 이 기쁨은 잔치로 이어졌고 각 지역에 이 조서가 공포된 날은 유대인들에게 "좋은 날"(יוֹם טוֹב)이 됐다. '욤 토브'(יוֹם טוֹב, "좋은 날")는 에스더서에서 이후 다른 좋은 날을 지칭할 때도 사용된다(9:19, 22).

이 조서에는 유대인을 구하는 내용뿐만 아니라 유대인의 대적자들을 향한 죽음의 복수가 기록되어 있는데(11절) 이로 인한 두려움으로 페르시아 제국 내의 많은 이들이 유대인이 됐다(מִתְיַהֲדִים). 여기서 "땅의 백성들"(עַמֵּי הָאָרֶץ)은 비유대인들을 일컫는 용어이다(Moore, 1971: 81; 신 28:10; 수 4:24; 왕상 8:53; 대상 5:25; 대하 6:33; 스 10:2; 느 10:31; 겔 31:12). 유대인이 아닌 사람이 어떻게 하루아침에 유대인이 될 수 있었을까? 여기서 유대인이 된다는 것은 유대인의 신앙을 따르는 것(Clines, 318)이나 유대인의 관습과 문화를 따르는 것(Fox, 112), 혹은 유대인 사회로 들어오는 것(Levenson, 117)을 의미한다고 볼 수 있다.

해설

8장엔 놀라운 반전들로 가득 차 있다. 사실 8장을 면밀하게 보면 일련의 반전들은 결코 쉽게 일어날 수 있는 일이 아니었다. 왕은 장대에 매달려 죽은 하만에게 되찾은 인장반지를 빼서 모르드개에게 주었다. 에스더가 아무리 왕에게 모르드개에 대하여 좋게 소개했다 할지라도(1절 주해 참조) 나라의 2인자에게 주었던 인장반지를 모르드개에게 주는 것은 파격적인 것이었다. 왕의 조서에서 명령한 것이 철회되는 것이 결코 쉽지 않았음에도 불구하고(8절 주해 참조) 왕은 에스더의 요청에 선뜻 이전 조서를 철회하는 조서를 쓰게 한다(8절). 심지어 왕의 조서 작성을 알게 된 지 얼마 되지 않은 모르드개에게 일임하고 왕의 인장반지로 치라고 말한다(8절). 그리고 왕은 유대인 멸절의 조서를 철회할 뿐만 아니라 유대인들이 그들의 대적자들에게 복수하게 한다(11절).

유대인들은 더 이상 멸절의 공포 가운데 떨지 않게 됐고 도리어 비유대인들이 유대인들이 두려워서 유대인화될 정도였다(17절). 8장에 기록된 이러한 놀라운 일련의 반전은 어떻게 일어날 수 있었는가? 본문에는 비록 하나님이나 하나님의 이름 여호와가 나타나지 않지만 이렇게 파격적인 반전의 연속은 보이지 않는 하나님의 역사로 설명될 수 있다. 에스더서에는 하나님의 이름이 단 한 번도 나타나지 않지만 이러한 놀라운 연속된 반전들은 보이지 않는 하나님의 역사를 웅변한다. 8장에서 보이지 않는 하나님은 그의 백성이 억울하게 멸절되는 것을 방관하시는 분이 아니라 연속된 기막힌 반전을 통해서 그의 백성을 구원하고 백성의 대적을 대적하는 분이시다.

7. 유대인들의 도륙(9:1–19)

시간이 흘러 열두 번째 달인 아달월이 됐다. 세 번째 달 시완월 스물셋째 날에 서기관들이 소집되어 모르드개의 명령에 따라 조서를 작성하여 페르시아 제국 127개 지역에 전달했다(8:9-17). 전달되는 데 걸린 시간이 얼마인지 알려지지 않았고 각 지역별로 전달된 시간에 차이가 있기 때문에 8장과 9장 사이에 얼마만큼의 시간이 흘렀는지는 알 수 없다. 왕의 조서에 따라 유대인들은 그들의 적들을 대적했고 흘러간 시간 동안 유대인 모르드개의 권력이 강해져서 지방의 관료들은 유대인들에게 협조적이었다. 유대인들은 아달월 13일뿐만 아니라 그다음 날인 14일에도 그들의 적들을 도륙했고 그날들을 기념절로 정했다.

번역

1 열두째 달, 즉 아달월, 그것의 열셋째 날에 시행될 왕의 말과 그의 법이 이르렀다. 그날은 유대인들의 적들이 그들을 다스리려고 했는데 그것이 바뀌어 유대인들, 그들이 그들을 미워하는 자들을 다스렸다. 2 유대인들은 그들의 해(害)를 찾는 이들을 대적하여 손을 뻗기 위하여 아하수에로 왕의 모든 지역들에서 그들의 성읍들에 모였다. 그리고 아무도 그들 앞에 설 수 없었는데 이는 그들의 두려움이 모든 백성들에게 임했기 때문이다. 3 그리고 모든 지역들의 관료들과 총독들과 도지사들과 왕의 일을 하는 사람들은 유대인들을 도왔는데 이는 모르드개를 두려워함이 그들에게 임했기 때문이다. 4 왜냐하면 모르드개가 왕의 집에서 유력하였고 그의 명성이 모든 지역들에 퍼졌고, 왜냐하면 그 사람, 모르드개가 점점 유력해졌기 때문이다. 5 그리고 유대인들은 그들의 모든 적들을 칼을 휘두름과 살상과 멸망으로 쳤다. 그리고 그들은 그들을 미워하는 자들에게 그들의 원대로 행했다. 6 그리고 유대인들은 수산성에서 500명을 죽이고 멸망시켰다. 7 그리고 바산다다와 달본과 아스바다와 8 보라다와 아달리야와 아리다다와 9 바마스다와 아리새와 아리대와 왜사다 10 유다 사람들의 대적 함므다다의 아들 하만의 열 아들들을 그들이 죽였다. 그러나 그들은 재물에 그들의 손을 뻗지 않았다. 11 그날에 수산성에서 죽임당한 자들의 수가 왕 앞에 왔다.[12] 12 그리고 왕이 왕비 에스더에게 말했다. “수산성에서 유대인들이 500명과 하만의 10명의 아들들을 죽이고 멸망시켰으니 왕의 나머지 지역들에서 무엇을 행하였겠느냐? 이제 너의 요구가 무엇이냐? 그것이 너에

12. 여기서 “왔다”의 의미는 “보고되었다”이다.

게 주어질 것이다. 너의 요청이 또 무엇이냐? 그것이 이루어질 것이다.” 13 그러자 에스더가 말했다. “만약 왕에게 좋으시다면 내일 또한 수산에 있는 유대인들에게 오늘의 법을 따라 행하는 것이 주어지게 하소서. 그리고 그들이 하만의 10명의 아들들을 나무에 매달게 하소서.” 14 그러자 왕이 그렇게 되도록 말했다. 그리고 법이 수산에 주어졌고 그들이 하만의 10명의 아들들을 매달았다. 15 그리고 또한 아달월 열넷째 날에 수산에 있는 유대인들이 모였다. 그리고 그들은 수산에서 300명을 죽였다. 그러나 그들은 그들의 손을 재물에 뻗지는 않았다. 16 그리고 왕의 지역들에 있는 나머지 유대인들이 모였고 그들의 생명과 그들의 적들로부터의 안식을 위하여 섰다. 그리고 그들은 그들을 미워하는 자들, 75,000명을 죽였다. 그러나 그들은 그들의 손을 재물에 뻗지는 않았다. 17 아달월 열셋째 날 그리고 그것의 열넷째 날에 쉬었고 그것을 잔치와 기쁨의 날로 만들었다. 18 그러나 수산에 있는 유대인들은 그것의 열셋째와 그것의 열넷째에 모였고 그것의 열다섯째에도 쉬었고 그것을 잔치와 기쁨의 날로 만들었다. 19 그러므로 지방의 성읍들에 거주하는 지방 유대인들은 아달월 열넷째 날을 기쁨과 잔치의 날, 좋은 날로 만들었다. 그리고 서로 간에 선물 보내는 것이 있었다.

주해

1절 시간이 훌쩍 지나 마지막 달인 열두째 달, 아달월 열셋째 날이 이르렀다. 이날에 “시행될 왕의 말과 그의 법이 이르렀다”(הִגִּיעַ דְּבַר־הַמֶּלֶךְ וְדָתוֹ לְהֵעָשׂוֹת)는 것은 조서에 기록된 왕의 말과 법을 시행할 날이 이르렀음을 의미한다. 하만의 주도로 기록된 첫 번째 조서에서는 하만과 하만과 같은 편에 서서 유대인들을 대적하는 자들이 유대인을 멸절하는 내용이 기록됐었는데(3:13), 모르드개의 주도로 기록된 두 번째 조서에서는 유대인과 유대인의 대적들의 위치가 역전되어 유대인이 그들의 적들을 멸절할 것이 기록됐다(8:11). 저자는 유대인들이 그들의 대적들을 다스렸음을 강조하기 위해 대명사, '햄마'(הֵמָּה, "그들이")를 추가하여 "유대인들, 그들이" 대적들을 다스렸다고 기록했다. 여기서 "다스렸다"(יִשְׁלְטוּ)는 것은 실제적으로 그들을 죽였음을 의미한다(Fox, 108).

2절 페르시아의 여러 지역에 흩어져 있는 유대인들은 자신들이 거주하는 지역 안에 있는 자신들의 성읍에 모였다. 그 이유는 유대인을 대적하는 자들을 대적하기 위함이었다. "그들의 해(害) 찾는 이들"(רָעָתָם מְבַקְשֵׁי)은 유대인들을 해하려는 사람들로서 여기서 "그들"은 유대인들을 지칭한다. "대적하여 손을 뻗기 위하여"(לִשְׁלֹחַ יָד בְּ)는 "대적하기 위하여"를 의미하는데 이는 죽이는 것을 말한다(Macchi, 260).

모르드개가 주도한 유대인들에 관한 두 번째 왕의 조서에는 유대인들이 그들의 대적을 복수할 것을 명령했기 때문에 아무도 유대인을 대적할 수 없었다. 유대인들 앞에 "설 수 없었다"(לֹא־עָמַד)는 것이 유대인을 대적할 수 없었음을 의미한다. 이는 백성들이 두 번째 왕의 조서에 따라 유대인들을 두려워했기 때문이다. "그들의 두려움"(פַּחְדָּם)에서 대명사 접미사 '암'(ָם)에 해당하는 "그들"은 유대인들로 여기서 "그들"은 두려움의 목적어로 사용됐다(Berlin, 84). 즉, "그들의 두려움"은 그들이 두려워하는 것이 아니라 그들을 두려워함을 의미한다. 이 백성들의 두려움은 두 번째 왕의 조서가 페르시아 전역에 전달된 때부터 백성들에게 임했던 것이다(8:17).

3절 페르시아 제국 내의 모든 지역의 고위 공직자들, 즉 관료들과 총독들과 도지사들과 왕의 일을 하는 사람들, 즉 공무원들이 유대인들을 도운 1차적인 이유는 모르드개가 진두지휘한 왕의 조서에서 아달월 13일에 유대인을 보호하고 유대인의 대적자들을 대적하라고 명령했기 때문이다(8:11-12). 또한 이에 더하여 실제적으로 페르시아 지역의 고위 공직자들과 공무원들이 유대인들을 도운 이유는 지난 셋째 달, 즉 시완월부터(8:9) 현 시점, 즉 마지막 달인 아달월까지 약 9개월 동안 왕을 보좌해온 유대인 모르드개의 영향력이 커졌기 때문이다. 모르드개의 영향력은 페르시아의 지역지도자들이 두려워할 만큼 막강해진 것이다(4절). 페르시아 지역의 고위 공직자들과 공무원들이 유대인들을 도왔다는 것은 구체적으로 그들이 유대인들을 보호하며 유대인의 대적자들을 멸망시키는 것을 도운 것을 말한다(8:11).

4절 이 절은 페르시아 모든 지역의 지도자들과 공무원들이 모르드개를 두려워하는 이유를 밝힌 절이다. 그 이유는 모르드개의 힘이 커졌고 그의 명성이 페르시아에 퍼졌다는 것인데, 이 절에서는 '키'(כִּי)가 이끄는 두 개의 원인절을 통해 아하수에로 왕실에서 모르드개의 힘이 커졌음(גָּדוֹל)을 반복하여 강조한다. 이 두 원인절에서는 두 단어 '가돌'(גָּדוֹל)과 '홀레크'(הוֹלֵךְ)가 '가돌'-'홀레크'-'홀레크'-'가돌'의 순서, 즉 A-B-B-A의 순서로 대칭을 이룬다.

כִּי־גָדוֹל מָרְדֳּכַי בְּבֵית הַמֶּלֶךְ וְשָׁמְעוֹ הוֹלֵךְ בְּכָל־הַמְּדִינוֹת
כִּי־הָאִישׁ מָרְדֳּכַי הוֹלֵךְ וְגָדוֹל

왜냐하면 모르드개가 왕의 집에서 유력하였고 그의 명성이 모든 지역들에 퍼졌고, 왜냐하면 그 사람, 모르드개가 점점 유력해졌기 때문이다.

두 번째 원인절의 마지막 두 단어, '홀레크 베가돌'(הוֹלֵךְ וְגָדוֹל)은 문자적으로 "가고 컸다"를 의미하지만 이 구문에서 분사 '홀레크'는 이어서 나오는 형용사 '가돌'의 계속성을 나타내는 기능을 함으로 '홀레크 베가돌'은 "계속 커졌다"를 의미한다(Joüon & Muraoka, §123s). 필자는 이 의미를 문맥에 맞춰 "점점 유력해졌다"로 번역했다.

5절 아달월 13일에 유대인들은 왕이 모르드개에게 일임한 왕의 조서대로(8:11-12) 페르시아 전역에서 유대인의 대적자들을 죽였다. "유대인을 미워하는 자들"(שֹׂנְאֵיהֶם), 즉 유대인의 대적들에게 "그들의 원대로"(כִּרְצוֹנָם) 행했는데 여기서 "그들"은 유대인들을 말하고 "유대인을 미워하는 자들"은 하만이 주도한 조서에 따라(3:13) 유대인을 죽이려고 했던 자들을 말한다(Smith, 279).

6절 페르시아 전역에서 유대인들의 대적들이 죽임을 당한 가운데 페르시아의 수도였던 수산성에서는 유대인들의 대적 500명이 죽임을 당했다. 아마도 이들 중 많은 이들은 하만과 가까운 하만의 지지자들, 친족들, 신하들이었을 것이다(Smith, 279). 여기서 말한 500명은 어림수로 보인다(Reid, 140).

7-10절 저자는 수산성에서 죽임당한 500여 명의 유대인들의 대적들 가운데 특별히 하만의 아들 10명의 이름을 6-9절에 적었다. 바산다다로부터 왜사다까지의 10명의 이름은 페르시아어 발음이 나는 이름들이다(Macchi, 261). 왕에게 위임받아 모르드개가 주도한 왕의 조서에 따라 유대인들은 그들의 대적들의 재물을 탈취할 수 있었지만(8:11) 재물에는 손대지 않았다. 유대인들이 대적들의 재물을 차지하지 않은 이

유는 알려지지 않았다.

벌린은 그 이유를 사무엘상 15장에 연결시켜 사울이 아말렉과의 전쟁에서 아말렉을 진멸하지 않고 전리품을 얻어 하나님께 책망을 받았기 때문에 아말렉 족속의 후손인 하만의 아들들을 죽일 때에는 이들의 재물에 손대지 않았을 것이라고 말한다(Berlin, 85). 그러나 마키가 지적하듯이 사무엘상 15장에서 하나님이 사울에게 명령한 것은 전리품에 손을 대지 말라는 것이 아니라 전리품까지 다 진멸하라는 것이었기 때문에 에스더서 9장에서 유대인들이 대적들의 전리품에 손을 대지 않은 것과는 다른 경우이다(Macchi, 262). 아마도 유대인들은 대적들의 재물을 탈취하지 않음으로 자신들이 대적들을 죽인 이유가 그들의 재물을 탐내서가 아닌, 유대인들을 죽이려고 한 대적들에 대한 복수임을 선명히 보여주기 위해서일 것이다. 유대인들이 대적들의 재물에 손을 대지 않은 것은 15절과 16절에도 언급되어 있다.

11절 아달월 13일에 페르시아 전역에서 유대인들의 대적들이 죽임을 당했는데 일단 당일에 수산성에서 죽임당한 유대인 대적들의 수, 즉 500명이 왕에게 보고됐다. 다른 지역에서 죽임당한 유대인 대적들의 수가 왕에게 보고되기까지는 파발꾼들이 빠른 말을 타고 전달한다 할지라도 시간이 필요했다. 왕에게 이 일이 즉시 보고됐다는 것은 왕도 유대인 대적들을 향한 유대인들의 복수에 관심을 가지고 있었음을 말해준다. 수산성에서만 500명의 대적이 죽었으므로 페르시아 전역에서 죽임당한 유대인 대적들의 수는 매우 컸을 것이라 짐작할 수 있다(Macchi, 263).

12절 수산성에서만 유대인들의 대적 500여 명이 죽고 하만의 열 아들이 죽임당했다는 보고를 받은 왕은 왕비 에스더에게 그녀가 이전에 간절히 요청했던 것, 즉 하만의 조서를 철회하는 것(8:5)과 이에 더하여 수산성에서만 많은 수의 유대인들의 대적이 죽임당한 것을 말했다. 왕은 수산성에서 일어난 일을 말하면서 페르시아의 다른 지역들에서 무슨 일이 일어났겠느냐고 물었는데 이는 수사적(rhetorical) 질문으로 아직 정확한 보고를 받지 못하여 알지 못하지만 다른 지역에서도 왕의 조서에 따라 많은 수의 유대인들의 대적들이 죽임당했음을 간접적으로 말한 것이다(Reid, 141).

왕은 이어 왕비를 존중하여 에스더가 더 원하는 것이 있느냐고 물으며 그것이 주어질 것이라고 말한다. "너의 요구가 무엇이냐?", "너의 요청이 또 무엇이냐"라고 반복하여 질문하고 "그것이 너에게 주어질 것이다", "그것이 이루어질 것이다"라고 반복하여 말한 것은 에스더가 더 원하는 것이 있으면 자신이 얼마든지 들어주겠다는 강한 의지를 보여준 것이다. 이전처럼 왕이 에스더에게 "왕국의 반이라도 주어질 것이다"라는 표현은 사용하지 않았지만(5:3, 6; 7:2) 에스더가 더 원하는 것을 반복하여 묻고 자신이 그것을 행할 것을 반복하여 대답한 것은 왕이 에스더의 요구를 들어주고자 하는 강한 의지를 충분히 표현한 것이다.

13절 왕이 에스더의 요청을 들어주겠다는 의지를 적극적으로 표현했을 때 에스더는 두 가지를 왕에게 요청한다. 하나는 수산성에서 유대인들의 대적들을 죽이는 날을 하루 더 연장해 달라는 것과 다른 하나는 죽임당한 하만의 아들들을 높은 장대에 매달아서 유대인을 멸절하려고 했던 하만의 최후가 그 자신이 나무에 매달려 죽임당한 것뿐만 아니라 그의 열 아들도 죽임당한 것임을 수산성의 모든 사람들이 보게 해 달라는 것이었다. 여기서 말한 나무는 하만이 모르드개를 매달기 위해 준비했던 것과 같이 높은 장대일 가능성이 크다.

에스더가 하만의 가문이 이러한 치욕을 당하게 할 것을 요청한 것은 하만이 에스더에게 아버지와 같은 모르드개를 이 방법으로 치욕스럽게 하려고 했기 때문일 것이다. 이렇게 죽은 시체를 게시하여 치욕을 주는 것은 사울이 블레셋과의 길보아산 전투에서 패했을 때 블레셋 사람들이 사울의 시체를 벧산 성벽에 못 박아 게시한 것에서도 볼 수 있다(삼상 31:10; Smith, 280). 왕의 조서에 따라 유대인들은 아달월 13일에 유대인들의 원수들에게 복수할 것을 준비해 왔을 것이다(8:13). 이러한 준비가 있었음에도 불구하고 단 하루에 수백 명의 유대인들의 원수를 다 죽이는 것은 쉽지 않았을 것이다. 에스더가 유대인들의 대적들에게 복수하기 위해 하루를 더 달라고 한 것은 아직 수산성에 있는 유대인의 대적들을 다 죽이지 못했다는 보고를 받았기 때문일 것이다.

14절 왕은 에스더의 요청을 허락하겠다는 의사를 적극적으로 표현한 대로(12절) 에스더의 두 가지 요청을 수행할 것을 명령했다. 수산성에서 하루에 500명이 죽은 것은 절대 가벼운 일이 아니었지만 왕이 더 많은 유대인의 대적들이 죽임당하는 것을 허용한 것은 그 요청이 다른 이가 아닌 자신이 사랑하는 왕비의 요청이었기 때문일 것이다. 또 한편으로 무고한 유대인들을 멸절하기 위해 하만의 편에 섰던 유대인의 대적자들에 대한 응분의 심판에 왕이 동의한 것으로 볼 수 있다. 하만의 아들들을 높은 나무에 매단 것은 더 이상 유대인을 대적하는 사람들이 나오지 못하도록 쐐기를 박는 기능을 했을 것이다.

15절 왕이 명령한 대로 유대인의 대적을 멸망시키는 법은 하루 더 연장되어 아달월 14일에 유대인들은 그들의 대적 300명을 죽였다. 여기서 300명도 어림수, 300여 명으로 볼 수 있다. 왕의 조서에 따라 유대인들은 그들의 대적들의 재물을 탈취할 수 있었으나(8:11) 유대인들은 아달월 13일에 대적들의 재물을 취하지 않은 것처럼(10절) 이번에도 그들의 재물은 취하지 않았다. 이는 유대인들의 관심이 재물이 아니라 자신들을 죽이려 했던 자들에 대한 복수에 있었음을 보여준다.

16절 이 절은 5절에서 유대인들이 그들의 대적에게 행한 복수를 보다 구체적으로 서술한다. 5절에서 페르시아 전역에서 유대인들이 그들의 대적들에게 복수했음을 기록한 후 6절부터 15절까지에서는 그 가운데 수산성에서 행해진 복수에 대해서 기록했고 16절에서는 수산성 외에 페르시아 다른 지역에서 행해진 복수를 기록했다. 16절은 12절에서 왕이 에스더에게 한 수사적 질문, "수산성에서 유대인들이 500명과 하만의 10명의 아들들을 죽이고 멸망시켰으니 왕의 나머지 지역들에서 무엇을 행하였겠느냐?"에 대한 답으로도 볼 수 있다(Fox, 113).

왕의 지역들에 모인 "나머지 유대인들"(שְׁאָר הַיְּהוּדִים)은 수산성 이외의 다른 지역에 있는 유대인들을 말한다. 수산성 밖에서 유대인들이 죽인 대적들의 수를 모두 합하면 75,000명인데 이 수치도 어림수로 볼 수 있다. 페르시아가 인도부터 구스까지 127개 지역으로 이루어져 있음을 고려하여(1:1) 75,000명을 127로 나누면 한 지역에서 평균 590여 명의 유대인 대적들이 죽임을 당한 셈이다. 127개 지역 중 한 지역인 수산성에는 아달월 13일과 14일에 걸쳐 800명의 대적자들이 죽임을 당했으므로(6절, 15절) 평균보다 더 많은 수의 대적들이 죽임을 당한 것이다. 수산성 밖에서도 유대인들은 수산성과 마찬가지로 대적들의 재물을 탈취하지 않음으로 그들이 유대인들의 대적들을 죽이는 것은 재물에 대한 욕심 때문이 아니라 유대인 멸절의 위협에 대한 복수임을 확실히 했다. 이렇게 페르시아 전역에서 유대인들이 일관되게 대적들의 재물에 손대지 않은 것을 볼 때(10, 15, 16절), 대적들의 재물에 손대지 않는 것은 유대인들 사이에서 지침으로 공유된 것으로 보인다.

17절 유대인들의 대적을 향한 복수가 끝난 후 유대인들은 멸절의 위기에서 극적으로 구원받고 유대인의 대적자들에게 복수한 날을 기념하기 위하여 아달월 13일과 14일을 쉬는 날로 정하고 그 이틀을 잔치의 날로 정했다. 이 두 잔칫날은 이후 부림절이 된 아달월 14일과 15일의(21절) 전신이다(Breneman, 361).

18절 페르시아의 여러 지역에 있는 유대인들 중에서 수산성에 있는 유대인들은 아달월 13일과 14일에 더하여 15일까지 쉬며 잔치를 벌이고 기뻐했다. 페르시아의 다른 지역의 유대인들은 아달월 13일에 유대인의 대적들에게 복수한 것을 기념하여 13일과 14일 이틀 동안 축제의 기간을 가졌다면, 수산성의 유대인들은 아달월 13일과 14일 이틀에 걸쳐 대적들에게 복수한 것을 기념하여 축제의 기간을 하루 더 늘려 사흘 동안 기쁨의 시간을 가진 것으로 보인다(Berlin, 87). 아니면 수산성의 왕비와 왕의 신뢰를 받아 높은 위치의 정치적 지도자가 된 모르드개가 유대인이었기 때문에 수산성의 잔치를 하루 늘려 더 성대하게 치렀을 수도 있다.

19절 17절부터 19절까지는 유대인들이 그들의 구원과 복수를 기념하는 날, 즉 이후에 부림절이라 칭해지는 절기(26절)가 정해지기까지 기념일이 다양했음을 보여준다. 17절에 기록됐듯이 아달월 13일과 14일을 기념일로 정했었는데 18절에서 말하듯이 수산성에서는 하루를 더 늘려 아달월 15일까지 기념일로 정하여 기뻐했다. 19절은 이후에 수산성이 아닌 지방의 성읍에서는 아달월 14일 하루를 기념일로 정했음을 말해 준다. 이날은 유대인에게 기쁜 잔치의 날로서 이날에 서로 간에 선물을 교환하며 유대인의 구원을 축하하는 풍속도 생겨났다. “선물”로 번역된 '마노트'(מָנוֹת)는 음식으로 이해된다(Fox, 114).

해설

8장과 9장 사이는 약 9개월의 간격이 있다. 모르드개가 주도한 왕의 조서를 기록하기 위해 서기관들이 소집된 날이 셋째 달, 시완월 스물 셋째 날(8:9)이었는데 9:1에서는 그 조서를 집행할 열두째 달, 아달월 13일에 이르렀음을 기록한다. 약 9개월의 기간은 유대인들이 그들의 원수에게 행할 복수를 준비하는 기간이었는데(8:13) 이 기간 동안 왕실의 고위 관료인 모르드개의 힘이 더 커짐에 따라 페르시아 전역의 관리들은 아달월 13일에 유대인들의 복수를 도왔다.

아달월 13일에 유대인들이 그들의 대적들에게 복수하기 위해 모였을 때에는 유대인들에 대한 두려움으로 아무도 유대인에게 대항할 수 없었다. 유대인들은 이날 왕의 조서대로 유대인의 대적자들을 죽였다. 수산성에서는 아달월 13일에 유대인의 대적 500명과 하만의 열 아들을 죽이고 하루를 더 연장해 하만의 열 아들을 장대에 매달고 유대인의 대적 300명을 더 죽였다. 페르시아 전역에서는 왕의 조서대로 아달월 13일에 유대인의 대적들에게 복수했는데 이때 죽은 대적들의 수가 75,000명에 이르렀다. 이후에 유대인들은 멸절의 위기에서 구원을 받고 자신들의 대적들에게 복수한 것을 기념하기 위하여 아달월 13일 혹은 14일 혹은 15일을 축제의 날로 삼아 잔치를 벌이고 서로 간에 음식을 나누며 기뻐했다. 이러한 축제일은 이후에 아달월 14일과 15일에 지킨 부림절의 기원이 된다.

제4장
에스더 9:20-10:3
부림절 제정과 모르드개의 영광

1. 부림절 제정(9:20–32)

유대인들은 아달월 13일과 14일에 대적들에게 복수한 것을 기념하여 아달월 13일 혹은 14일 혹은 15일에 축재를 열어오다가(17-19절) 최종적으로 아달월 14일과 15일, 이틀을 부림절로 정하여 공포하고 지금까지도 이스라엘에서 축제의 절기로 지키고 있다. 이 단락은 부림의 의미와 부림절의 제정 과정에 대하여 서술한다.

번역

20 그리고 모르드개가 이 일들을 썼다. 그리고 아하수에로 왕의 가깝고 먼 모든 지역에 있는 모든 유대인들에게 편지들을 보냈다. 21 그들이 매년 아달월 14일과 그것의[1] 15일을 지키는 것을 재정하게 하기 위하여 22 유대인들이 그들의 적들로부터 안식하는 날들로, 그들에게 슬픔이

1. "그것의"는 "그달의"를 의미한다.

기쁨으로, 애통이 좋은 날로 바뀌어진 달에 그것들을 잔치와 기쁨과 각
자 그의 이웃에게 선물들과 필요한 자들에게 선물들[2]을 보내는 날들로
만들기 위하여 23 유대인들은 실행할 것을 시작하는 것과 모르드개가
그들에게 쓴 것을 받아들였다. 24 왜냐하면 모든 유대인들의 대적 아각
사람 함므다다의 아들 하만이 유대인들에 대하여 그들을 멸망시키기
로 계획하고 그들을 짓밟고 그들을 멸망시키기 위해 부르, 즉 제비를
던졌기 때문이다. 25 그러나 그녀가 왕 앞에 왔을 때 그가 조서로 명령
했다. "유대인들에 대하여 그가 계획한 그의 악한 계획이 그의 머리로
돌아가게 하라" 그리고 그들이 그와 그의 아들들을 나무 위에 매달았
다. 26 그러므로 그들이 이날들을 부르의 이름을 따라 부림이라고 불렀
다. 그러므로 이 공문의 모든 말과 그들이 그러한 것을 본 것과 그들에
게 도착한 것 때문에 27 유대인들은 그들과 그들의 자손들과 그들에게
귀화하는 모든 자들에게 관련한 것으로 승인하고 받아들였다. 그리고
이 두 날을 지키는 것은 모든 해마다 그것들의 규정과 그것들의 정해진
때에 따라 사라지지 않을 것이다. 28 그리고 이날들은 모든 세대와 세
대, 가문과 가문, 지역과 지역, 성읍과 성읍에서 기억되고 지켜질 것이
었다. 이 부림의 날들은 유대인들 가운데에서 사라지지 않을 것이고 그
것들을 기억하는 것은 그들의 후손 가운데에서도 멈추지 않을 것이다.
29 그리고 아비하일의 딸 왕비 에스더와 유대인 모르드개는 이 부림의
두 번째 공문을 모든 권위로 세우기 위하여 썼다. 30 그리고 그는 아하
수에로 왕국의 127 지역의 모든 유대인들에게 평화와 진리의 말로 편
지들을 보냈다. 31 이는 유대인 모르드개와 왕비 에스더가 그들 위에 세

2. 여기서 "선물들"은 '마타노트'(מַתָּנוֹת)를 번역한 것으로 같은 절의 이웃에게 보낸 "선물들"인 '마노트'(מָנוֹת)와 다른 단어이지만 그 의미는 "선물들"로 동일하다.

운 것과 같이 또한 그들이 그들의 생명과 그들의 후손 위에 금식의 일들과 그들의 부르짖음을 세운 것과 같이 그것들의 정해진 때에 이 부림의 날들을 세우기 위해서다. 32 그리고 에스더의 말이 이 부림의 일들을 승인하였고 그것이 문서에 기록되었다.

주해

20절 모르드개는 각 지역별로 아달월 13일, 14일, 15일에 열렸던 유대인들의 축제들을 기록한 편지를 왕실이 있는 수산성에서 가깝거나 멀거나 할 것 없이 모든 유대인들에게 보냈다. '쎄파림'(סְפָרִים)은 이전에 "조서들"로 번역했는데(1:22; 3:13; 8:5) 그 이유는 왕의 문서이기 때문이었고, 여기서는 모르드개가 쓴 것이기 때문에 "편지들"로 번역했다. 이 편지들은 페르시아의 모든 국민들에게 보낸 것이 아니라 유대인들에게 보낸 편지들이다(Macchi, 272). 여기서 "이 일들"(הָאֵלֶּה הַדְּבָרִים)은 아달월 13일과 14일을 기념하여 페르시아의 여러 유대인 공동체에서 연 축제를 일컫는 것으로 보인다(17-19절, Reid, 146). 모르드개는 유대인의 구원과 대적들을 향한 복수의 대반전을 이룬 날들을 기념하되 유대인들이 지역별로 서로 다른 날에 기념하는 것보다는 통일된 날을 정할 필요를 느꼈을 것이다.

21절 모르드개는 아달월 13일과 14일의 유대인의 승리를 기념하기 위해 페르시아에 있는 유대인들이 매년 동일하게 아달월 14일과 15일에 축제를 열도록 페르시아 전역에 편지를 보냈다. 이후에 이 두 날이 유대인들이 지키는 부림절이 됐다.

22절 이 두 날은 멸절의 위기에 처했던 유대인들이 구원받고 유대인들의 대적을 복수한 날을 기념하여 안식을 누린 날들이다(17-19절; Macchi, 273). 이제 아달월은 유대인에게 슬픔이 기쁨으로 변하고 애통이 환희로 변한 반전의 달이 됐다. 모르드개는 유대인들이 아달월의 14일과 15일을 잔치와 기쁨의 날, 이웃 간에 필요한 음식으로 서로 선물하고 어려운 자들에게 선물을 보내는 날로 재정하기 위하여 편지를 썼다. 잔치와 기쁨의 날들로 만든 "그것들"(אוֹתָם)은 유대인들이 그들의 적들로부터 안식한 "날들"(יָמִים), 즉 아달월 14일과 15일을 일컫는다.

23절 페르시아 전역에 있는 유대인들은 모르드개가 편지에 쓴 것, 즉 아달월 14일과 15일에 기쁨의 잔치를 열고 이웃들과 함께 나누는 날로 지킬 것에 동의했다. 이 두 날은 부림으로 명명된다(26절). 사실 이렇게 날짜를 정하여 유대인의 승리를 기념하는 것은 이미 유대인들이 시작한 것이었다(17-19절). 모르드개는 이미 유대인 공동체에서 자발적으로 시행되던 것을 유대인들이 지켜야 할 기념일로 확정하여 페르시아의 유대인들에게 알린 것이었다(Fox, 118-9).

24절 유대인들이 모르드개가 편지에 아달월 14일과 15일을 유대인의 구원과 복수의 기념일로 지키자고 한 제안을 받아들인 것은 유대인을 죽이려 했던 하만의 악행을 잊지 말아야 했기 때문이다. 하만이 유대인 멸절의 날짜를 잡기 위해 던진 제비는 "부르"(פּוּר)로 이는 바벨론의 언어인 아카드어로 제비를 뜻한다(Breneman, 365). 하만은 "아각 사람"(הָאֲגָגִי)으로 소개됐는데 이는 하만이 아말렉 족속의 후예인 것을 뜻한다(3:1 주해 참조).

25절 이 절은 24절에 이어 유대인들이 아달월 14일과 15일을 유대인의 구원과 복수의 기념일로 정하자는 모르드개의 제안을 받아들인 이유를 서술하는 부분이다. 이 두 날을 유대인의 축제로 지켜야 할 이유는 유대인들을 멸절시키려 했던 유대인들의 대적, 하만과 그의 아들들이 죽임당한 것을 기억하며 기뻐해야 하기 때문이었다. “그녀가 왕 앞에 왔을 때”(וּבְבֹאָהּ לִפְנֵי הַמֶּלֶךְ)는 에스더가 왕과 하만을 위하여 베푼 두 번째 술의 잔치에서 에스더가 왕 앞에 나아간 것을 말한다(7:1-4). 에스더가 유대인을 멸절하고자 한 사람이 하만이라고 말한 후에(7:3, 6) 왕은 하만을 나무 위에 매달라고 명령했다(7:9). 이 명령은 9:25을 통해 조서로도 기록됐었음을 알 수 있다.

조서에는 25절이 밝히고 있듯이 “유대인들에 대하여 그가 계획한 그의 악한 계획이 그의 머리로 돌아가게 하라”가 기록되어 있었고 여기서 “그”는 하만을 지칭한다. 에스더가 왕에게 유대인이 멸절의 위기에 처해있다고 말했을 때(7:3) 왕은 그렇게 하려는 마음을 갖고 있는 자가 누구냐고 물었었는데(7:5) 하만을 처형시키라는 왕의 조서에 “그의 악한 계획”(מַחֲשַׁבְתּוֹ הָרָעָה)이 그에게 돌아가게 할 것을 명령한 것이다. “돌아가게 하라”로 번역된 ‘아슈브’(יָשׁוּב)는 문맥에서 단순 미완료형이 아니라 지시형(jussive)으로 이해된다. 이 왕의 지시에 따라 하만은 자신이 세운 장대에 매달려 죽임을 당했다(7:10). 이 절에서는 그들이, 즉 왕의 신하들이 그와 그의 아들들을 나무에 매달았다고 기록했는데 이는 하만을 매단 것(7:10)과 하만의 아들들을 매단 것(9:14)을 요약하여 기술한 것으로 실제로는 이 처형 간에 시간적인 간격이 있다.

26절 아달월 14일과 15일의 축제의 이름이 “부림”(פּוּרִים, ‘푸림’)으로 정해졌다. 부림은 제비를 뜻하는 아카드어 ‘푸르’(פּוּר)의 복수형으로(Lewy, 1939b: 123-4) 하만이 제비, 즉 부르를 던져 아달월 13일에 유대인을 멸절하기로 정했지만 놀라운 반전을 이루어 유대인들이 구원을 받고 그날에 유대인들의 대적에게 복수했던 것을 기념하기 위한 좋은 소재이다. 이 축제를 단수가 아닌 복수형, “부림”으로 정한 이유는 알려지지 않았다. 아마도 이 축제의 날이 하루가 아니라 이틀, 즉 단수가 아닌 복수(複數)의 날이기 때문에 복수형, “부림”으로 부른 것으로 보인다(Fox, 121). 유대인들은 모르드개가 제안한 대로 아달월 14일과 15일을 부림절로 정하는 것에 동의했는데(23절) 그것은 공문에 기록된 모르드개의 말에 공감이 됐고 그들이 자신들에게 도착한 이 공문을 직접 보았기 때문이다.

27절 부림절은 유대인 공동체가 매년 지키는 축제로 승인됐다. 이 절기는 모르드개가 보낸 편지를 받은 유대인들과 그들의 자손들뿐만 아니라 유대인 공동체에 귀화하는 이들까지 함께 참여하는 절기로 받아들여졌다. 여기서 유대인 공동체에 “귀화하는 이들”(הַנִּלְוִים)은 8:17에서는 “땅의 백성들 가운데 유대인이 된 이들”(מֵעַמֵּי הָאָרֶץ מִתְיַהֲדִים)로 표현됐는데 이들은 유대인들의 신앙을 따르는 자들, 유대인들의 문화와 관습을 따르는 자들, 혹은 유대 사회로 들어온 자들을 일컫는다(8:17 주해 참조). 유대인들은 모르드개가 보낸 편지의 규정대로 매년 아달월 14일과 15일에 부림절의 전통을 이어가고 있다(Moore, 1971: 95).

28절 27절에서 부림절은 모르드개의 편지를 받은 유대인들뿐만 아니라 그 자손들도 지키는 것으로 승인됐음을 기록했는데 이 절에서도 부림절이 모든 세대에서 지켜질 것임을 반복하고 있다. 이 절에서는 부림절이 모든 세대뿐만 아니라 모든 가문과 지역과 성읍에서 기억되고 지켜질 것이라고 기록하는데, 여기서 말하는 모든 가문은 모든 유대인 가문을 말하며 모든 지역과 성읍은 유대인이 거주하는 모든 지역과 성읍을 말한다. 부림절은 유대인 세대, 유대인 가문이 지키고 유대인 지역, 유대인 성읍에서 지켜지는 것이므로 28절 중반에도 부림의 날들이 유대인들 가운데 사라지지 않을 것이라고 말한다. 28절 뒷부분에서는 부림의 날들을 기억하는 것이 그들의 후손 가운데에서도 계속되게 함을 말함으로써 부림절이 한 세대의 절기가 아니라 모든 세대에 이어지는 절기임을 강조한다.

29절 모르드개가 쓴 부림절에 관한 첫 번째 편지를 유대인들이 받아들인 후(9:20, 27), 이번에는 왕비 에스더와 모르드개가 부림절에 관한 두 번째 공문을 그들의 권위로 썼다. 모르드개의 첫 번째 편지가 유대인 공동체에게 아달월 14일과 15일을 부림절 축제일로 제안한 것이었다면, 두 번째 편지는 이 제안에 대한 유대인들의 동의를 확인한 후 부림절을 공식적인 절기로 공지하는 기능을 한다(Smith, 285). 이 두 번째 편지에서 에스더는 2:15에 이어 두 번째로 아비하일의 딸로 소개된다.

30절 에스더와 모르드개가 그들의 권위로 쓴 공문은 모르드개에 의해 아하수에로 왕이 지배하는 페르시아의 127개 모든 지역에 보내졌다. 이 공문을 모르드개가 보낸 것은 이 절의 첫 단어인 동사, '바이슐라흐'(וַיִּשְׁלַח, "그리고 그가 보냈다")가 3인칭, 남성, 단수형임을 통해 알 수 있다. 127개 지역은 인도에서 구스에 이르는 페르시아의 모든 지역을 말한다(1:1). 이 공문의 내용은 유대인들에게는 멸절의 위협으로부터 안식을 되찾은 것을 기념하는 "평화"(שָׁלוֹם)의 메시지였고, 왕비 에스더와 고위직의 모르드개가 모든 권위로 승인하여 틀림이 없는 "진리"(אֱמֶת)의 메시지였다.

31절 모르드개가 127개 지역의 유대인들에게 부림절에 관한 공문을 보낸 이유는 페르시아의 유대 공동체에 "정해진 때에"(בִּזְמַנֵּיהֶם), 즉 아달월 14일과 15일에 "부림의 날들"(יְמֵי הַפֻּרִים)을 세우기 위함이다. 모르드개와 에스더는 자신들 위에 부림절을 세우고, 즉 제정하고 모든 유대인 공동체를 위해 부림절에 관한 공문을 썼다(29절). 하만이 유대인을 멸절하기 위해 계략을 세웠을 때 모르드개와 에스더가 그들과 그들의 후손의 생명을 위하여 유대인들에게 금식을 선포하고 함께 부르짖어 기도할 것을 정한 것과 같이(4:16-17) 모르드개와 에스더는 유대인들에게 부림절을 제정해 공포했다.

32절 부림절에 관한 두 번째 공문은 에스더와 모르드개가 함께 썼다(29절). 이 절은 에스더가 모르드개에 의해 기록된 부림절에 관한 첫 번째 공문(20절)을 승인한 것과 그 승인이 "문서"(סֵפֶר)에 기록되어 있음을 말한다. 에스더서에서 "문서"(סֵפֶר)가 단수로 사용됐을 때에는 왕실의 실록을 의미하기 때문에(2:23; 6:1; 10:2; Macchi, 281) 여기서도 "문서"는 왕실의 실록으로 이해할 수 있다. 이 절은 부림절의 기원에 관해 서술한 단락의 마지막 절인데 이 마지막 절에서 에스더의 승인을 강조한 것은 부림절을 정하는 데 있어서 왕비 에스더가 최종 권한을 갖고 있음을 말해준다(Reid, 149).

해설

출애굽기 12:1-20에서 유월절과 무교절의 유래를 설명하고 레위기 23:33-43에서 초막절의 유래를 설명하듯이 에스더 9:20-32에서는 지금도 이스라엘에서 성대하게 지켜지는 부림절의 유래를 설명한다. 페르시아 전역의 유대인들은 하만에 의해 멸절당할 위기에서 극적으로 구원받고 오히려 하만과 그들의 대적들에게 복수한 것을 기념하고자 했으며(24-25절) 모르드개가 아달월 14일과 15일, 양일을 축제의 날로 제안했고 유대인들이 이 제안을 받아들였다(20-21, 23절). 이 축제의 이름은 유대인 멸절의 날을 잡기 위해 하만이 던진 제비, 즉 부르의 이름을 따라 부르의 복수형인 부림으로 정했고(26절) 왕비 에스더도 부림절을 승인하여(32절) 에스더와 모르드개가 공식적으로 부림절 절기에 관한 공문을 유대인들에게 보냈다(30절). 유대인들에게 부림절은 적들의 위협으로부터 안식을 누리고 슬픔이 기쁨으로 바뀐 것을 기념하여 잔치를 벌이고 이웃들과 불우한 사람들에게 선물을 전하는 축제이다(22절). 부림절은 에스더와 모르드개 세대의 유대인뿐만 아니라 자손의 세대에도 영원히 지켜지고 모든 유대인 가문과 지역과 성읍에서 지켜지는 절기로 제정되어(28절) 현대 이스라엘에서도 아달월 14일과 15일에 부림절을 지킨다.

부림절의 시기는 음력으로 계산되는데 태양력으로는 2월이나 3월에 해당한다. 20세기 히틀러의 주도로 600만 명의 유대인 대학살이 일어나기 전, 주전 5세기 페르시아에서도 유대인 대학살이 일어날 뻔했다. 그러나 보이지 않는 하나님의 손이 에스더와 모르드개를 통하여 역사하심으로 그 큰 위기를 모면할 수 있었고 이 놀라운 구원의 사건은 유대인들이 부림절로 대대로 지킬 만큼 값진 것이었다.

2. 모르드개의 영광(10:1-3)

아하수에로 왕을 암살하려는 모의를 제보하고(6:2) 왕비 에스더를 키운 사촌으로서 왕의 신뢰를 받은(8:1) 모르드개는 왕으로부터 하만이 갖고 있었던 인장반지를 받았고 결국 페르시아 제국의 2인자의 자리에까지 오르게 된다(10:3). 에스더 10:1-3은 에스더서의 결론부로서 아하수에로 왕에 대한 기록물과 모르드개가 높임을 받고 유대인들 사이에 서 신망을 얻었음을 기록한다.

번역

1 아하수에로 왕이 육지와 바다의 섬들에 조공을 부과하였다. 2 그의 능력의 모든 업적과 그의 힘과 왕이 높인 모르드개의 위대함에 대한 기사, 그것들은 메대와 페르시아의 왕들의 날들의 일들의 책에 기록되지 아니하였는가? 3 왜냐하면 유대인 모르드개는 아하수에로 왕 다음 두 번째이고 유대인들 중에 위대하였고 그의 백성의 유익을 좇고 그의 모든 후손을 위해 평화를 말하는 그는 그의 많은 형제들에게 지지를 받았기 때문이다.

주해

1절 아하수에로 왕이 육지와 바다의 섬들에 조공을 부과했다는 것은 왕이 페르시아 전역에 대한 지배권을 확고히 하고 있음을 나타낸다 (Berlin, 94). "육지와 바다의 섬들"은 페르시아 전 영토를 의미한다 (Reid, 153).

2절 1절에서 아하수에로 왕이 페르시아 전역에 조공을 부과했다고 기록함으로써 아하수에로 왕의 통치권이 든든히 확립되어 있음을 말한다. 이러한 왕의 힘과 능력에 대해서는 "메대와 페르시아의 왕들의 날들의 일들의 책"(סֵפֶר דִּבְרֵי הַיָּמִים לְמַלְכֵי מָדַי וּפָרָס), 즉 메대와 페르시아 왕들의 실록(annals)에 기록되어 있다. 이 실록이 페르시아 단

독의 실록이 아니라 메대와 페르시아의 실록인 것은 페르시아가 메대와 연합하여 바벨론을 점령한 이래(단 5:28, “베레스는 왕의 나라가 나뉘어서 메대와 바사 사람에게 준 바 되었다 함이니이다 하니”) 메대와 긴밀히 협력하고 있음을 보여준다(에 1:3, 14, 18, 19; 단 6:8; 8:20). 이 왕조 실록에는 아하수에로 왕이 하만을 대신하여 나라의 2인자로 세운 모르드개의 위대함도 기록되어 있다(3절).

3절 모르드개가 왕이 아님에도 불구하고 왕조 실록에 기록될 수 있었던 것은 서열상 모르드개가 왕에 이어 2인자였고 페르시아 제국의 한 민족인 유대인들 사이에서 신망을 얻는 지도자였기 때문이다. 그는 유대인으로서 페르시아 제국의 2인자의 자리에 오른 고위직 인사였을 뿐만 아니라 유대인들과 그들의 후손의 유익과 안녕에 힘썼던 지도자였다.

해설

구약의 역사서에서 왕에 대한 통치를 마무리할 때 자주 왕에 대해 기록한 자료를 의문문 안에 포함시키듯이(예, 왕상 14:29, “르호보암의 남은 사적과 그가 행한 모든 일은 유다 왕 역대지략에 기록되지 아니하였느냐”) 에스더서의 저자도 에스더서를 마무리하며 아하수에로 왕의 업적을 기록한 자료를 의문문 안에 포함시켜 소개했다(2절). 그런데 에스더서의 저자는 아하수에로 왕의 업적에 대하여 기록한 메대와 페르시아 왕들의 실록에 아하수에로 왕뿐만 아니라 아하수에로 왕 다음에 2인자의 자리에 있었던 모르드개에 대하여 기록됐음을 언급하고 에스더서의 맨 마지막 절을 모르드개에 대한 찬사로 마무리한다.

모르드개는 에스더서에서 마지막 절을 장식할 만큼 유대 사회에 중요한 역할을 한 인물이다. 유대인을 멸절의 위기 가운데서 구한 에스더를 어려서부터 키워서 왕비가 될 수 있도록 후원했고 유대인을 구하기 위해 에스더에게 반드시 왕에게 나아갈 것을 조언했다. 모르드개는 하만을 대신하여 페르시아의 2인자의 위치에 오른 후 유대 백성의 유익과 안녕을 위해 힘쓴 인물이었다. 에스더의 인생을 바라볼 때 에스더서의 에스더를 있게 한 인물은 모르드개였다. 에스더서에서 모르드개 없는 에스더와 에스더의 역할은 상상하기 어렵다. 또한 반대로 에스더 없는 모르드개도 상상하기 어렵다. 모르드개가 페르시아의 2인자의 자리에 오를 수 있었던 것은 에스더가 왕에게 모르드개와 자신과의 관계를 말함으로써 왕이 모르드개를 전적으로 신뢰하게 했기 때문이다(8:1). 유대인들에게 에스더와 모르드개는 해마다 부림절을 지키며 상기할 만큼 중요한 역할을 한 인물들로 보이지 않는 하나님의 손에 붙잡힌 바 된 사람들이었다.

V. 참고 문헌

룻기 참고 문헌

Baer, D. A. and Gordon, R. P., "חסד," *NIDOTTE* 2:211-18.

Brown, F. et. al., *The Brown-Driver-Briggs, Hebrew and English Lexicon*, Peabody: Hendrickson, 1996.

Bush, Frederic W., *Ruth, Esther*, WBC, Dallas: Word Books, 1996.

Bledstein, Adrien J., "Female Companionships: If the book of Ruth were Written by a Woman…," A. Brenner, ed. *A Feminist Companion to Ruth*, Sheffield: Sheffield Academic, 1993: 116-33.

Block, Daniel I., *Judges, Ruth*, NAC, Nashville: Broadman & Holman, 1999.

———, *Ruth*, ZECOT, Grand Rapids: Zondervan, 2015.

Campbell, Edward F., *Ruth*, AB, Garden City: Doubleday, 1975.

Clark, G., *The Word Hesed in the Hebrew Bible*, JSOTSup, Sheffield: Sheffield Academic Press, 1993.

Clines, David J. A., *The Dictionary of Classical Hebrew*, Sheffield: Sheffield Academic Press, 1993-2011.

Cuddon, J. A., *A Dictionary of Literary Terms and Literary Theory*, 5th ed., Oxford: Wiley-Blackwell, 2013.

Cundall, Arthur E., and Morris, Leon, *Judges and Ruth*, TOTC, Downers Grove: IVP, 1968.

Duguid, Iain M., *Esther and Ruth*, REF, Phillipsburg: P&R Publishing Company, 2005.

Eskenazi, Tamara Cohn and Frymer-Kensky, Tikva, *Ruth*, JPS Bible

Commentary, Philadelphia: The Jewish Publication Society, 2011.

Fentress-Williams, Judy, *Ruth*, AOTC, Nashville: Abingdon, 2012.

Fischer, G., "Die Redewendung דבר על־לב im AT - Ein Beitrag zum Verständnis von Jes 40,2," *Bib* 65, 1984: 244-50.

Fretheim, Terence E., "אֵל," *NIDOTTE* I: 400-01.

Frymer-Kensky, Tikva, *Reading the Women of the Bible: A New Interpretation of Their Stories*, New York: Schocken, 2002.

Gow, Murray D., *The Book of Ruth*, Leicester: Apollos, 1992.

Gray, John, *Joshua, Judges, Ruth*, NCBC, Grand Rapids: Eerdmans, 1986.

Gunkel, Hermann, "Ruth," *Reden und Aufsätze*, Göttingen: Vandenhoeck und Ruprecht, 1913.

Hawk, L. Daniel, *Ruth*, AOTC, Nottingham: Apollos, 2015.

Hubbard, Robert L., *The Book of Ruth*, NICOT, Grand Rapids: Eerdmans, 1988.

———, "The Go'el in Ancient Israel: Theological Refelctions on an Israelite Institution," *BBR* 1, 1991: 3-19.

Holmstedt, Robert D., *Ruth*, Waco: Baylor University Press, 2010.

Joüon, Paul, *Ruth: Commentaire philologique et exégétique*, Rome: Pontifical Biblical Institute, 1924.

Joüon, Paul and Muraoka, T., *A Grammar of Biblical Hebrew*, Subsidia Biblica 14/I, Roma: Editrice Pontificio Istituto Biblico, 2000.

———, *A Grammar of Biblical Hebrew*, Subsidia Biblica 14/II, Roma: Editrice Pontificio Istituto Biblico, 2000.

Holmstedt, Robert D., *Ruth*, A Handbook on the Hebrew Text, Waco: Baylor University Press, 2010.

Kautzsch, E. and Cowley, A. E., *Gesenius' Hebrew Grammar*, 2nd ed., New

York: Oxford University Press, 1910.

Keil, C. F., and Delitzsch, F., *Joshua, Judges, Ruth*, Edinburgh: T.&T. Clark, 1887.

Koehler, Ludwig and Baumgartner, Walter, *The Hebrew and Aramaic Lexicon of the Old Testament I, II*, 2nd ed., Leiden: Brill, 2001.

Lau, Peter H. W., *The Book of Ruth*, NICOT, Grand Rapids: Eerdmans, 2023.

Levine, Étan, *The Aramaic Version of Ruth*, Analecta Biblica, Rome: Biblical Institute Press, 1973.

Levinson, Bernard, M., *Legal Revision and Religious Renewal in Ancient Israe*l, New York: Cambridge University Press, 2008.

Linafelt, Tod and Beal Timothy K., *Ruth & Esther*, Berit Olam, Collegeville: The Liturgical Press, 1999.

McKeown, James, *Ruth*, The Two Horizons Old Testament Commentary, Grand Rapids: Eerdmans, 2015.

Neusner, Jacob, *The Babylonian Talmud: A Translation and Commentary 15 - Tractate Baba Batra*, Peabody: Hendrickson, 2011.

Nielsen, Kristen, *Ruth*, The Old Testament Library, Louisville: Westminster John Knox Press, 1997.

Routledge, R., "Hesed As Obligation: A Re-examination," *TynBul* 46, 1995: 179-96.

Rudolph, W., *Das Buch Ruth, Das Hohelied, Die Klagelieder*, KAT, 2nd ed., Gütersloh: Gerd Mohn, 1962.

Shipper, Jeremy, *Ruth*, AYB, New Haven: Yale University Press, 2016.

Sakenfeld, Katharine Doob, *Ruth*, Interpretation, Louisville: John Knox Press, 1999.

Sasson, Jack M., *Ruth*, Sheffield: Sheffield Academic Press, 1989.

Tov, Emanuel, *Textual Criticism of the Hebrew Bible*, 2nd ed., Minneapolis: Fortress, 2001.

Weinfeld, Moshe, "Ruth, Book of," Fred Skolnik, ed. *Encyclopaedia Judaica* 14, Jerusalem: Keter Publishing House, 1996: 521-22.

Würthwein, E., *Die Fünf Megilloth*, 2nd ed., HAT, Tübingen: Mohr/Siebeck, 1969.

Young, Ian and Rezetko, Robert and Ehrensvard, Martin, *Linguistic Dating of Biblical Texts 1*, London: Equinox, 2008.

Younger, K. Lawson, *Judges, Ruth*, NIVAC, Grand Rapids: Zondervan, 2020.

에스더 참고 문헌

요세푸스, 『요세푸스 2: 유대고대사』, 김지찬 역, 서울: 생명의 말씀사, 2006.

헤로도토스, 『역사』, 김봉철 역, 서울: 도서출판 길, 2017.

Archer, Gleason L., *A Survey of Old Testament Introduction*, Chicago: Moody Press, 1994.

Allen, Leslie and Laniak, T., *Ezra, Nehemiah, Esther*, NIBC, Peabody: Hendrickson, 2003.

Baldwin, Joyce G., *Esther*, TOTC, Downers Grove: Inter-Varsity, 1984.

Bardtke, H., *Das Buch Esther*, KAT, Gütersloh: Mohn, 1963.

Berlin, Adele, *Esther*, The JPS Bible Commentary, Philadelphia: The Jewish Publication Society, 2001.

Brockington, L. H., *Ezra, Nehemiah and Esther*, CB, London: Nelson, 1969.

Brown, F. et. al., *The Brown-Driver-Briggs, Hebrew and English Lexicon*, Peabody: Hendrickson, 1996.

Bush, Frederic W., *Ruth, Esther*, WBC, Dallas: Word Books, 1996.

Breneman, Mervin, *Ezra, Nehemiah, Esther*, NAC, Nashville: Broadman & Holman, 1993.

Brenton, Lancelot C. L., *The Septuagint with Apocrypha: Greek and English*, Peabody: Hendrickson, 2003.

Clines, D. J., *Ezra, Nehemiah, Esther*, NCBC, Grand Rapids: Eerdmans, 1984.

Fox, Michael V. *Character and Ideology in the Book of Esther*, Eugene: Wipf & Stock, 1991.

Gordis, Robert, "Studies in the Esther narrative," *JBL* 95, 1976: 43-58.

Grossfeld, B., *The Two Targums of Esther*, Collegeville: Liturgical, 1991.

Hallo, William W. "The First Purim," *BA* 46, 1983: 19-26.

Haupt, P., "Critical Notes on Esther," *AJSL* 24, 1908: 97-186.

Herodotus, *The Histories*, trans. George Rawlinson, Moscow: Roman Roads Media, 2013.

Jobes, Karen H., *Esther*, NIVAC, Grand Rapids: Zondervan, 1999.

Joüon, Paul S. J. & Muraoka, T., *A Grammar of Biblical Hebrew*, Roma: Editrice Pontificio Istituto Biblico, 2000.

Kautzsch, E. and Cowley, A. E., *Gesenius' Hebrew Grammar*, New York: Oxford University Press, 1910.

Keil, C. F. and Delitzsch, F., *The Books of Ezra, Nehemiah and Esther*, trans. Sophia Taylor, Grand Rapids: Eerdmans, 1950.

Klingbeil, G. A., "*R-K-SH* and Esther 8,10.14: A Semantic Note," *ZAW* 107, 1995: 301-3.

Lewy, Julius, "The Feast of the 14th day of Adar," *HUCA* 14, 1939a: 127-51.

———, "Old Assyrian puru'um and pūrum," *Revue Hittite et Asiatique* 5, 1939b: 117-24.

Macchi, Jean-Daniel, *Esther*, IECOT, trans. Carmen Palmer, Stuttgart: W. Kohlhammer, 2018.

Moore, Carey A., *Esther*, AB, Garden City: Doubleday, 1971.

———, "Archaeology and the Book of Esther," *BA* 38, 1975: 62-79.

Neusner, Jacob, *The Babylonian Talmud: A Translation and Commentary 15 – Tractate Baba Batra*, Peabody: Hendrickson, 2011.

Olmstead, A. T., *History of the Persian Empire*, Chicago: University of Chicago Press, 1948.

Oppenheim, A. Leo, "Note on the Scribes in Mesopotamia," Hans G. Güterbock and Thorkild Jacobsen, eds. *Studies in Honor of Benno Landsberger on his Seventy-fifth Birthday*, Chicago: University of Chicago Press, 1965: 253-56.

Paton, Lewis Bayles, *The Book of Esther*, ICC, New York, Charles Scribner's Sons, 1916.

Pietersma, Albert and Wright Benjamin G., *A New English Translation of the Septuagint*, New York: Oxford University Press, 2007.

Pritchard, James B., *Ancient Near Eastern Texts Relating to the Old Testament*, New Jersey: Princeton University Press, 1969.

Reid, Debra, *Esther*, TOTC, Downers Grove: IVP, 2008.

Siculus, Diodorus, *Library of History* VIII, trans. C. Bradford Welles, Cambridge: Harvard University Press, 1963.

Stolper, M., "Marašû, Archive of," D. N. Freedman, ed. *ABD IV,* New York: Doubleday, 1992: 927-8.

Thiele, Edwin R., *The Mysterious Numbers of the Hebrew Kings*, Grand Rapids: Kregel, 1983.

Wright, J. S., "The Historicity of the Book of Esther," J. B. Payne, ed. *New*

Perspectives on the Old Testament, Waco: Word Books, 1970: 37-47.

Xenophon, *Cyropaedia with an English translation by Walter Miller*, Cambridge: Harvard University Press, 1914.

Yamauchi, Edwin M., *Persia and the Bible*, Grand Rapids: Baker, 1990.

———, "Mordecai, the Persepolis Tablets and the Susa Excavations," *VT* 42, 1992: 272-275.